退休生涯經營
概念、規劃與養生

 朱芬郁 著

序

　　老化海嘯席捲而來！「人口老化潮」在2011年第一批戰後嬰兒潮（1946年出生者）到達65歲陸續屆退開始，正式進入臺灣地區。

　　這一群逾480萬「嬰兒潮新高齡者」，挾著史上最龐大的人口數量，為整體社會投入強大的不確定性。其中，不但預估在2025年將臺灣帶入「超高齡社會」，65歲以上人口達20%；更令人關注的是，平均餘命的持續延長，退休後，將有長達二、三十年的歲月。這個近三分之一的人生，想做什麼？能做什麼？又應怎樣做呢？既牽動社會發展的脈動與量能，也攸關新高齡者生活品質及生涯經營內涵，自應予以重視。

　　對新高齡者而言，退休是一種彈性的過程，也是多樣的選擇。是的，「創造性的退休生涯經營」即係針對退休或屆退者而發，力主依據個人資源狀況的「知己」和所處的環境事實的「知彼」，在「量己力」和「衡外情」之下，對自己的退休生活內涵和生涯發展，去進行策略性的規劃和安排，選定「成功老化」願景與「活的老，又活得好」目標。本書乃是依此思維理路與堅持而撰寫，整體架構計包括三大部分：

　　「概念篇」——主要在廓清退休生涯經營的有關概念。首先，試圖鉤繪新高齡者的多元的圖像並定義退休生涯經營；其次，定位成功老化為新高齡者的生涯願景，以資進行相關生涯規劃的依循；最後，則針對亟重要的退休心理調適問題，深入探討、剖析，藉以擴大概念內涵。

　　「規劃篇」——是退休生涯規劃「做什麼，如何做」的具體揭露。計包括：「理財規劃——活到老，有錢到老」、「休閒規劃——活到老，休閒到老」、「婚姻規劃——活到老，憐愛到老」、「居住規劃——活到老，安養到老」、「人際關係規劃——活到老，圓融到老」、「生命臨終規劃——活到老，無憾到老」等六大規劃向度，共構創造性的退休生涯經營的整全意象。

　　「養生篇」——側重宣稱追求體健長青、淡定恬然的可欲與可能。從認識生命極限、老年憂鬱症與失智症入手，同時思考身、心、靈的健康促

進。推介抗衰老的飲食，倒轉生理時鐘的「逆時針」新思維，並蒐羅中外名人養生術，俾供參採。

　　當然，書中亦有學習地圖、特殊議題、延伸閱讀、智慧小語、收件夾、動動大腦等貼心短文與活動方案的嵌入，可謂同時兼備靜態的論理層次與動態的付諸實踐；論述深入，不失之晦澀；旁徵博引，鞭辟入裡；內涵外延，邏輯嚴謹一貫，綱舉目張。讀者可依個人需要，從中加以篩選、咀嚼及運用。

　　本書的完成實是作者近二十年投身高齡教育理論研究與教學工作，憑藉一股憨直傻勁，勇往邁進，未嘗稍歇使然。在知識探索的路途上，承蒙敬愛的師長、樂齡長者、同儕們的啟發與鼓勵，字裡行間，洋溢著您們的關愛與經驗的結晶，張忠江、李時羨、鄭佳音三位樂齡活力夥伴分享的「序幕曲」、「間奏曲」、「安可曲」著實令人感動與神往，謹致謝忱。同時，感謝揚智文化慨允出版以及宋宏錢先生的全力協助。在付梓之際，欣聞榮膺教育部第一屆樂齡教育奉獻獎（教學優良組），誠感惶恐。憶及大哲學家尼采的一句話：「一個趕路的人，時而晴天，時而陰雨，但仍然在趕路。」的確，我就是尼采筆下的趕路人，為高齡教育標定方向，全力奮進。咱們高齡教育夥伴們，一起趕路喲！

朱芬郁　謹識
2012.雙十節

目 錄

☙ 概念篇 ❧

❧ 規劃篇 ❧

✿ 養生篇 ✿

Part

1

概念篇

　　概念是意義的載體、思維的基本單位、對事物的普遍而抽象的認識。

　　本篇主要係針對「退休生涯經營」所涉及在同種類的多數事物中，將其共同性、普遍性抽離出來，加以概括，據以鉤繪整全概念，作為本書全篇立論發展的基礎。

第1章

創造性的退休生涯經營

老年人應該要當個探索者，在自己的熟年生活中，愜意
找到屬於自己的天地！

～T. S. Eliot

🦉 前言

2011年是人類歷史刻度上的重要印記。這一年，誕生於二次大戰後的嬰兒潮世代，正式邁入65歲，陸續屆退，湧入第三年齡，啟動「人口老化潮」；這一年，許多國家因退休人口遽增，造成社會經濟衝擊，將逐步關閉「人口紅利」（population dividend）[1]機會；這一年，地球「第70億寶寶」出生在這充滿矛盾的世界，有逾10億以上的人，生活在貧窮線下；這一年，影響人類社會的「第三顆蘋果」史帝夫‧賈伯斯（Steve Jobs）以56歲壯齡辭世，喚醒生命無常的慨嘆；這一年，全球民眾自認幸福快樂前三名國家是印尼（51%）；印度、墨西哥（43%）；巴西、土耳其（30%）；最不快樂的國家是匈牙利（6%）、南韓（7%）、俄羅斯（8%）（張沛元編譯，2012）；這一年，日本福島地區發生地震引發海嘯，造成近3萬人死亡失蹤，數10萬人流離失所。這一年……；這一年……。

是的，這一年充斥著經濟不景氣、天災不斷與戰爭衝突。但是，這些不愉快的內外環境因素，正為逐漸攀達人口主流的嬰兒潮世代，開啟一扇嶄新視窗，應嚴肅思考：將一生豐富經驗聚焦在《後五十歲的選擇》（姚巧梅譯，2008），綻放精彩晚年生活的優雅。如何能走出「人過中年，棋到中盤」的困惑？如何重新開機，啟動創造性的老年生活？的確，這些問題的關鍵之鑰，就是要經營人生第二生涯（second careers），有願景、有目標、有順序、有步驟的去選擇、去創造適合自己生活的方式，迎接老年生命紅利的春天。

---

[1] 「人口紅利」：人口經濟學家所稱的「人口紅利」（population dividend）是指涉一個國家的勞動年齡人口占總人口比重較大，撫養率比較低，為經濟發展創造出有利的人口條件，整個國家的經濟呈現高儲蓄、高投資和高成長的局面。是一個勞動力資源相對豐富、撫養負擔輕，形成經濟發展十分有利的「黃金時期」。簡單地說，人口紅利即是有利於經濟增長的人口年齡結構，通常以經濟勞動人口占總人口70%作為門檻較為適宜。

🦉 第一節　新高齡者的多元圖像

　　嬰兒潮世代總人數超過2億，不但是全球人數最多的世代，也開創人類歷史老年人口空前增多的「老人潮」（aging boomer），是全球社會環境脈絡變遷最重要的影響因素之一。Moen（1998）指出這個數量龐大年齡層的價值觀與特質，正在重新塑造各種不同成人生活轉型的現象。影響所及，包括家庭、生活、生涯、退休、個人工作和社會支持系統，產生決定性的改變。

一、新高齡者的誕生──深富建造力的世代

　　「嬰兒潮」一詞來自於1980年Jones的 *"Great Expectation"* 乙書，指在1946～1964年之間出生者（Ritchie, 1995）。一般而言，國外學者大都將二次大戰之前出生者稱為傳統世代，二次大戰期間或之後出生者稱為嬰兒潮世代。Tapscott認為嬰兒潮世代又稱為「冷戰世代」、「戰後繁榮世代」、「成長經濟世代」與「電視世代」（袁世珮、陳曉開譯，1998）。由於嬰兒潮世代是累積財富的世代，也被稱為「建造者的一代」，引領時代轉變。多數國外研究者（Hatfield, 2002; Santos & Cox, 2000; Smola & Sutton, 2002）參照Jones的界定，將嬰兒潮世代定義為1946～1964年之間出生的人士。根據內政部統計處的資料顯示，臺灣在1946～1966年出生率平均維持在千分之三十五左右，出現所謂的「臺灣嬰兒潮」，至1966年後都未再出現千分之三十以上的出生率。

　　Smith & Clurman（1998）認為嬰兒潮世代生長於一個理想社會，經濟繁榮的時代，成長後擁有最多的教育機會與就業機會，個人財富急速擴充。無形中養成一種被賦予的心理，認為自己永遠是眾所矚目的焦點，總是企求能夠得到生活中最棒的事物（引自田蘊祥，2003）。個人特質是樂觀的，對自己充滿自信，在家庭與學校生活中學習到團隊合作的精神（Zemke, Raines & Filipczak, 2000）。自己是舞臺上的明星，在尊重傳統

之外，竭力追求自我的成長、享受與自我滿足。針對嬰兒潮世代整體意象；Kaye（2005）提出「新高齡者」（new-aged）的概念，認為嬰兒潮世代「新高齡者」屬於新一代的老人，他們一方面企圖能延長第三年齡的時間，達到「成功老化」；另方面希望擁有創造性的老年生活，有機會參與團體生活、擔任社區志工服務，以及擁有終身學習的機會；多數的人甚至希望老年的活動參與能夠為自己開啟「第二生涯」。

二、新高齡者的多元圖像

　　鉤繪新高齡者的圖像，主要在堅實「為何」要從事經營退休生活的立論依據，也是在進行退休生涯規劃「知己」的誠實面對。茲嘗試將新高齡者整體圖像脈絡描述如下。

(一)擁有自由時間，講究休閒

　　「可支配的時間變多」是晚年生活型態最明顯的改變。根據日本野村綜合研究所調查，65歲老人一天擁有的自由時間是30歲年輕人的兩倍。尤其是「團塊世代」（由日本經濟評論家界屋太一命名，是指生於1947～1951年之間，第二次大戰後嬰兒潮的人口）的老人，高學歷、高成就，在辛苦工作大半輩子後，更渴望用多出來的時間，追求第二人生（陳兔、孫蓉萍，2008）。日本趨勢專家大前研一指出，高齡化社會退休生活時間，可能達87,000小時，上班族要提早規劃，例如參加五個社團，從事戶外活動；培養閱讀、園藝等五種個人可以獨立完成的興趣，才能有高品質的老年時光（許佳佳，2010）。對於新高齡者而言，退休是生命中最長的自由時光，對飲食、衣服、娛樂和假期的安排，更富彈性、更開放、也能自我選擇（許尚華，2004）。攜著一只皮箱出國參展走透透等生命經歷，「嬰兒潮熟年」呈現更具自信與活躍度，熱愛感受生命向外探索的渴望與活動。

(二)有錢、會花錢、捨得花錢

一項研究顯示，大部分的老年生涯規劃是以經濟的角度做為思考的重心（謝永定，2007）。新高齡者則呈現出不同旨趣。不論在食衣住行、休閒娛樂等各方面，熟年世代都是「最有消費能力」的一群人（謝春滿，2005）。

根據日本總務省的家計調查指出，日本個人資產總計1,400兆日圓（約合新臺幣407兆元），七成由50歲以上人士持有，存款減去負債後的淨金融資產，也以65歲以上的金額最高。日本老人擁有雄厚的財力，花起錢來也不手軟，65歲以上的老人，消費規模達93.4兆日圓（約合新臺幣27兆元），占全國個人消費規模三成二。預估至2015年有將近700萬新高齡者，消費規模高達134.6兆日圓（約合新臺幣39兆元）。臺灣戰後嬰兒潮世代則掌握全國55%的財富（謝春滿，2005）。工研院產業經濟與趨勢研究所（IEK），一項針對北京、上海、成都、廣州、大臺北與高雄等兩岸六大城市，取樣2,400位50～75歲銀髮族的消費行為調查。這群銀髮族，是第一波戰後嬰兒潮世代，多是社會中產階級，經濟能力自主，消費力驚人（陳俐君，2011）。他們在退休後更積極地經營自己的生活，並且為自己而活，善待自己，願意消費以回饋自己。更願意將大把金錢花在自我生活體驗，儼然是新高齡者圖像鮮明線條。「銀色財富」——正為社會經濟注入活絡源泉。

(三)凍齡、抗衰不老，追求年輕化

「企圖抓住青春的尾巴，將自己健康外貌樣樣顧好」在新高齡者圖像上占有重要地位。研究顯示，「嬰兒潮世代」比「戰前世代」自我認知年齡也較年輕，更希望展現獨特性，願意購買改善外貌的商品比例高達32%，高於戰前世代熟年19.5%，擁有青春外貌的加持，能讓他們常保年輕之心，同時強化別人肯定，更強化自我認同（賴怡君，2010）。在美國中老人使用任一項保健食品的比率約為52%（Radimer et al., 2004）；日本人使用任一項膳食補充品的比率為57%（Hirayama et al., 2008）；臺灣地

區65歲以上服用膳食補品的比率，男性為30.1%，女性為34.9%（陳師瑩等，2003）。依照我國工研院對於國內銀髮市場規模進行推估，2025年將達新臺幣3兆5,937億元，其中，老人用品是最引人矚目的項目之一，包括保健食品、美容、抗衰老等。有越來越多的銀髮族開始重視自己的外貌，不向歲月妥協。一股名為「銀色手術」的整容風正在英國興起，從事整形者的年齡有十分之一超過61歲。抗衰不老風潮最令人動容，消費群體包括中老年客群，估計市場規模逾4,000億，且逐漸增溫，市場規模驚人，吸引極多進入者。注重生理機能調養，希望凍齡、抗衰不老，追求年輕化，是新高齡者圖像的特色，也是不老商機的目標客群。

(四) 勇於築夢、圓夢，是活力充沛，老當益壯的族群

有夢最美，築夢踏實。夢想不再是年輕人的專利。渡邊彌榮司《我要活到125歲》：「夢想是生命力的根源。編織夢想的力量，實現夢想的力量，就是活下去的力量。夢想是自信與榮耀所孕育出來，這份自信與榮耀，讓你走向美好的人生。」（劉麗文譯，2006）。的確，許多新高齡者活躍於終身學習活動、國際志工服務、參與社區、蒐集文物，以及旅遊活動迎向大自然等舞臺，為人類社會灌注更多的滋養。據統計，不老不再是傳奇，夢想也不是年輕人的專利。一項由弘道老人福利基金會與日本企業JTI委託104市調中心進行「不老夢想大調查」（2011）結果顯示，在針對1,072位65歲以上的電話訪問，有24%的受訪者表示，現階段有希望完成的夢想，包括「與昔日同窗聚首」的比例占42%最高，其次是「舊地重遊」（30%）、「再年輕一次」、「騎重機車出遊」、「拍沙龍照」、「到遊樂園玩」（朱芳瑤，2011；謝文華，2011）；以及2008年教育部委託大學校院辦理的「老人短期寄宿學習」，2009年的「樂齡學堂」、2010年設置的「樂齡大學」等阿公阿嬤圓夢大學計畫，甚受高齡者歡迎，熱烈參與，蔚為終身學習風潮。另外，由JTI投入贊助的「不老夢想，圓夢列車計畫」系列活動，為長輩紀錄人生，留下精采的生命相本。活力充沛，勇於追夢、圓夢，不服老，新高齡者為生命畫像增添精彩的亮點。

(五)退而不休，積極汲取知識，興趣廣泛

　　高教育程度，興趣廣泛，延退或退而不休，似乎在新高齡者身上具體展現，令人驚豔。迪特瓦（M. Dychtwald）提出C型人生（Cycle Life），意指循環性的人生，生命是不斷重複生命週期（教育、工作、婚姻、娛樂）的過程。強調50歲以後，可以再創人生高峰，再學習，尋找年輕時的記憶、追求當時無法完成的夢想（陳正芬譯，2003）。迥異於線型生命週期（the linear life span）──視人生是教育─工作─退休直線前進，退休後沒有再工作的可能；轉化為「混合生命計畫」（blended life plan）[2]或「循環生命計畫」（cyclic life plan）[3]，亦即教育、工作、退休是循環進行或是混合並行。由於人類平均壽命的延長，人生不再是「求學→工作→婚姻→退休」的直線人生，更多的可能是，在35歲壯年再重返校園進修、52歲中年依舊雄心壯志創業、68歲熟齡仍然談戀愛。大前研一在其所著《型塑生活者大國》一書指出，高齡者從退休後至生命結束約有三分之二的人是健康、有智慧可透過再學習、開發潛能，對社會進行經驗傳承（黃怡筠譯，2009）。《遠見》雜誌2007年的調查指出，30歲以上的上班族，退休後最想做的工作是志工，占44.4%，想繼續工作的占27.7%（楊瑪利、陳中興，2007）。一項美國退休人員協會（American Association of Retired People, AARP）的研究顯示，80%嬰兒潮世代的人表示打算在退休時從事打工（AARP, 2000）。退而不休或延退已成為新高齡者的重要選項。此外，廣泛的興趣展現在從移居鄉間甚至國外養老的不動產、旅遊、最高檔的豪華客輪、昂貴的旅行拖車、一流的藝術文化表演、頂級飯店，美容醫療防止老化、健康商品、戒護用具、改裝無障礙空間的建築業、專為退休人設計的活動中心，以及從事終身學習活動等。新

[2]「混合生命計畫」（blended life plan）：是強調在生命期的大部分時間，將教育、工作與休閒三者同時進行。

[3]「循環生命計畫」（cyclic life plan）：特別重視將教育與休閒融入工作的生活型態。通常指涉將教育、工作與休閒三者的時間，重行界定向上或向下延伸，形成「教育─工作─休閒」的生命循環型態。

高齡者的圖像充滿動態性，創新和創意元素魚貫其間，令人目不暇給，驚嘆不已。

三、新高齡者的十大特徵

全球老化是人類最大的成就，壽命增加的事實，投射在新高齡者的身上。

嬰兒潮世代族群既長壽、較富裕，又是身體健康、富冒險精神，與抉擇性的消費者。在戶外旅遊活動、理財、志工服務及學習新事物上，明顯表現出濃厚興趣，被稱為「新銀髮族」（new-age elderly）（Mathur, 1998; Shoemaker, 1989），或「新高齡者」（Kaye, 2005）。Smith & Clurman（1998）指出嬰兒潮世代是叛逆、不服從、重視自我，喜好追求自我，專注於個人目標、重理想的一群人。Zemke等人（2000）認為嬰兒潮世代堅信成長與擴張、天性樂觀、認為自己是舞臺上的明星、在學校與家庭中學習到團隊合作、不停地在追求自己的靈魂生命、堅定地以高價為自己為他人追求個人滿足、消費氣派大方、市場中領導流行的一群等特質。Kupperschmidt（2000）認為嬰兒潮世代在童年時期是被疼愛的、強調獨立及被賦予的心理，春青期時崇尚個人主義，挑戰抗拒社會規範，造成長大後樂觀自私、以內在為導向的個性，重視工作即是休閒。由此可知在嬰兒潮世代的身上，充滿樂觀與自信丰采，散放自我成長與自我滿足。

臺灣嬰兒潮世代幼年身處傳統世代經濟蕭條，高喊反共抗俄的艱苦生活。連聖怡（2003）認為嬰兒潮世代有下列特點：(1)努力、勤儉的人生觀；(2)收入最豐碩，財富最可觀；(3)重理性又重形象；(4)消費能力驚人；(5)雅痞族風潮。尤其是教育水準比上一代為高，承接舊傳統在實際工作中流汗、流淚，相信努力、勤儉是美德，紀律與勤奮工作是必要的，天下沒有輕易可得之事（姜靜繪譯，1998）。盧羿廷（2004）比較嬰兒潮世代與傳統世代，嬰兒潮世代呈現教育程度高、高經濟水準、對婚姻的態度呈現晚婚、不婚或同居及高離婚率的狀態及低生育率的情形；尤其

在女性身上更明顯。黃慧敏（2004）針對臺灣嬰兒潮世代生活型態對退休準備及保健習慣的研究，將影響生活型態的五項因素為自律利他、倫理資訊、循規蹈矩、重視品牌、獨身自立因素進行分析，最後找出描述明確的四個族群，分別是我行我素群、溫馨居家群、事業至上群、光鮮守紀群。陳德文（1999）從工作、家庭及創新度三方面觀察，將嬰兒潮世代分成錢錢圈族、健康阿甘族、沃客ABC族，三個不同的族群。可見，臺灣嬰兒潮世代具體呈現出擁有創造力、活動力、獨立性、自主性、多重興趣、休閒取向與消費取向、追求教育、政治參與、社會整合、自我實現等（許尚華，2004）。

　　綜觀前述新高齡者的圖像五大脈絡，可歸整出其十大特徵，包括重自我、富勤奮、程度高、消費強、人數多、不服從、壽命長、性樂觀、講理想、經濟佳等，如圖1-1。

🦉 第二節　退休生涯經營的意義

一、退休與生涯經營

　　對於相繼屆退的嬰兒潮新高齡者，析論「退休」與「生涯經營」兩者的關聯性，顯得特別重要。有關退休意義的看法，在新高齡者面臨離退時，有了新的改變。退休通常開始於55～65歲之間的生命歷程；勞委會統計顯示，2006～2011年，國人平均實際退休年齡約為61歲。在平均餘命延長方面，2011年臺灣男性平均壽命75.98歲，女性82.65歲（內政部統計處，2012a），退休後將有長達二、三十年的歲月的趨勢下，相關生涯發展理論的研究，開啟「年老更要做生涯經營」的認知，追求「活的老，活得好」（Aging Well, Living Well），質量提升，精彩的晚年生活。

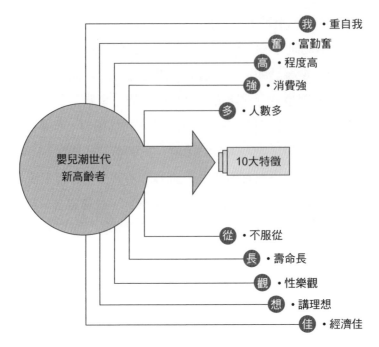

圖1-1　嬰兒潮世代新高齡者十大特徵

資料來源：作者繪製

(一)何謂退休

1.不同角度的看法

　　「退休」（retirement）一詞的界定，眾說紛紜，言人人殊。一般將之界定為個體不再從事一項全時有薪的工作，而接受過去工作的退職金作為某些收入的人；或指正式工作的結束與全新生活角色的開始，包括對行為的期待與對自我的重新定義（Turner & Helms, 1989）。更寬廣的觀察，退休是一種工作賺來的報酬，是過去勞動的一種結果，是原有工作的結束，也是一種新生活的開始，可視為角色的變遷與二度人生之開展（黃富順，1995a; Atchley, 1976; Cavanaugh, 1990）。

　　其實，退休不是人生趨於結束，而是另一階段的開始。退休代表個人生命歷程中一個重要的地位推移（status passage），如同結婚、畢業、

工作或失業一般。任何一次的地位推移，意謂著個人將開啟某一地位，並結束另一個。同時，地位推移也意謂著個人可能失去或獲得權力、特權和聲望等，個人的自我意識、認同，以及行為亦產生改變（Cockerham, 1991）。Riker & Myers（1990）認為退休是個人職業生涯的一部分，可以是一個事件、歷程或是社會角色：就事件或歷程而言，強調的是現有工作的終結；就社會角色而言，代表一個角色新生的機會。徐麗君與蔡文輝（1987）從結束現有工作的角度出發，認為退休是個人從持續性的工作環境裡退出，而此種退出工作環境的過程可能是自願的，也可能是被迫的，但是不包括因身體疾病或心理失常而無法繼續工作者，通常退休係指個人開始享有領取退休金的權利開始。美國老年寄宿所（Elderhostel）的創辦人諾頓（Marty Knowlton）在創立宗旨中，開宗明義指出：「退休不代表撤出有意義的活動，人的晚年應該被視為享受新挑戰的時期。」亞其利（Atchley, 1987）認為退休是帶有目的性的，是指個人可能為了健康問題或是為了享受人生，而在晚年時從職業中退出的情形。美國退休人員協會（AARP）對退休所下的定義是指：「面對一個嶄新且有活力的生活層面，充滿新鮮的機會、擴大的興趣範圍、新朋友、以及內心深處的滿足。」（錢Money理財研究室，1994）。

學者龍恩與卡蒙斯（Long & Commons）統攝各家觀點，將退休分為幾種不同層面以窺探其義：(1)退休代表一種身分：是指個體不再從事全職的工作而領取退休金或社會福利金作為部分收入的人；(2)是一種角色：有其義務而必須負起自我照顧與自我管理資源的責任，並且為了適應良好，退休者應尋找工作角色的替代；(3)是一種歷程：退休需經歷一系列的階段，個體必須加以面對與調適；(4)是一種選擇：退休是生活滿意與調適的轉捩點，必須重新界定生活的意義，建立新的生活結構與秩序，選擇有尊嚴的人生（黃富順、陳如山、黃慈，1996）。

2.變遷中的「退休」意涵

值得注意的是，退休的定義正在改變。一是有一種提早退休的趨勢，雖然已有減緩或反轉的可能；一是退休越來越被視為一種彈性的過

程，而非單一事件。就前者而言，歸因於社會經濟成長，財富持續積累，加上社會福利安全制度逐漸法制化，以及雇主提供的優厚退休金等因素；但是，少子女化趨勢，人力供需失衡日益嚴重，需要更多的年長員工能延後退休，使得提早退休趨勢趨緩，並紓解政府財政負擔。就後者而言，「就業間隙」（bridge employment）概念（Weckerle & Shultz, 1999）受到廣泛的重視。該概念主要是針對部分的退休現象，說明較年長員工在替代階段的投入及離開職場的情況，尤其是60歲以上員工，實際完全脫離職場者甚微，而選擇不退休的年長員工的原因，包括未對退休做明確的規劃、需要有所貢獻、受到器重，以及希望有所作為。這種現象，對「退休」賦予新的意涵，將較年長員工視為留任（remaining）、退休（retiring from）、重返職場（Stein, 2000），有別於以往將退休視為離開工作場所，長期休息，或陷入與原本長期工作完全斷裂的窠臼。

3.對新高齡者而言，退休是一種彈性的過程，也是多樣的選擇

提早退休、延退或退而不休是新高齡者多樣的身分、角色、選擇的彈性過程。綜合上述說法，「新退休觀」泛指：個體從全職的工作崗位撤退下來，並以退休金或社會福利金作為部分收入來源，是生活型態改變的一種彈性過程，也是個人生命中重要的轉捩點。更積極的說法則是，退休代表的是第二次的人生機會，一段嶄新的生活，人生方向的思索與重新定位，可視為角色的轉換與創造性第二生涯的開啟。

二、退休生涯經營的意義

(一)生活與生涯概念彼此相通、互為統攝

「生活」（life）一詞，是日常使用極其普遍的。《牛津辭典》指係生活方式、生涯（way of living; career）。《辭海》生活是人的各種活動。教育部《國語辭典》修正本舉出相似詞有生存、糊口、生涯、生計，而生活泛指一切飲食起居等方面的情況、境遇。可見，生活一詞意涵

廣泛，舉凡生存、生計、工作、生活方式、生活型態、生涯等概念，皆含蘊其中，重疊交滲。

至於「生涯」（career）一詞，《牛津辭典》解釋原有「道路」之意，一生的經歷（progress through life）或謀生之道、職業（way of making a living; profession）。《辭海》將生涯解釋為人的生活。美國生涯發展理論（career development theory）大師舒柏（D. E. Super）亦曾指出：「生涯是生活裡各種事件的演進方向與歷程，統合個人一生中各種職業和生活的角色，由此表現出個人獨特的自我發展組型。」（黃天中，1995）。生涯涵蓋範圍涉及個人的一生，統攝工作、家庭、自我、愛情、休閒、健康等層面，可視為個人整體謀生活動和生活型態的綜合體，包含人生發展的整體歷程（羅文基、朱湘吉、陳如山，1991）。

從上述有關「生活」與「生涯」概念的廓清，發現兩者概念意義相通，彼此相互滲透、統攝。由於本書立論主體是以新高齡者「退休」為標的，率以成年晚期屆退前後為析論範圍，有關青壯年期所涉及生活、職業等事物，較少論及。職是，在本書行文論述過程中，係摘取「生活」與「生涯」意涵與新高齡者「退休」攸關者，加以聯結運用，藉以豐富其概念內涵。

(二)退休生涯發展是終身的過程

舒柏（D. E. Super）強調生涯選擇是一個長期的發展歷程，將生命各階段及生命空間的概念，應用於成人生涯發展（Super, 1990）。在不同生命階段中，個人有不同的自我定位，其中，在維持期（Maintenance：44～64歲）的發展任務：(1)接受自我條件的限制；(2)找出在工作上新的難題；(3)發展新技巧；(4)維持在職業領域既有的地位與成就。衰退期（Decline：65歲以上）的發展任務：(1)發展非職業性角色，逐漸退隱；(2)做一直想做的事；(3)淡泊名利，與世無爭。Super（1990）在生命空間方面，將「生活—生涯彩虹」（Life-Career Rainbow）概念化，說明不同人生階段之中，不同生活角色的互動與優勢，生涯發展片斷模式

（segmental model of career development）結合人格（自我）與社會政策（社會因素）。這些觀點，實為新高齡者進行退休生涯經營，做出有意義的支持及其規劃的必要性。

值得注意的是，許多生涯發展理論皆承認：成長與改變的發生，來自本身（包括心理、認知、社交，及生物性的改變）及社會環境脈絡；並且同意：在成人發展的後期階段，個人會變得更複雜、開放、有彈性及過程導向（彭慧玲等譯，2009）。再者，浮現理論（emerging theories）的敘事取向觀點，重視內在的意義建構取向（meaning-making approach），透過敘說自己生命故事的感情表達，讓自己更能察覺主宰自己生命核心的底蘊與節奏，扭轉過去對「發展」的瞭解，這對退休新高齡者，特別有意義。

是以，宜將成人發展視為循環性，而非直線性。更精確地說，新高齡者事實上有更多的選擇，當新的選擇出現，當離退時點到來，無論是預期中或預期外，從容地去轉動自己生命根荄的主題與旋律，運作一組最佳的退休生涯經營策略，毋寧是理性的最佳選擇。

(三)退休生涯經營的意義

1.使用「經營」一詞較符合退休生涯安排的事實

「規劃」（planning），依據教育部《國語辭典》修訂本解釋為計劃，籌謀策劃；是一套複雜、費時、動態及繼續不斷的作業過程。規劃的功能有四：提供組織努力的方向、降低不確定程度、減少重複及多餘的行動，及做為控制的基礎（司徒達賢、李仁芳、吳思華，1985）。一般所謂「生涯規劃」（career planning）是指涉一種知己、知彼、選擇與行動的過程（洪鳳儀，1996）。早期生涯規劃以生存和就業為主，晚近則將實踐理想、追求卓越等理念納入。由於本書側重新高齡者「退休」議題，為期符應析論焦點，呈顯以新高齡者退休生涯的事實，故宜採「經營」的理由是，「經營」（management; conduct; operation; running）較具全局性、長遠性，有其動態性謀劃發展的內涵，兼有計劃、規劃、籌劃、安排、謀

劃、組織、治理、管理等含意，尤其是屆齡退離職場後，生活層面相關事項的安排。

2.退休生涯經營是退休者生活內涵與生涯發展的策略層次活動

基於對生活、生涯概念的理解，明確「經營」的堅持，以及抓緊「退休」為基點，「退休生涯經營」係指涉退休者根據自己個人資源狀況（人格特質、價值觀、能力、興趣、身體狀況、經濟狀況、親友手足、孫子女、夫妻）的「知己」和所處的環境事實（社會、文化、生活型態、人口）的「知彼」，在「量己力」和「衡外情」之下，對自己退休生活內涵和生涯發展，去進行策略性規劃和安排、選定願景與目標的一種策略層次活動。

第三節　退休生涯經營的內涵

退休生涯經營的基本精神乃係堅信：退休者應享有「計畫性」安排的晚年生涯，是可欲的。Glamser（1981）的研究結果，支持此項觀點，指出正面的退休態度會造成有計畫的退休行為，且多數受試者期望能擁有正向的退休經驗，並藉由妥善的規劃因而對退休產生積極的態度。

毋庸諱言，所謂「計畫性」的晚年生涯，涉及退休日常生活的諸多事務，從生理到心理，舉凡食、衣、住、行、育、樂、醫、保等，皆含納其中。如何歸整擇要，以簡馭繁，抽取要項，妥適規劃，至為重要。許多研究文獻與實證研究結果，提供鑑別哪些是退休生涯規劃與準備的要項，值得參考。

邱天助（1993a）依據黑德勤（Hettler, 1976）幸福人生組成的六個層面：生理（physical）、精神（spiritual）、感情（emotional）、社交（social）、知性（intellectual）及工作（occupational）等，據以提出幸福的老年生活規劃，必須包含以上六個層面：即養生保健、感情生活、學習求知、適度工作、精神信仰及社交活動。黃國彥（1994）認為老年人如果

要度過愉快的晚年，必須儘可能的做到下列的要訣：(1)注意老本；(2)珍惜老伴；(3)要有老友；(4)要做老傻。柴林斯基（E. J. Zelinski）在《幸福退休新年代》提出構成幸福退休生活的要件是：身心健康、精神富足、良好的家庭和友誼關係、豐富多樣的趣味活動（譚家瑜譯，2005）。另外，王麗容與詹火生（1993）提出老年生涯規劃的主要內容，包括以下各面向：(1)生理保健和資源運用之規劃；(2)經濟生活和收入安定之規劃；(3)社會參與和相關資源運用之規劃；(4)休閒生活和情趣生活之規劃；(5)生活安排和居住照顧之規劃；(6)其他生理、心理及社會適應等生活課題之規劃。黃富順（1995b）提出老年期的生涯安排，包括經濟生活的安排、住屋安排、社會活動的參與、再就業問題、志願工作的參與、健康的規劃等。徐立忠（1995）提出老年生涯規劃，包括健康、家庭、經濟、學習，及休閒娛樂等五方面。蔡培村（1996）則舉出八項內容，計有經濟獨立、家庭關係、醫療保健、休閒娛樂、宗教人生、心理衛生、終身教育，及臨終關懷。呂寶靜（1997）針對臺灣地區民眾從事老年準備的研究結果顯示，前四項內容是存錢、注重保健、參加人壽保險和培養休閒嗜好等。楊培珊（2002）則提出五項，包括維持健康，規劃財務，與家人、朋友、鄰居保持良好關係，居住安排，以及培養興趣及嗜好。

朱芬郁（2002）綜合各說，歸整出退休生涯規劃的執行要項包括：(1)養生規劃：要活就要動；(2)社會連繫：建立人際網絡與社會支持系統；(3)社會參與：參與志願服務，維持社會接觸；(4)休閒娛樂：培養興趣，充實休閒生活；(5)信仰宗教：探索生命意義與價值；(6)人生回顧：寫回憶錄或預立遺囑；(7)經濟獨立：作好理財規劃；(8)居家規劃：選擇熟悉的生活方式與環境；(9)醫療保健：疾病預防與治療。

有幾項實證研究，頗值參採。臺灣地區「2009年老人狀況調查結果」顯示：55～64歲國民對於未來老年生涯有規劃者占26.58%，主要規劃項目依序為「四處旅遊」、「從事志願服務工作」、「賦閒在家」及「從事養生保健活動」（內政部統計處，2011）。鄭諭澤（2005）針對中國老人教育協會附設老人社會大學359位退休者的調查顯示，退休生涯規

劃包含六項：健康維持、經濟計畫、社會參與、居住安排、休閒娛樂、臨終安排。黃陳鳳美（2008）以臺北市中國老人教育協會附設老人社會大學及宜蘭南陽義學556位為對象，結果顯示退休生涯規劃包括：經濟規劃、居住安排、健康規劃、社會參與、休閒娛樂、繼續教育等六項。張綉枝（2010）一項以45～64歲416位中高齡公務人員的調查結果顯示，退休準備包括理財規劃、健康醫療、法律知識、居住安排、休閒活動和志願服務。劉郁菁（2011）的研究則舉出退休生涯規劃包括養生、社團參與、人際關係、宗教信仰、心靈寄託、發展興趣等。

綜觀上述各專家學者看法及相關實證調查研究結果，可以發現，囿於老年異質性和生活條件，容或有互異之別，但是，在退休規劃卻有相似點。

簡言之，包括理財規劃、休閒規劃、婚姻規劃、人際關係規劃、居住規劃、生命臨終規劃，以及養生保健等。基於是項事實的體認，本書《退休生涯經營》即係以上揭七項規劃為主要內涵，作為啟動經營退休生涯的全觀構面，追求創造性的老年生活。

🦉 第四節　退休生涯經營的原則

是否有可依恃的某些方法或原則，俾便於退休屆臨，選擇適合自己生活的方式，安排合己意的生活型態，追求有意義的退休生涯。鑑於高齡者異質性大，彼此條件不同，概舉經營退休生涯的五項基本原則，分述如后。

一、及早規劃原則

及早規劃是經營退休生涯首要重視的原則。艾默生（R．W．Emerson）：「老年雖不是揚帆的時候，但不是任其漂流。」史肯納（B. F. Skinner）：「步入老年就像是訪問另一個國度，如果在訪問之前有充分的

準備，你就更能享受它。」（湯曼琪，1994）要使退休後的生活過得豐富有意義，就要未雨綢繆，預作規劃與安排。日本名作家今野信雄指出，退休前五年就要開始規劃（莊蕙萍譯，1991），甚而在中年期就要作好退休準備；尤其在金錢、健康與興趣方面，應事先加以規劃，則能在退休時感到有安全感，有獨立自主的信心與自我照顧與管理的能力（黃富順、陳如山、黃慈，1996）。祇要開始，永不嫌遲，實是及早規劃的最佳註腳。

二、個別性原則

生涯是每一個人根據個人的人生理想，為實現自我而逐漸開展的獨特生命旅程，亦即相同的退休生涯，在型態上或許類似，但實質上卻有不同。美國發展心理學家紐加頓（B. Neugarten）即說：「個體的生命，如同一把逐漸開展的扇子，當活著越久，彼此間的差異就越大。」（黃富順，1995c）。新高齡者老年人由於生活背景、教育程度、經驗的不同，造成每一個人都是獨特的個體，故退休的生涯經營宜視個人興趣、專長、能力、體力及身心需求而加以擬定，始符合個體之獨特性質，以實踐個人築夢踏實之理想。更深刻地說，不必強加模仿，屈從己意，要做自己退休生涯的主人。

三、短期規劃原則

規劃的期間一般分為長程規劃、中程規劃、短程規劃。長程規劃其期間通常在10年以上，常考慮大目標的設計；中程規劃期間通常在3至5年不等，為較具體實際的目標；短程規劃其期間常在3年以內，為最切身可行的目標（張添洲，1993）。老年期的生涯規劃，固應有長程性的觀點，但隨著科技的日新月異及社會變遷的快速，其所能精確規劃的期間就越來越短；因此，每次的規劃，要作短期的安排，每3至5年就作一次檢視與調整，並且退休後第一個生涯的安排，不宜與退休前的生活方式

差距太大（黃富順，1995b）。也就是採階梯式的銜接，逐步適應，活出精彩。

四、彈性化原則

彈性化原則的精神所在，是強化所規劃的內容能有效地付諸實行，不致落空。退休生涯規劃的擬訂端視個體身心需求及實踐能力而定，若個體發覺所擬目標高遠、滯礙難行，則可適時彈性調整，代之可行的策略與目標，逐步達成理想。規劃未來退休生涯的目標，牽涉到未可確定的情境，尤以社會變革劇烈，因此，各項考慮應具有彈性或緩衝性，以確保能因應環境的變動情況而作適時的調整，以增加其可行性。

五、總合性原則

總合性原則的提出，實是全局性思考的結果。由於生涯的概念涵蓋範圍及於個人的一生，包括個人一生中所從事的工作，以及其擔任的職務、角色，同時也涉及其他非工作或非職業的活動，即個人生活中食、衣、住、行、育、樂各方面的活動與經驗（林幸台，1987），可視為個人整體謀生活動和生活型態的綜合體。因此退休後的生涯規劃應具總合性，涵蓋人生整體發展的各個層面，包括理財規劃、休閒規劃、婚姻規劃、人際關係規劃、居住規劃、生命臨終規劃，以及養生保健等。要之，本書第二篇【規劃篇】即是本於全局性的眼光，摘選特殊議題，提出退休生涯經營的整體構面；並輔以第三篇【養生篇】，深入淺出推介，縷析其要，鉤繪出健康長壽的願景，企圖臻至描述性的正確及診斷性的遠見。

收件夾　銀髮過得好，10招不能少

1. 買雙舒適的鞋：「美國足病醫學會」表示，腳部疼痛並非正常老化的一部分，總是穿不合腳的鞋子易造成肢體肌肉、筋膜的發炎不適。

2. 從事動腦活動：比方閱讀書報雜誌、打牌、下棋、玩拼字遊戲或學習新的東西，都有助鍛鍊心智、強化腦力，過程中也能維持人際互動。

3. 養成走路習慣：多走路能強化體能，促進腦部血液循環，提升含氧量，降低中風、高血壓、心臟病的罹患風險，且減緩認知功能的衰退。

4. 做平衡感訓練：生活中諸多事務須有好的平衡能力方能完成，如行至某處取物。一旦常重心不穩，相對地就容易跌倒受傷。

5. 定期檢查視力：一份近期發表於《美國醫學會》期刊的報告指出，多數60歲以上的老年人，視力上的障礙可透過光學鏡片的矯正獲得改善。

6. 增加運動機會：不管是做家事、整理庭院、去市場購物或陪小孩玩球，甚至配合興趣參與坊間各類健身社團、俱樂部，只要能動，就要把握。

7. 建立社會支持：積極經營和家人、朋友與鄰居的關係，保持社交網絡，如此比較不會覺得寂寞或得憂鬱症，對個人穩定情緒與對抗壓力有所幫助。

8. 攝取新鮮蔬果：蔬果中富含維生素B群、抗氧化維生素（如：維生素C、E、β胡蘿蔔素與多酚）等營養成分，可讓大腦變年輕，防止失智症發生。

9. 常常笑口常開：研究發現，笑有減少體內壓力激素的分泌，增強免疫力、緩解疼痛、降低血壓、增加攝氧量與肺活量等好處，對促進心理健康也裨益良多。

10. 每天睡眠充足：每晚至少要睡7至8小時，若有失眠的問題，應先從改變習慣著手，如白天儘量不要睡覺、準時上床就寢或規律運動等，切勿完全依賴藥物。

資料來源：美國國際活力老化學會（ICAA）（2007）。

🦉 第五節　本書學習地圖

本書《退休生涯經營：概念、規劃與養生》撰寫的主要旨趣，乃懍於嬰兒潮世代新高齡者，亟需積極主動布局退休生涯的龐大需求所使然。全書整體邏輯思維與基本構面，說明如下。

一、基本構念：退休生涯要經營，生活質量要規劃

拒絕舊思維，揚棄：忙碌一輩子，退休哪還需要再規劃，就這樣過完一生唄！積極思考：借用生涯規劃的方法，導入「計畫性」退休觀念，長遠性且全局性的定位前瞻性、未來性的生活目標，妥適合宜的經營退休後的生涯與生活，全面優化生活內涵及生涯發展的質量，啟動創造性的第二生涯。

二、一個堅持：堅持邁向成功老化的願景

「成功老化」（successful aging）一詞，自1960年代起，被廣泛用以表示老年期正向的適應狀況與經驗，意謂著疾病失能低風險、心智身體高功能、對生活的積極承諾（Rowe & Kahn, 1997; 1998），尤其是「生產力的老化」（productive aging）（Kaye, 2005）概念，對於嬰兒潮新高齡者多年來，將所長持續貢獻社會，有助成功老化的促進，在生涯經營上，特別有意義。是以，堅持邁向成功老化，作為退休生涯經營的終極願景，以及進行生涯規劃時的上位概念。

三、定位四大目標：終身學習、健康快樂、自主與尊嚴、社會參與

退休生涯經營旨在促進新高齡者老年時的生活品質，使得健康、參與和安全達到最適化機會的過程。成功老化願景的分項目標有四，也是進

行退休生涯經營時，導入的主要內涵。「終身學習」，融入退休生涯全程，持續追求自我成長與生命意義；「健康快樂」，建構優質的生活型態，享受靈性健康、愉悅快樂的生活；「自主與尊嚴」，尊重生活自主權與代間和諧，袪除年齡歧視；「社會參與」，發揮具生產力老化的影響力，適當的參與社區，持續服務社會，建立自信心與存在價值。

四、七大退休生涯規劃：財務規劃、休閒規劃、婚姻規劃、人際關係規劃、居住規劃、生命臨終規劃，以及養生保健

　　新高齡者退休生涯經營的整體意象，乃是由七大生涯／生活層面的策略性謀劃活動所構成，包括：財務規劃、休閒規劃、婚姻規劃、人際關係規劃、居住規劃、生命臨終規劃及養生保健等。這七大退休生涯／生活規劃，胥以「終身學習」、「健康快樂」、「自主與尊嚴」、「社會參與」四大目標為規劃的依據，從而邁向成功老化的優質老年生活品質為願景。

五、健康養生：擁有創造性的老年生活

　　【養生篇】是本書重要一環，也是本書第二篇【規劃篇】具體落實的基礎。養生是保養、調養、頤養生命，延年益壽。抗衰防老，延長退休後的體健期，縮短病榻期，才能享受優質的老年生活。本篇側重追求健康長壽之道，揭露老年疾病防治與健康照顧，如何保持健康，並引介歷代名人養生術，俾供參採。

　　茲將全書整體學習地圖，繪製如**圖**1-2，方便讀者掌握全書篇章，以收會觀其全之效。

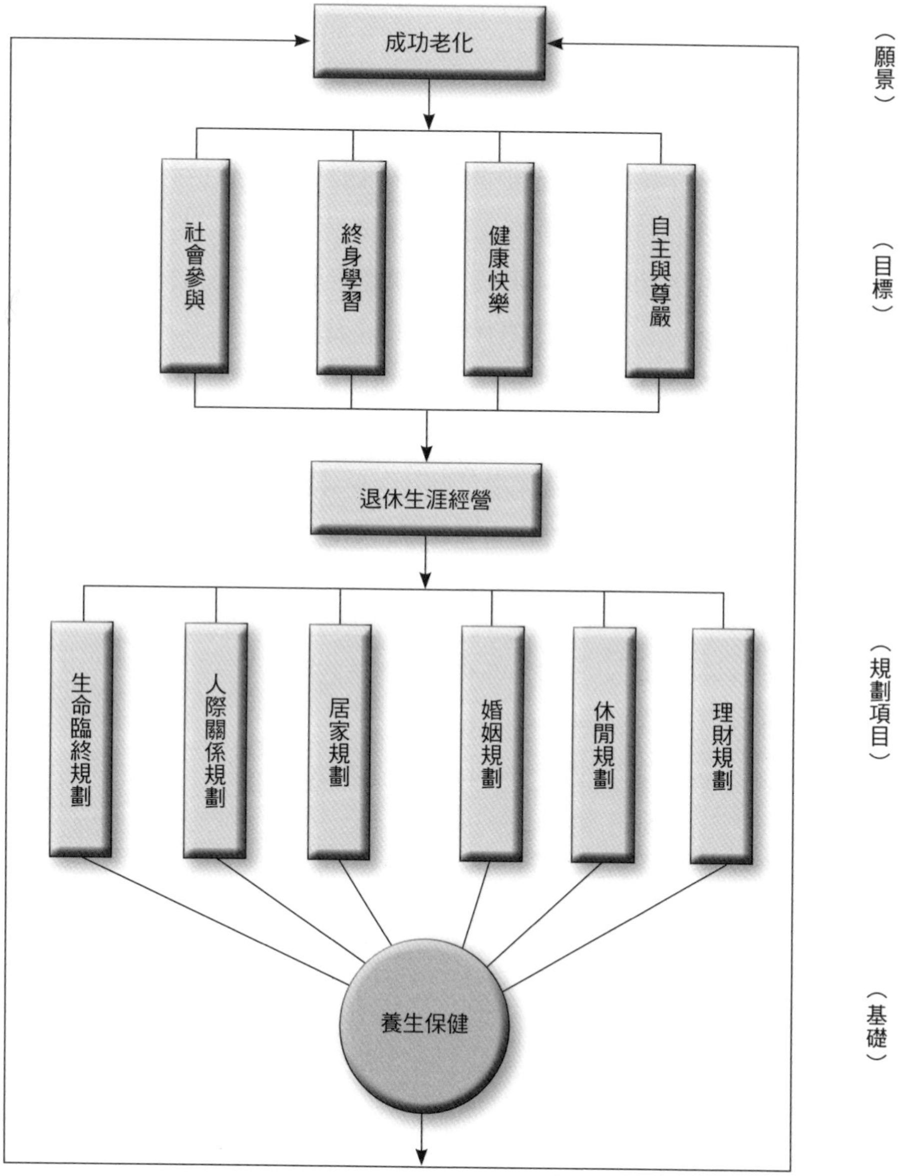

成功老化　（願景）

社會參與　終身學習　健康快樂　自主與尊嚴　（目標）

退休生涯經營

生命臨終規劃　人際關係規劃　居家規劃　婚姻規劃　休閒規劃　理財規劃　（規劃項目）

養生保健　（基礎）

圖1-2　本書學習地圖

資料來源：作者繪製

結語

　　退休，是人生重新揚帆啟航的時刻，是享受自我的恬然旅程；退休生涯經營正提供一個嚴肅思考人生方向的機會。退休是人生重大事件，是生命歷程中關鍵的轉捩點。老年退休後，面臨人生旋律的巨大變奏，生活結構與方式的劇烈變動，諸如：生理機能的迅速退化、經濟收入來源的減少、生活時間分配的變化、心理上的調適、社會關係和家庭關係的變動等。凡此種種，皆迫使面臨退休階段的老人，重重壓力，深刻感受衝突、矛盾和不適。如何降低退休所帶來的負面衝擊，唯有在心態與行為上積極地調適與面對，並預作退休生涯經營，方能迎接一個尊嚴、安適的晚年。把老年當作一生，最值得彩繪的勝境，使晚霞光彩奪目，讓創造性的退休生涯成為終生成就的冠冕，實為高齡者生命晚期所需面臨的重要發展任務。此即為本書撰述的核心理念與堅持。

- 艾略特（T. S. Eliot）：「老年人應該要當個探索者，在自己的熟年生活中，愜意找到屬於自己的天地！」

- 大前研一：「高齡者從退休後至生命結束約有三分之二的人是健康、有智慧可透過再學習、開發潛能，對社會進行經驗傳承。」

- 渡邊彌榮司：「夢想是生命力的根源。編織夢想的力量，實現夢想的力量，就是活下去的力量。夢想是自信與榮耀所孕育出來，這份自信與榮耀，讓你走向美好的人生。」

- 迪特瓦（M. Dychtwald）——C型人生：「生命是不斷重複生命週期（教育、工作、婚姻、娛樂）的過程。強調50歲以後，可以再創人生高峰，再學習，尋找年輕時的記憶、追求當時無法完成的夢想。」

- 諾頓（M. Knowlton）：「退休不代表撤出有意義的活動，人的晚年應該被視為享受新挑戰的時期。」

- 美國退休人員協會（AARP）——退休：「面對一個嶄新且有活力的生活層面，充滿新鮮的機會、擴大的興趣範圍、新朋友、以及內心深處的滿足。」。

- 柴林斯基（E. J. Zelinski）：「構成幸福退休生活的幾個要件是身心健康、精神富足、良好的家庭和友誼關係、豐富多樣的趣味活動。」

- 艾默生（R. W. Emerson）：「老年雖不是揚帆的時候，但不是任其漂流。」

- 紐加頓（B. Neugarten）：「個體的生命，如同一把逐漸開展的扇子，當活著越久，彼此間的差異就越大。」

- 史肯納（B. F. Skinner）：「步入老年就像是訪問另一個國度，如果在訪問之前有充分的準備，你就更能享受它。」

動動大腦

☺**活動名稱：**「創造性的第二人生──從生涯經營作起」

☺**活動對象：**55歲以上長者或大專校院學生

☺**活動目的：**描繪並省視自己的退休生涯經營藍圖

☺**活動內容：**

1.畫（寫）出您的休閒生活安排

2.畫（寫）出您的夫妻相處（自處）秘訣

3.畫（寫）出您的暮年居住規劃

4.畫（寫）出您的養生小撇步

5.畫（寫）出死後會後悔的3件事（請參考第9章收件夾【死後會後悔的25件事】）

6.若生命有個時限（例如：只有一年生命可活），您將會做什麼？

7.往生之後，您喜歡別人用那句話來形容您？（不超過10個字）

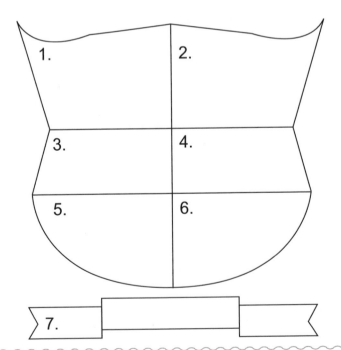

延伸閱讀

早安財經編輯部（2007）。**實用退休規劃新手自學**。臺北市：早安財經。

朱衣（譯）（2005）。別抓狂編輯群／著。**幸福退休計劃—別為小事抓狂指南**。臺北市：時報。

李國芬、李德珍、沈文慈（2007）。「**退休」，你準備好了嗎？**臺北市：商顧。

沈雲驄等（編）（2003）。**退休規劃學習地圖**。臺北市：早安財經。

林冠汾譯（2007）。博報堂生活綜合研究所、博報堂熟齡事業推進室編著。**搶占熟齡市場：最有購買力的新興族群引爆10大商機**。臺北市：家庭傳媒城邦分公司。

姚巧梅（譯）（2002）。曾野綾子著。**中年以後**。臺北市：天下雜誌。

洪慧芳（譯）（2012）。K. Dychtwald & D. J. Kadlec著。**熟年力：屬於新世代的熟年生涯規劃手冊**。臺北市：大塊。

郭政皓（譯）（2008）。Tamara Erickson著。**反退休運動**。臺北市：商智。

陳彥勳（2006）。退休生活完美規劃。**台北健康城市深耕社區專刊**，12-15。

黃經良（譯）（2008）。加藤仁（Hitoshi Kato）著。**過一個有價值的退休人生**。臺北市：臺灣商務。

楊鴻儒（譯）（1991）。多湖輝著。**60歲開始的人生**。臺北市：中央日報。

楊鴻儒（譯）（1996）。多輝湖著。**六十歲的決斷**。臺北市：大展。

齊克用（2008）。**退休規劃一典通—預備美好的未來生活**。臺北市：上旗。

樂天文化編輯小組（2007）。**熟年生活情報6—退休新鮮人—熟年力的崛起**。臺北市：八方。

薛慧儀（譯）（2000）。Vicky Maud著。**享受退休**。臺北市：弘智。

謝芬蘭（2006）。**我的退休進行式**。臺北市：心靈工坊。

第 2 章

高齡者的生涯願景——
成功老化

「如果我們都會老，那麼儘可能活的老，也活得好！」

～Walter M. Borze

前言

　　全球人口老化是人類最大的成就。依據聯合國世界衛生組織（World Health Organization, WHO）預測2050年老年人口數將達20億，其中60歲及以上的人口是增長最快的年齡組。此一全球性現象，影響亟其深遠。

　　令人思索的是，何以在先進國家的預期壽命最高達82.2歲，發展中國家可活到70歲以上，而在非洲的一些國家壽命卻低於40歲（世界衛生組織，2011）。使人類免於早死的原因，可能涉及到教育、公共衛生、都市生活、人權的進步，以及傳染病的消除等諸多因素的影響。自1960年代以來，有關成年晚期的研究之中，「成功老化」（successful aging）一詞被學術界廣泛用來表示老年期中的正向適應狀況與經驗，企圖協助長者能達成其理想的老年生活。在國際組織方面，聯合國世界衛生組織（WHO）2002年提出「活力老化」（active aging）政策框架，強調社會參與管道的建立、身心健康環境的形成，及社會、經濟及生命安全的確保；經濟合作暨發展組織（OECD）2009年推動「健康老化」（health aging）政策，重視建構較佳的生活型態、改善老人與經濟、社會生活的融合、建構符合老人需求的健康照護體系，以及維護高齡者生理、心理、社會的最適化、無歧視的環境參與社會和自主獨立的良好生活品質。至是，由於關注老年健康與生活問題，使得這些議題排入國際組織議程之中討論，同時，也引起國際間對「成功老化」及相關主題的重視，為提升老年生活品質開啟新的行動。

　　定位「成功老化」為經營高齡者退休生涯的願景，有其必要。周延而完整的高齡者生涯經營，需含括健康面、生活面、功能面、活動參與、靈性面，以及營造支持性周邊因子，以期迎接正向老化的過程與結果，已成為新興、前瞻性的焦點議題。

第一節　成功老化的理論基礎

人類自古即面對老化存在的事實，而老化一直予人負面的印象。如何在負面之外，能導入正面價值；雖然有關老化的原因，迄今尚無定論，但是，自二十世紀60年代以降，成功老化議題在老年人權持續高漲趨勢下，受到世人較多的關注；90年代隨著世界性健康生活照護思潮推動，相關理念、價值取向逐漸建立、調整、推動，有助長者獲得較佳的晚年生活品質與有意義的第二生涯。本節擬就七個向度探究成功老化的理論基礎。

一、撤退理論（Disengagement Theory）

崑銘和亨利（E. Cumming & W. Henry）兩人在1961年所提出。本理論認為隨著老人健康與體力的衰退，變得越來越少參與組織化的社會結構，逐漸退出社交生活（王麗容，1995）。為期達到成功老化，老年人的定量和定性的相關世界應該縮小（Nussbaum et al., 2000）。撤退之形成並不是老年人單方面的活動，而是老年人本身和社會大眾雙方面的撤退（a mutual withdrawal）。就社會巨視的角度觀之，認為老人已無力對社會有所貢獻，便須退出社會，讓年輕人取而代之，以維持社會體系之延續；就微觀層面而言，由於老人本身無法適應現存社會中的角色、人際關係、價值體系等，唯有採撤退策略來保護自己，才符合老化過程中的內在成長，始能得到以自我為中心的成熟與滿足（徐立忠，1996）

本理論認為老人應平靜地接受撤離的事實。老人社會角色的喪失，乃是人類個體生命週期的必然循環過程，並認為適量的減少社會互動，是達成心理與社會調適的重要途徑。

二、活動理論（Activity Theory）

本理論由R. S. Cavan、E. W. Burgess、R. J. Havighurst及H. Goldhammer等人在1949年提出，又稱為「再從事理論」（reengagement theory），1950年代極為流行（周家華，2002）。活動理論指出老年人的活動參與率與老年人的幸福感、自我概念及生活的適應有密切的關聯。其主要論點認為，老人雖然面臨生理、健康狀況的改變，然老年人和中年時代一樣，有活動的心理性和社會性需求，並主張老人高度的活動可帶來生活滿意；反之，社會角色的喪失及其附帶活動的減少，會降低生活滿意度。這是由於活動可提供個人的角色支持，因而重新確認自我概念，而正向的自我概念可提升晚年士氣，帶來高度的生活滿意（呂寶靜，1996）。

由此觀之，老人應積極地參與社會活動並維持社會關係，並延續中年期的種種活動和交際，以增進生活的適應，獲致晚年的幸福感。

三、持續理論（Continuity Theory）

持續理論認為人類生命週期的每一個階段都代表高度的連續性且為漸次發展的，老年人有其穩定堅實的價值觀、態度、規範與習慣，對於先前階段的整合，都有助於個人因應下一個階段問題的調適策略（呂朝賢、鄭清霞，2005）。主張每個人的個性，在決定個人是否會順利老化扮演重要角色；一個人能成功適應老化，是依賴個體在他或她個性中，能保持一致性。人們被視為順利老化，係當他們經歷老化過程中，能保持成熟且統合的人格特質（Nussbaum et al., 2000），Fry（1992）指出積極的士氣、生活滿意、活動、投入是持續理論之根。

本理論認為，老年人整體而言，還是有與其先前中年時期，相似的社會心理需求。他們先前的生活方式、習慣及活動模式，將一直持續到他們退休後。

四、角色理論（Role Theory）

角色論者認為，老年人在角色上歷經質與量的變遷，而此種角色轉變，共經歷兩種機制：一是拋棄成年人所扮演的典型角色；二是繼之代以老年人的新角色（Phillips, 1957）。質言之，老年人由退休前的工具性角色（instrumental roles），如職位上的角色，轉換成退休後的情感性角色（expressive roles），例如父母子女之間的角色，後者是為舒暢身心的情感方面的角色（王麗容，1995；徐麗君、蔡文輝，1987）。面對這種角色轉型，越能調適其老年角色的變遷，並認同其老年角色的老人，會有較正向的老化態度與滿足的晚年生活（程又強，1986）。

角色理論的重點即在，析論老年人如何適應新的角色，認為老年人在角色的質與量上都發生變遷，若能對角色變遷做適當調整因應，則晚年生活會比較成功和滿足。

五、老年次文化理論（Subculture Theory of Aging）

本理論由Ross於二十世紀60年代早期提出，基本觀點認為，老年人由於生理、心理、社交、經濟各方面的衰退，導致社會調適力下降，適應環境較年輕人困難。再加上工業社會中退休制度的建立，阻礙老年人與社會的聯結，造成老年團體意識的產生，以及老人具有獨特的價值觀點、態度和行為，因此，老年人傾向於和他們的同輩互動，在老年同儕團體的互動模式中，會逐漸產生相互依賴的關係，增進老年人彼此間的相互認同與支持，進而形成一種獨特的老年次文化體系（沙依仁，1996；葉俊郎，1994）。根據此觀點，老年人同儕團體的參與程度越高，其老年生活的調適越佳。因此，宜鼓勵老人參加老年團體組織或參與志願服務，以增進老人的社會歸屬感。

六、心理社會發展理論（Psychological Social Theory of Development）

　　Erikson（1980）提出心理社會發展理論，將人生全程分為八個階段，個體在每個階段皆會經歷不同的危機與衝突，當每一階段的衝突或危機解除，就能進展到下一階段，向下開展。他認為，老年期的最高成就為自我整合，一種植基於個人生命反思的成就。在生命週期的第八個危機中「自我統整與絕望」（ego integrity versus despair），老人必須評價、總結與接納他們的生命，以便接受死亡的迫近（張慧芝譯，2002）。此外，艾氏也強調：持續參與社會或學習活動，乃是晚年生活充滿活力的重要關鍵，因為藉由這些活動之參與，有助於高齡者將危機化為轉機（Weiss-Farnan, 1989）。

　　綜言之，艾氏將人生全程分為八個階段，在第八階段，是個體重新評價一生的時刻，其主要任務是達到自我整合（self intergrity），就其心理社會發展理論中，歸納對高齡者而言，包括接受老年生活並從中發現意義、持續參與社區和學習活動、及追求自我統整等。

七、彼克的老年發展理論

　　彼克（R. Peck）根據Erikson的理論加以擴展，強調老年人為了順利的心理發展，必須解決「工作角色偏見」、「身體偏見」、「自我偏見」此三大危機，並由此延伸老年期三大發展任務（邱天助，1991）：

　　(一)自我分化：是在工作角色之外，尋獲更多值得自傲的屬性、特質與角色，建立生命多元的價值取向，以維持晚年的活力和正向的自我概念。

　　(二)身體超越：此時老年人的任務需擺脫對身體的過度重視，對即將隨歲月而消逝的身體屬性與生理特質，例如力量、美貌、肌肉協

調等，必須予以摒棄並加以超越，培養與日俱增的生命智慧和社會力量。

(三)自我超越：是指接受死亡，並視它為生命過程中無法逃脫的命運，並以不懼不憂的態度面對人生最終的旅程。

彼克的老年發展理論強調人生最後階段的發展任務，應注重自我分化、身體超越、甚至自我超越，方能有健康幸福的晚年。

綜觀上述，說明老化現象涉及亟複雜的體系與變異性。撤退理論主張老年角色的喪失，應接受撤離的事實；老人應積極參與社會活動，維持社會關係則是活動理論與持續理論的堅持，並與老年次文化理論的看法，若合符節；角色理論揭示角色調適是晚年生活必需的，角色變遷包括角色退出、角色易位、角色重新投入、角色逆轉等；至於心理社會發展理論與老年發展理論二者，則為老年期心理順利發展，提出自我統整、自我分化、身體與自我超越的深刻看法，值得重視。這些理論有助於「成功老化」概念更進一步的釐清與詮釋。當然，也為整體呈現身體健康、教育程度高、經濟有保障、積極參與社會活動，以及具有強烈學習動機的新高齡者，究竟應該經營何種老年生活與生涯，注入更寬廣並發現生命意義的思索空間。

🦉 第二節　成功老化的意涵

從正向觀點探討老年健康，其中，最被廣泛且進行深入討論研究的，當屬「成功老化」（successful aging）的概念（Baltes & Baltes,1990; Phelan & Larson, 2002; Rowe & Kahn, 1997; 1998）。

一、老化是一種正向但不可逆的持續過程而非疾病，正向老化蔚為趨勢

老化（aging）的個體差異大，同一個體各系統、器官的老化速度也不同；老化的原因，至今尚無定論。唯一可以確定的是老化的原因不只一個，老化的表現是多樣性的，每個個體的差異性不同。

老年學（gerontology）旨在研究老化的各個層面。老年學家將老化分為四種迥異的過程（林歐貴英、郭鐘隆譯，2003）：自然老化（chronological aging）——人出生後便一直進行的老化過程；生物老化（biological aging）——指的是物理上的改變，減低器官系統的使用效率，也稱功能性老化（functional aging）；心理老化（psychological aging）——包括感官與知覺過程的變化、心理功能的變化（如：記憶力、學習能力、智力）、適應力的變化及人格的變化；社會老化（social aging）——是指個人的角色以及與他人的關係的轉變，如家人和朋友間、宗教團體和政治團體；而個人老化的定義，以及老化經驗是正面或負面，都是由社會環境來決定。

老化理念及本質上即屬一種變化，一種隨著時間而生之退行性變化。換言之，老化即是指一個生物體「自然發生、無可避免、隨著時間流逝所發生構造與功能等，在排除歸因於病況外之所有實質性必然改變的彙總」；也因這些改變使得生物體的健康功能變差，最後導致死亡（李世代，2010）。既然老化的結果可導致生物體衰敗或退化，及各種功能降低，影響生活、生計、活動的參與，以及生命品質，甚至走向死亡；反之，良好的「老化」過程，則意謂著負面衝擊的降低，透過介入或主動改變某些因子或變項，在老化過程中，同時能擁有健康、活力，有生產力的老化等正面價值。這種積極面對正向老化（positive aging）的趨勢，在近數十年獲致頗豐碩的成果。

二、成功老化的發展脈絡

有關成功老化研究的發展脈絡，窺其主要觀點且有助相關概念釐清者，可概分為四：

(一)Baltes & Baltes之「選擇、最適化與補償」模式

P. B. Baltes和M. M. Baltes夫婦於1990年從心理觀點探討系統化之成功老化。運用變異與彈性之概念，界定成功老化為一種心理適應良好的過程（Baltes & Baltes, 1990）。其中包含三個元素：選擇（selection），最適化（optimization），以及補償（compensation），簡稱SOC模式，其模式如圖2-1。其前置條件（antecedent conditions）為特殊化與年齡逐步適應下的生活發展（life development as specialized and age-graded adaptation）、未來發展潛能的減少（reduction in general reserved capacity）及特定功能的喪失（losses in specific function），其過程（process）為選擇、最適化、補償（selection, optimization, compensation, SOC），而其結果（outcome）為簡約並轉化具效能之生活（reduced and transformed but effective life）；其即以設定之特殊化與年齡逐步適應下

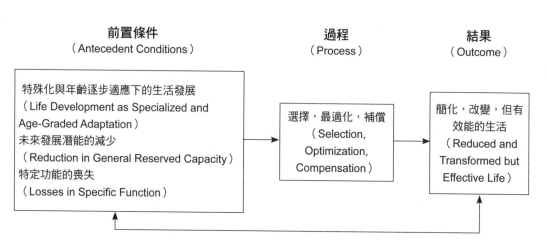

圖2-1　選擇、最適化與補償模式

資料來源：Baltes & Baltes, 1990

生活發展、未來發展潛能減少及特定功能的喪失等前置條件，經過「選擇、最適化、補償」之過程而達成簡約並轉化具效能之生活之概念模式，作為成功老化的策略基礎（李世代，2010）。此成功老化定義為一具價值觀、規範性（normative）的目標，並且強調個人行為的可改變性，且為系統性、生態性的觀點，同時考量主觀與客觀指標（徐慧娟，2003）。歸結而言，SOC模式有助瞭解生命過程中的個人行為；但是卻未顧及個人行為如何調整到理論目標，以及什麼目標是重要的。

(二)Rowe & Kahn「成功老化三因素」模型

J. W. Rowe與R. L. Kahn兩位醫師背景的學者，1987年提出人類平常老化與成功老化（human aging: usual and successful）的模型，復於1997、1998年提出成功老化的發生，必須三個主要因素同時存在：避免疾病和殘障（Avoiding disease）、維持高認知與身體功能（Maintaining high cognitive and physical function）、生活積極承諾（Engagement with life），如圖2-2所示。企圖指出成功老化的高齡者，擁有較低得病的風險

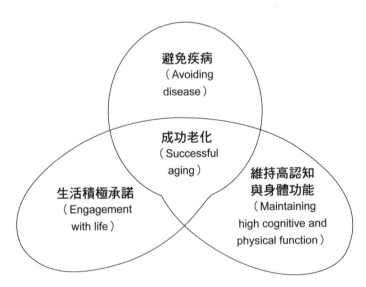

圖2-2　成功老化的三因素

資料來源：Rowe & Kahn, 1997

和失能的機率，且能主動的解決問題、對事物有概念，持續保有與社會接觸的語言技巧和參與生產性的活動（朱芬郁，2007）。以此三者來架構起「成功老化」，並具體提出可透過決定因子而操作介入改造，其操作面可透過疾病預防（如：飲食與運動）、外在環境改善、生物醫療途徑、教育社會支持、增進自我效能等策略，可以幫助減低未來生病與失能的危險因子，以臻成功老化之境（李世代，2010）。他們提出基因不是決定人類如何老化的絕對性因子，同時，認為人們可藉由在生活型態的調整，緩解老化的負面影響。

上揭兩項觀點，包括Baltes & Baltes的「選擇、最適化與補償」模式和Rowe & Kahn「成功老化三因素」模型，由於其系統化且被廣泛的運用，為成功老化意義奠定爾後的發展基礎。

(三)Crowther等人之「成功老化」第四因素——正向的靈性

正向的靈性（positive spirituality）概念，由Crowther等學者於2002年提出，主要是針對Rowe & Kahn成功老化三因素模型的修正。Crowther等人（2002）將正向的靈性定義為宗教（religion）與靈性之特性所導致的正向結果，包括宗教上的寄託、自我人生意義，靈性是人們在各種關係中達到和諧狀態（自我、自然、天神、他人、環境）。靈性對於個人生命意義提供完整的認知與存在價值，尤其是在面對衰老疾病的壓力或死亡，特別顯現良好調適能力。至是，由於Crowther等人將「使正向靈性最大化」（maximize positive spirituality）加入Rowe & Kahn的成功老化三因素模型，發展為成功老化四因素模式。

(四)重視文化環境的Torres「文化相關之成功老化架構」

Torres（1999）側重人們居住的環境中之價值態度，因之而形成的文化，對成功老化意涵的看法，亦即文化背景與價值傾向會影響一個人對成功老化的態度。更進一步言，成功老化的感知，毋寧是社會建構的產物（Torres, 2001; 2002; 2003; 2006）。文化相關之成功老化理論架構

（culturally-relevant theoretical framework）指出，每個文化中皆包括對人性、人與自然的關係、人與人的關係、時間、活動等五個價值傾向，這些受到環境因素凝結的社會文化偏好，將與對成功老化所持的態度，產生聯結。本理論將成功老化置於文化環境框架中，有助成功老化意義更宏觀的理解，值得進一步探討。

三、成功老化的意涵

二十世紀40年代美國老年學者的一項針對生活滿意度的研究，首先將成功老化的觀念引入社會科學領域，開啟對成功老化主題的一系列探索；1960年成為學術名詞（Baltes & Baltes, 1990; Phelan & Larson, 2002）；其後，在Rowe和Kahn的持續努力，使得「成功老化」之理念策略，逐漸發展成型。然而，由於成功老化採用的定義不一，較難獲致共識，包括：擁有生活滿意度（life satisfaction）；長壽（longevity）；免於失能（freedom from disability）與維持認知和身體功能；掌握擅長與成長（mastery/growth）；對生命的積極承諾與委身（active engagement with life）；維持高及獨立自主的功能（high/independent functioning）；正向適應（positive adaptation）及持續社會參與，特別是能有「快樂的活動」，在成功老化的過程中是不可或缺的（徐慧娟，2003；Clulow & Bartlett, 2009; Phelan & Larson, 2002; Rowe & Kahn, 1998）。並且對積極參與的生活方式進一步闡述，認為維持與他人的親近關係，及持續投入有意義的活動，是積極參與的兩個重要面向（Brown, McGuire & Voelkl, 2008）。此成功老化三因素皆達成時，即為最成功的老化狀態。

為了能夠清楚地瞭解成功老化的具體行為表現，Morley D. Glicken提出以下指標（引自周鉦翔等譯，2011）：

(一)即使一天內要服3到8次的藥物，老年人仍認為自己比同儕來得健康。

(二)成功老化的老年人能夠去預先計畫、抱持著好奇，並且保持著創
　　意。

(三)即使超過95歲，他們依然能夠幽默地看待人生。

(四)成功老化包括在身體方面主動和持續地活動（例如：行走），以
　　及保持以往一樣的健康。

(五)成功老化的老年人相較於不愉快的老年人而言，會用更祥和和靈
　　性地看待自己的生活。

(六)成功老化包括了持續地關注、進展正向的人際關係、對另一半、
　　小孩和家庭生活感到滿意、並且以志工或公民義務的方式完成社
　　會責任。

　　目前仍沒有一個單一的定義足以解釋何謂成功老化。綜合上述徵引
各家之說，其論述成功老化代表不同的觀點，適用情形端視使用目的而
定。職是，從較廣泛的角度而言，成功老化自應觸及健康面、生活面、功
能面、活動參與面，以及靈性面，營造支持性周邊因子，藉以達成正向老
化的過程與結果。本書行文過程，所謂「成功老化」係指伴隨生理上、心
理情緒上、社會上的正向促進，在人生旅程中發展並維持最佳控制，沒有
環境、疾病、生活型態的不良影響，能對老化適應良好，持續追求生命的
意義，渡過愉快的中、老年人生涯。

第三節　成功老化之相關研究

　　老年人口預期是未來成長最快速的族群，成功老化的相關研究，正
反映著國際社會與人們對老年階段的期待。如何能協助長者得以安享其心
目中的理想老年生活，近數十年以來，成功老化成為引導高齡研究的重要
主題以及社會政策的挑戰（Ng et al., 2009）。揚棄以往將老化與疾病之間
劃上等號，藉由日增以成功老化觀點的實證研究，呈現出其多元樣貌。具
體而言，可歸整梳理相關研究結果，概舉以下八大支持性周邊因子，促進
正向老化的達成。

一、健康的生活型態和良好的衛生習慣有助成功老化的達成

　　許多研究指出老年人健康狀態的衰退，大部分起因於不健康的生活型態和不良的衛生習慣，少數是老化引起的（Kozier, Erb & Blais, 1992）。Fries（1983）在研究中即指出，良好的生活型態與醫學的進步，可協助減緩老化的程度。至於哪些生活型態的改變可以延緩老化現象，持續的運動、適當的營養及壓力的紓解則是公認最重要的（葉清華、薛淑琳，1998）。研究亦顯示，運動能顯著延緩老化過程10年左右（Thomas & Rutledge, 1986）。黃富順（1995d）指出欲達成成功的老化，在生理上要注意飲食、營養均衡、攝取有益健康的食物、避免肥胖，並經常運動、不吸煙、不酗酒；在心理上要樂天知命、參與社交活動、培養對事物的好奇心、常思考、多使用腦力、並能保有對環境的控制與自主感；在情緒上要樂觀開朗，或保持平靜溫和、不隨便動怒與發脾氣、具有平心靜氣的修養工夫。

二、對老化的正向態度和生活滿意度是成功老化的重要指標

　　成功老化的研究中，亟具有意義的指標在於，所謂老化情形決定因素，不再是「遺傳」，而是個體對於良好老年生活的堅持與渴求。一個人對於健康的感受，通常與其安適狀態（well-being）和生活滿意度有關。將自己的健康狀況視為良好的老年人，會比較快樂、滿意，並且會參與較多的社會活動，較不易緊張及感到孤獨。相對地，生活滿意度較低的老年人，會有較差的健康感受。同時，研究顯示，一個人對於健康的自評與其疾病率有關，也就是說，認為自己健康較差的老年人，尤其是功能性能力（functional abilities）較差者，在往後的3年內，會比自認功能性能力良好的人容易死亡（Bernard et al., 1997）。葉宏明、吳重慶、顏裕庭（2001）提出對自己晚年的生活滿意，比較活躍、參與社會活動的老人，多屬於成功老化的老人；並進一步指出，成功老化的關鍵在於：(1)

面對變遷時能變通，適應力強；(2)與他人維繫親密的關係；(3)相信人生除了活著還有其他目的。因之，快樂健康，成功老化的老人，就是屬於「成功」的一群，他們有良好的生活習慣、對壓力的處理態度良好、對工作的滿意度高、積極參與社會的活動，有良好的社會資源。

三、社會參與是促進高齡者成功老化的重要途徑

非正式的互惠關係，是維持老年人身心健康、個人自控力與自主性的重要因素（Krause & Borawski-Clark, 1995）。Fry（1992）表示造成老年人心理上調適及士氣程度降低，除了身體功能的減退外，心理和社會的參與活動力是主要原因；換言之，若能維持中年時期的活動與積極態度，可促使在老年時成功的老化，相對也提高了自尊。某項研究亦指出，積極參與工作及繼續使用肌肉和腦力可以延緩老化、維持健康（蘇耀燦，1988）。從高齡者的觀點分析，參與志願服務是協助高齡者成功老化的途徑，能化被動的受照顧者為主動的照顧者，化消費性為生產性，從無角色變成有角色，助人亦自助（劉弘煌，1996）；換言之，「有目標的感覺」（sense of purposes）或「對社會有貢獻」（contribution to society）是成功老化的必要因素。值得特別關注的是，社區參與和賦能（empowerment）的相互影響，老人參與社區可獲得與人互動、應用社會資源、完成生活目標等經驗，可見社區參與是賦能的重要機制，因此社區參與是讓老人更有能力（Zimmerman & Rappaport, 1988），且能促進老人成功的老化。

四、社會支持網絡是高齡成功老化的主要構面

一項研究證實，堅固的社會網絡促成圓滿的成功老化。相對地，社會孤立易造成較高的死亡率（LaVeist et al., 1997）。並且發現成功的老化者在晚年時期，無論是其生理與心理都有持續的活動，透過豐富的社會網絡保持社會互動關係，並對自我效能維持堅定信念，或是堅信他們能夠達

成自我設定目標的感覺（Rowe & Kahn, 1998）。更值得重視的是，某研究經過12年觀察大約3,000名社區老人，發現與社會脫節的人，例如沒有和朋友、家人接觸等社會支持者，在這段時間經驗認知損傷的機率為同年齡、同性別、種族和健康狀態，且有5、6年緊密社會聯結的老年人高2.4倍（Bassuk, Glass & Berkman, 1999）。由於社區是高齡者主要的活動場域，以社區本位為基本構面所形成的社會支持網絡，一方面可提供高齡者社會互動機制，建立新的人際關係、自我認知、獨立感；另方面可運作社會支持，提升老人自尊、生活滿意度、肯定生命意義，使其順利適應環境和角色改變。

五、經營退休生活是達致成功老化的重要手段

Sheldon、McEwan和Ryser（1975）曾指出，造成老年適應不良的主要原因是缺乏事前準備；並建議這種準備，應包括財務上及社會生活上另謀發展，一顆預備改變的心，以及因應改變的計畫。而在一項有關「退休準備之研究」實證調查發現，受訪退休人員有無做退休計畫，會影響其老化認知態度及生活適應，亦即有計畫的退休人員，其老化認知態度較佳，同時生活適應較好（蘇文璽，1992）。事實上，許多的研究皆顯示，退休後不工作的時間並不如想像中那麼美好，例如身體衰退、收入減少、人際疏離等，都會干擾或降低老人的活動情形，故而一個廣泛的退休計畫方案（retirement planning program）自應包含有社交活動、經濟福利、健康促進與家人關係，是鼓勵正向轉變的方法之一。另外一項能幫助退休計畫的方法，是提早在退休前幾年就開始準備進行「重建工作模式」（restructure working pattern），逐漸延長假期、較短的工作時間、工作分擔和有更多的機會與社區交流，從而逐漸適應轉換到擁有較多休閒時間的退休生活（林歐貴英、郭鐘隆譯，2003）。因之，從成功老化的內容而言，事前的財務規劃及適宜的社會生活準備，將對退休高齡者成功老化提供較佳的支持。

六、從事創造性活動的高齡者較易達到成功老化

創造力所涉及的層面非常廣泛，而老年期一向被視為進入衰退的階段。對某些人而論，創造力會在老年中達到第二高峰，而創造力的發揮能夠提高生活滿意度，以及促進自我實現，進而成功老化。老年人能夠享受更好生活的方法，是學習更具有創造力（Hickson & Housley, 1997）。創造力是對新情境運用獨特及可行的解決方式，以提供具獨創性的點子或產品的能力。一項縱貫性研究發現，年輕時智商較高和較具潛能的受試者，可以被預測在老年時較具有創造力，同時，如果在人格上具有某些特質，縱然年輕時並未有創造性的表現，仍有可能成為具有創造力的老人（Feist & Barron, 2003）。換言之，從事創造性活動的高齡者，較易達到成功老化。這項研究顯示，縱貫研究途徑從生命全程的發展，瞭解創造力與高齡者老年生活滿意度之間的關係，成為研究高齡者成功老化的新取徑。

七、靈性健康是促進成功老化的重要元素

Crowther等人（2002）將正向靈性（positive spirituality）納入Rowe & kahn所提出的成功老化三因素模型，成為第四個因子，突顯宗教與靈性，對老年健康的正向影響。通常，靈性係指一種核心能量，藉由運作達到整合個人內在心靈的力量，進而能與天人物我產生關聯感，啟動新的生命意義。Pielstick（2005）指出是一種超越的世界觀、生活相連感，自我超越、意義與完整。靈性健康（spiritual well-being）與自我、人際關係、生命滿意度、情緒、希望感、萬物環境與宗教信仰等有高度相關。Fisher、Francis和Johnson（2000）認為，靈性健康包含個人與自己、個人與社區、個人與環境、個人與神祇的關聯與安適狀態。Howden（1992）將靈性健康建構出四個層面：(1)生命的目的和意義（purpose and meaning in life）；(2)內心的應變力（innerness or inner resources）；(3)天地萬物的一體感（unifying interconnectedness）；(4)超越性（transcendence）。

靈性健康被許多不同領域學者進行實證研究。Daalenman、Frey、Wallace和Studenski（2002）「靈性對於健康與生活品質的影響」研究，老人靈性健康應包含兩大面向：自我效能（intrapersonal self-efficacy）與生命基模（life scheme）。Stranahan（2008）進行「老人靈性評估工具」研究，以49位居住於長期照護退休社區的老年人為對象，將老年人靈性健康分為四大面向：(1)意義與目標（meaning and purpose）：追尋生命的意義與目標，對於目前的生活感到滿足；(2)希望與應變（hoping and coping）：對於人生充滿希望，面對問題時能隨機應變、勇於突破；(3)超越性（transcendence）：自我與他人、神之間產生超越性關係的聯結；(4)宗教活動（religious practices）：包含對於宗教信仰的需求，以及參與宗教相關儀式或活動為自身所帶來的力量。是以，靈性健康與成功老化有密切的關聯，也是促進成功老化的元素之一。

八、幾項大型有關成功老化的縱貫性研究，值得重視

(一)MacActhur成功老化的縱貫性研究

本研究觀察一群在美國三處東海岸社區年齡70～79歲的男女性（選取該年齡群認知和生理功能的前三分之一），受測者分別於1988～1991年接受追蹤某認知與身體功能、生理參數的測驗。研究結果發現，表現評分高的受試者，在追蹤3年後，呈現較少有慢性疾病（尤其是心臟血管疾病）、較好的健康自我評量、較高的教育及收入；同時顯示，55%持續維持基本表現程度，23%表現退化，22%則有實質的改善（Unger et al., 1999）。值得注意的是，其中退步或死亡的受試者，在身體表現、血壓、平衡和步態等方面有較大的變異，並且出現較多的慢性疾病（Nesselroade et al., 1996）。再者，本研究揭露成功老化也暗示認知功能的維持，尤其是教育程度的持續，是高程度認知能力的最佳預測因子（Albert et al., 1995），其成功老化的秘訣，可能是因長時間沉浸在智能性的研究，如閱讀、解答謎字遊戲等活動，這些皆和教育在發展大腦複雜

的聯結有關。MacArthur研究的樣本被評估他們的身體功能超過7年。擁有更多社會聯結和強有力的社會系統者，他們的功能性健康，比未有穩固聯結的人，退化較少（Unger et al., 1999）；也從而顯示，社會支持對身體健康較差者是特別有益的。

(二)Oregon腦部功能老化研究的縱貫性研究

Oregon腦部功能老化研究（Oregon Brain Aging）主要評估少數經選擇，年齡65～74歲及84～100歲的最健康人群，測量身體、認知、神經和感覺功能，作為健康老化的指標（Howieson et al., 1993）。研究發現：老老和初老的不同，只有在於視覺感受及建構技巧，而非記憶和推理方面。本項研究提醒，從事高齡者成功老化方案設計時，針對65～74歲和84歲以上高齡者，應特別注重這兩組群，在視覺感受和建構技巧方面的差異，應給予不同課程與環境條件學習方式，才能袪除學習上的障礙，進而迎接成功老化。當然，由於在記憶和推理方面，初老和老老兩組群並無明顯差別，也從而增強經由有效地方案規劃，極有可能促進高齡者成功老化的到來，成為「高齡智者」。

(三)Menec每日活動與成功老化的縱貫性研究

Menec（2003）一項執行為期6年的縱貫研究，主要是探討受試者每天的活動和成功老化之間的關係。該研究將成功老化的內涵分為：生活滿意度、快樂程度、功能、死亡率四部分，探討高齡者每天的活動與這四個層面的關係。結果發現，高齡者參與越多的活動，可以得到越大的快樂、擁有更好的身體功能，並降低死亡率；另一份研究則發現，高齡者如果能繼續擁有積極承諾與激勵的機會、有安全感、安定感與積極的態度和適應力，將能彌補在身體健康方面的不足（Reichstadt et al., 2007）。可見，長者若能每天持續活動，對成功老化是有意義的。

(四)Vaillant和Mukamal個人可控制與不可控制因素的縱貫性研究

Vaillant和Mukamal（2001）提出，高教育程度和擁有寬廣的家庭網路，是成功老化的重要心理預測因子。Vaillant（2002）發現幾個成功老化有關的重要變項（引自周鉦翔等譯，2011）：

1. 尋找和維持關係，並且能夠瞭解關係可以幫助我們療癒和獲得更多感謝、諒解和親密感。
2. 對他人感到興趣和給予關心，並能夠付出自己。
3. 保持幽默感和有歡笑和遊玩的能力。
4. 能夠結交和自己一樣歲數的朋友，這種互動對老化的影響力會勝過領取多少的退休金。
5. 渴望開放地學習新事物和觀念。
6. 瞭解和接受自己的極限，並接受他人的幫忙。
7. 瞭解過去的經驗和它對生活的影響，時時活在當下。
8. 將焦點放在對我們生活有正向影響和對我們好的人，而不是注意那些讓我們不愉快的人事物上。

由上述對成功老化以及其相關研究的梳理，發現達到成功老化要從各個不同層面加以促進，諸如，對老化的正向態度、提高生活品質與滿意度、從事社會參與和構建社會支持網絡、持續從事學習活動、正向的靈性健康等。但是這些支持性的因子，僅能顯示較易達到成功老化，而非任何單一因素可畢其功。

第四節　高齡者成功老化之要素

　　定位「成功老化」願景是進行退休生涯經營的首要；掌握成功老化的需求要素，則是能否規劃一成功的退休生涯方案之關鍵。依據前述成功老化意涵的剖析，以及徵引之相關研究的成果，茲從生理、心理情緒與社會等三個層面進行微觀分析，藉以揭明高齡者成功老化的要素。

一、生理層面的五項要素

　　健康不只是沒有疾病，實是呈現一個整體性的身體、心理與社會的安適狀態。如何才能對擁有良好的健康狀態，綜合前述相關研究，可歸納成功老化在生理層面的主要因素如下：

(一)健康促進觀

　　許多研究發現健康狀況越好的老年人，越有幸福感（劉敏珍，2000）。WHO於1978年國防基層健康照護會議宣言，以及1986年第一屆國防健康促進大會提出「健康促進」概念。強調全民健康是世界各國的共同目標（WHO, 1986）。Green和Kreuter（1991）認為健康促進是結合教育、環境、支持等影響因素，以幫助健康生活，其目的在於使人們對自己的健康能獲得更好的控制。Walker等人（1988）即針對健康促進生活方式分為六個因素：自我實現、健康責任、運動、營養、人際支持、壓力處理。顯見，擁有健康促進觀念，自是在生理層面，邁向成功老化的首要因素。

(二)規律的運動

　　研究指出，規律性的有氧運動，會增進人體抵抗腫瘤細胞的生長及癌症的發生率（Frisch, 1985）；而長期的臥床或坐式的生活方式會抑制免疫功能的發揮。Rossman（1988）建議「運動是老化過程的解藥。」美國國立衛生研究院（the National Institutes of Health, NIH）於2011年發起一

個新的聯邦運動——Go4Life「為活而動」，鼓勵久坐老年人通過將身體鍛鍊融入日常生活，獲得健康的好處。Go4Life根據研究證明：增加體力活動和運動水平，「你永遠不會太老」，包括那些患有慢性疾病的（彭敏松，2012）。經常運動可增加免疫細胞的活力，有助於清除入侵的病原和對抗體內的癌細胞。

(三)均衡的飲食

老年人的基礎代謝率與活動量隨年齡增加而減少，因此對於熱量的需求較低，應避免食用高脂肪食物；此外，動物學研究顯示，高營養、低卡路里的飲食能延長生命，並且對維持年輕的體力有所幫助。維生素及其他營養素的缺乏或過剩如常見膽固醇的過剩，引起心臟血管疾病皆會造成身體功能的異常，因此，在飲食上應遵守「低脂」、「低糖」、「低鹽」三大原則。飲食亦必須有所節制，勿過飽或過飢；並攝取均衡的營養，以減少或去除一些老化過程中的不良影響。

(四)充足的睡眠

由於睡眠生理受到荷爾蒙影響，年紀越大荷爾蒙的分泌減少，睡眠的時間會越少，睡眠週期也會變短。睡眠主要是恢復白天的體力及腦力，因為老人動得少、生理代謝少等，少少的睡眠就足以恢復所需。然而，睡眠不足亦會干擾到人體新陳代謝，危害心智運作，並可能使老年有關的疾病如糖尿病、高血壓及老年失智症等加速發生，並出現老化特徵等。因而，若有睡眠不足的困擾，可利用午睡小憩適當補充；並宜生活作息規律，配合個人特殊的生活節奏與生理節律，維持充分的睡眠，以延緩老化，增長壽命。

(五)疾病的預防

衛生署國民健康局2007年「臺灣中老年身心社會生活狀況長期追蹤調查」顯示，65歲以上老人自述曾經醫師診斷罹患慢性病項目數，一

項占88.7%，二項占71.7%，三項占51.3%（行政院衛生署國民健康局，2009）。很多人不能活到人類最大的生命期，主要是老化的過程未能有效遏阻疾病的介入。研究發現，長者最常見的慢性病前五項分別為：高血壓（46.67%）、白內障（42.53%）、心臟病（23.90%）、胃潰瘍或胃病（21.17%）、關節炎或風濕症（21.11%）等（行政院衛生署國民健康局，2009）。因此，針對上述各種疾病妥善的採取有效的預防措施，避免疾病的侵害，乃是在生理層面上，達成成功老化的重要因素之一。

二、心理情緒層面的七項要素

形諸於外者之生理疾病等，對成功老化的戕害，是極其明顯的；然蘊於內在之心理情緒上的偏見、壓力甚或心境，則更是不容小覷的關鍵。其中有關智力、學習及記憶等認知功能，是在老化研究中最受重視的研究項目之一，而老年人的人格、心理健康、愛、親情與性愛，更直接關乎在老年期，是否能成功老化的重要因素。

(一)主觀幸福感

心理幸福感（psychological well-being）是測量高齡者是否表現出「成功老化」的重要目標。幸福感包含：生活滿意、正向情感、反應出個人幸福感的程度、生活較正向的情緒與較少負向情緒的總和、也是個人表現的評價（Schalock, DeVries & Lebsack, 1999）。個人所處的環境條件與身心需求的不同，對幸福感的看法互異。高齡者主觀幸福感係指個體本身在認知及感覺上，對生活品質的一種綜合性評斷（李嵩義，2003）。乃是從個人正負向的情緒、主觀認知的層面，以及身心健康的角度，去評估高齡者整體的生活狀況。良好的主觀幸福感當是在規劃退休生涯時，協助高齡者成功老化的重要規劃項目。

(二)高認知功能

有關認知與老化的研究，咸認成人基本的認知功能與老化有關，同時呈現在工作記憶能力、抑制無關訊息的能力，以及訊息處理的速度等方面，是與年輕人有落差的。然而，此影響並不一定會反應在高齡者的認知表現上，除非訊息處理的任務超過工作記憶的負荷，才可能突顯老化的影響（Wingfield & Stine-Morrow, 2000）。最值得注意的是，對老人知能的研究，已逐漸從衰退觀（the decrementalist view）轉向老人知能的持續潛能觀（the continued potential view），將重心置於改善生活品質、老人人力資源發展與運用、智慧等項目（Cohen, 1993）。Manheimer、Snodgrass和Moskow-Mckenzie（1995）即指出，智力、學習及記憶和年齡相關的顯著衰退，並不是不可避免的，例如較高教育水準、好的知覺功能、好的營養、認知再訓練，其他幫助老人改善學習與記憶的方法等。

(三)排除生活的壓力

成功的老化有三空：即空床（少睡）、空腹（少吃）與空腦（少煩惱）。所謂「空腦」即是減少壓力。壓力造成生理與心理的影響非常大，已證明壓力與胃潰瘍、甲狀腺亢進、心臟病等有關；壓力也在自由基的形成中扮演著重要的角色。研究顯示，壓力會抑制免疫系統的功能，增加患病的機率（Zegans, 1982）。精神官能免疫學亦已證實情緒與免疫系統有關聯性，如悲傷的情緒會釋放壓力荷爾蒙，壓抑免疫系統，而開懷大笑則會增強免疫力。由於老年期對壓力的反應能力較低，容易為壓力所侵襲，故應避免情緒強烈震盪或承受過度壓力。但減少壓力並非無所事事，「天天都是星期天」，如果全無壓力，心智無法獲得鍛鍊，容易導致腦部功能的退化。因此，除了不要使生活高低起伏太劇烈，疲於應付壓力外，也需要保有一些生活與社會文化的刺激，以活絡心智功能。

(四)信仰宗教，精神超脫

在各式各樣團體參與的選擇中，老人間最普遍的情形，就是加入宗教的組織。老人的宗教活動有調適老年的生活、解除精神上的苦悶以及勸世人能夠向善等三種功能（江亮演，1993）。研究發現，有宗教信仰的人較能顯出生命意義，而且宗教信仰能幫助個人尋找其生命意義（Soderstrom & Wright, 1977）。無論任何宗教，信仰虔誠者通常比較不會恐懼死亡，也比較能堅強面對慢性疾病的長期煎熬，而且較少感到沮喪和寂寞（Leifer, 1996）。因此，虔誠信仰帶給個人重要意義，使其感受到強烈的內在控制，以及更積極的自我認知（Mickley, Carson & Soeken, 1995）。當死亡接近時，精神超脫對於面對疾病、傷殘和痛苦，就顯得非常重要（Burke, 1999）。故而，老人從宗教信仰的活動，去探尋生命意義的價值，進而透過精神超脫，臻於心靈的恬適平靜。

(五)生命回顧：寫回憶錄或預立遺囑

生命回顧是在回憶過程中重整生活經驗並找到生存意義，其作用是在重整生活秩序，釋放衝突及不滿，體驗從緊抓不放，到安靜地放下的經驗。面對不可逆轉的人生週期，並預期生命終點的降臨時，老人只要一閉起眼睛，映入眼簾的不外乎是孤獨、老邁、殘寂、衰退與死亡等悲涼景況與對生命寂靜無聲，驟然消逝的恐懼。可藉由寫回憶錄或自傳的方式，檢驗一生。此外，美國老人亦盛行簽署活遺囑，並視為對抗老化或死亡恐懼的一種心理治療法，使生命因為預立遺囑時的思考，而有「回顧」與「重整」的效果。若能在統整中達到平衡，就會導致超越感，對一生感到心平氣和、無怨無悔，並無憂無懼的面對死亡。

(六)追求靈性健康，發現生命意義

當平均餘命逐漸增長，尋找與發現生命意義，顯得特別重要。生活的價值感與意義感，是支持老人生存與生活下去的關鍵因素。新維也納學派的心理分析大師佛蘭克（Viktor Frankle）認為，生命意義的追求，是

人終極而深層的需求，他說：「人內心深處渴望尋得自己生命的意義，並循著這意義，來實現自我。」Banks, Poehler和Russell（1984）指出，靈性健康是一種自我、他人與至高無上力量之間的締結，也是一種穩固的價值與信念系統。是人的核心，對高齡者的重要性，具體表現在有助達成成功老化的目標，增進高齡者對壓力的因應能力，促進高齡正向心理，自我統整，以及提升高齡者的人際關係（林雅音、鄭諭澤，2011）。追求靈性健康，在心理情緒上，特別值得關注。

(七)持恆的性趣維繫

研究顯示，性活動及滿足感與老年人自身的價值觀、能力有關（Weg, 1996）。雖然好的生理與心理健康，是性生活與滿足感的先備因子，即使是患有慢性病、沮喪或認知功能失調的老年人，仍然可以達到性的滿足感（Matthias et al., 1997）。而當性活動的定義不僅止於性交，而更廣泛地將撫摸與愛撫也納入定義中時，發現老年人性活動的比率，男性超過80%，而女性亦超過60%（Janus & Janus, 1993）。相當多的研究顯示，性的興趣和行為，可以一直存在到90歲以後（俞一蓁譯，1993）。老年人有正常而持久的性生活，是構成老年人精力充沛和生命活力十足的重要層面。只要有良好的溫馨環境，與伴侶互動關係良好、穩定愉快的心理情緒、均衡的營養和持續的運動，老年人的性活動可持續一生，且有助於健康長壽。

三、社會層面的八項要素

檢視老化的主要社會理論研究重心，早期以探討老化相關的調適為主，繼則側重老化經驗，晚近以來，則傾向質性研究的探討，將重點聚焦於老化時的個人經驗的主觀特質，例如：社會建構、批判理論、文化相對主義、女性主義理論等。它們深入瞭解老人所處的社會文化環境，或種族、性別差異，因之而不同的老化經驗。

(一)社會支持

　　羅凱南（2001）研究社會支持影響老年人心理滿足感，發現不管是情緒支持、訊息支持、實質支持或社會整合，都和心理滿足感成顯著正相關；其中，以情緒支持最為明顯。朋友，通常是親密關係的重要來源，尤其是在一個重要角色轉換的過渡期，例如配偶死亡、離婚或退休。在老年的生活中，年齡相仿的人能夠共同分享生命中的轉換點，彼此之間能夠擁有更多等量的情感互換。當一個人對其他網絡的倚靠逐漸遠離時，以年齡為基礎而組成的友誼團體將會漸形重要（Kincade et al., 1996）。研究顯示，社會孤立易造成較高的死亡率（LaVeist et al., 1997）。因而，老年人宜建立穩固的社會支持系統，除與親人、子女維持密切的往來與相互的依存外，自宜結交經歷相近、年齡相仿、話題相近的老友，以減輕孤獨寂寞，增添晚年生活的情趣。

(二)志願服務

　　志願服務是一種社會奉獻與貢獻，有助於提升退休生活適應與生活滿意。被證實與個人主觀的生活福祉有關（subjective well-being）（Morrow-Howell et al., 2003; Baker et al., 2005）；相關研究亦顯示，高齡者參加志願服務，有助幸福感的提高（吳許暄，2007；黃富順，2011）。適量的有酬勞動與志願服務，對於健康促進與降低死亡，有獨立與顯著的影響關係（Luoh & Herzog, 2002）（引自周玫琪、林萬億，2008）。老人在脫離工作上的社會聯結之後，可藉由參與志願服務的工作，在慈善機構等民間公益單位，擔任義工或參與社區人力時間銀行，以為自己及家人的照顧預作準備。這些組織通常有年齡分層，人們可以與年齡相仿且興趣相似的人交流互動，以建立友誼、尋求支持、獲得歸屬感、交換資源以及集體活動（Cutler & Hendricks, 2000）。志願服務活動，一方面扮演著一替代性、有意義的社會角色，建立新的人際關係，以滿足社會互動之需求，增進老年人的社會歸屬感，自我價值與自尊心；另一方面，透過服務人群，將其智慧、經驗貢獻社會，實現民主社會「參與服務」的理念。

(三)理財規劃

許多研究發現，經濟的保障和健康，是決定退休人員生活滿意度的關鍵，而不是退休的本身。相較於低收入的退休者，收入較高或經濟不虞匱乏的退休者，對於退休生活較滿意，具有較正面的認同感（Szinovacz & DeViney, 1999）。老年人於年輕時，應積極籌劃經濟自主能力，建立終身理財的觀念，以備在晚年時，擁有充裕的資金以安享餘年。此外，上了年紀之後，現金控制的比率要調得較高，不宜再追求高風險投資，將錢財存放在信譽佳且穩定的金融機構。衡量退休前的消費習慣，審慎評估退休後想要過那一種生活方式，擁有什麼樣的消費水準，再根據目前的財務狀況，開源節流，妥善地加以規劃，以期老年生活安全，有保障。

(四)參與學習活動

許多研究顯示，高齡學習是人生不斷成長與學習的一部分，參與學習活動有助高齡者的健康，增進生活滿意度及維護獨立的生活（林麗惠，2002；黃富順，2007；Brady, 1983; OECD, 1996; Schuller, 1993）。馬丁（Martin, 2002）對四位高齡者進行訪談，發現參與學習活動，可以幫助高齡學習者的個人成長、提升自尊、增加服務機會、賦權，進而幫助其能成功老化（朱芬郁，2011）。老年人的再學習，對於生活層面有下列的貢獻：(1)透過學習尋回特殊才能，使退休後的生活更充實；(2)透過學習過程，體會自我新的潛力（self-discovery）及培養新的興趣；(3)體會再學習的價值，享受教育機會；(4)不論教育背景，協助老年人延續生活經驗，追求自我進步及成長；(5)協助老年人發揮社會功能及持續對社會的貢獻（引自呂寶靜，1996）。顯見，老人從事學習活動，不僅可排解無聊與空虛，適應社會變遷，學習解決問題的能力，並從學習的過程中，獲得自我實現與自我超越。

(五)從事兼職工作

相關研究顯示，嬰兒潮世代退休後有較高的再就業傾向。依據美聯社與Life Goes Strong網站共同進行的調查發現，嬰兒潮世代擔心退休積蓄不夠用，打算退休後繼續工作的比率高達73%。一項「臺灣嬰兒潮世代退休再就業需求與職業選擇傾向之研究」顯示，有79%退休再就業意願高（劉美芳，2011）。通常這種轉變牽涉到許多複雜的層面，例如退休到重返職場（unretirement，非退休）、二次或三次退休等。在老年期仍然持續工作的人，由於與工作伙伴新建立的人際網絡，因而呈現士氣較高、愉快、適應良好並且比較長壽（Mon-Barak & Tynson, 1993）。一項刊在2009年10月號《職場健康心理學》期刊（Journal of Occupational Health Psychology）的美國心理協會報告，訪談12,189名51～61歲不等的受試者，指出退休後仍然從事短期工作或打工，身心比不工作的人健康；退休後繼續在原領域工作的人，精神健康比轉換跑道的人更良好。可見，對一些老人來說，工作是一種新的歷程，也是之前工作的延續，或是一種學習新技巧、建立友誼的方法。

(六)和諧婚姻關係

婚姻主要的功能是將親密、相互依賴和歸屬感等加以具體呈現。根據研究發現，已婚者在社會支持、健康顧問與壓力減輕三方面比未婚者占優勢（Miller, Hemesath & Nelson, 1997）。由於已婚者配偶間彼此相互依賴，導致比起未婚者，有較小、較少種類的社會網絡（Barrett & Lynch, 1999）。在所有的家庭成員中，配偶也被視為最可能成為知己，提供支援、有益於與社會互動、助長情感方面的健康和預防寂寞等功能（Dykstra, 1995）。研究亦顯示，對婚姻感到幸福的年老夫妻，顯得比較快樂、健康、有更高的自我評價、對健康機構也較少的需求，比起同齡的寡婦或已離婚的人長壽（Goldman, Korenman & Weinstein, 1995）。反之，獨居者最典型的特色是，有較高比率的抑鬱、孤單、社會隔離，和更可能使用正式的社會服務（Mui & Burnette, 1994）。婚姻具有社會整合的

功能，和諧的婚姻將具體展現：家庭支持力強、經濟情況較佳、婚姻生活美滿、生活習慣較有規律且穩定的關係之上，且更能得到生涯及精神上的滿足。

(七)培養休閒興趣

休閒是影響老年期生活滿意的重要指標之一。湯曼琪（1994）：「生命中的第二個四十年裡的幸福是取決於我們如何運用休閒。」老人的休閒需求源自於工作角色喪失、社會接觸減少、自由時間增加等因素。因而需要藉由參與活動，獲致生活上的滿意感與幸福感。休閒活動可培養老人生活情趣、陶冶健康身心、擴充生活領域，維繫與社會互動，並提高自我評價及增進夫妻感情，使老年生活愉快、充實。研究亦顯示，有許多老人在休閒中，滿足健康、人際往來與尋求宗教的需求（余嬪，1996）。因此，休閒對老人的意義重大，應審視自己的興趣、專長、嗜好、體力、健康、經濟狀況等，安排適合自己的休閒活動，例如邀三五好友下棋、泡茶、打衛生麻將，或重拾童年時代的樂趣，或填補過往生活的遺憾；例如寫書法、國畫、吟詩詞、歡唱老歌、從事知性活動等，以獲得充實、趣味且有意義的休閒生活。

從上述所歸納整理自生理、心理情緒、社會三個面向與成功老化有關的各個要素，計有十九項之多，可謂具體而微的鉤繪出，高齡者成功老化的藍圖。唯以各個要素之間的有機互動，則是能否成功老化的重要關鍵，在研擬退休生涯經營時，顯得特別重要。

結語

　　「老」是生命發展中的必然，「老年」是每一個人的未來，「老化」更是不可逆的過程！法國小說家雨果曾說：「從我頭上看來，已到了冬天，可是在我的心中，卻是永恆的春天！」此語實為高齡者成功老化的可欲性，提供最佳的註腳。設若輔以生理、心理情緒、社會等層面的具體作法，而預作規劃，當可導入成功老化成為可能，遠避悲觀、沮喪、抱怨、殘病的戚苦晚年，迎向樂觀、圓融、長健、長壽銀光閃爍的時光之旅！

- Walter M. Borze：「如果我們都會老，那麼儘可能活的老，也活得好！」
- 成功的老化有三空：「空床（少睡）、空腹（少吃）與空腦（少煩惱）。」
- 佛蘭克（V. Frankle）：「人內心深處渴望尋得自己生命的意義，並循著這意義，來實現自我。」
- 湯曼琪：「生命中的第二個四十年裡的幸福是取決於我們如何運用休閒。」
- 雨果：「從我頭上看來，已到了冬天，可是在我的心中，卻是永恆的春天！」

動動大腦

☺**活動名稱**：「快樂方程式」

☺**活動對象**：55歲以上長者或大專校院學生

☺**活動目的**：瞭解快樂方程式的計算方式並檢測自己的快樂指數。

☺**活動程序**：

1.瞭解快樂方程式的計算方式

$$快樂 = \begin{array}{c} P\,（個人特質）\\ +\\ 5E\,（生存需求）\\ +\\ 3H\,（高層次需求） \end{array}$$

2.逐一回答下列問題，從0（一點也不）到10（相當符合或完全滿足），選擇一個符合自己情況的數字。

1.你認為自己是外向、充滿活力而且願意接受改變的人嗎？
2.你對於未來抱持樂觀態度，你能掌握自己的人生，受挫之後也能迅速復原？
3.從個人健康、財務狀況、人身安全、選擇自由、歸屬感與獲得知識教育的機會等各方面來看，你都能得到基本滿足嗎？
4.你能否：找到知心朋友幫助你、專心投入事業、達成自我期許、參與有意義的活動、清楚自己的角色與未來目標？

3.計算自己的快樂指數

總計100，數目越高＝越快樂

4.與班上同儕討論上列四個問題，及本活動心得感想（例如：你對快樂或幸福的看法與經驗）。

延伸閱讀

赤瀨川原平（2000）。**老人力**。臺北市：林鬱。

周怜利（譯）（2000）。E. H. Erikson, J. M. Erikson & H. Q. Kivnick著。**Erikson老年研究報告**。臺北市：張老師。

徐學庸（譯）（2008）。M. T. Cicero著。**論老年**。臺北市：聯經。

張嘉倩（譯）（1999）。J. W. Rowe & R. L. Kahn著。**活力久久**（*Successful Aging*）。臺北市：天下雜誌。

郭怜利（譯）（2008）。B. Buchard著。**黃金人生的入場券**。臺北市：平安。

陳雅汝（譯）（2008）。G. Small & G. Vorgan著。**優活：身體年齡不老的8堂課**（*The Longevity Bible*）。臺北市：商周。

創價學會（譯）（2005）。池田大作著。**第三青春—高齡化社會的省思**。臺北市：正因。

董淑貞（譯）（2006）。J. We & S. Levkoff著。**康樂晚年**（*Aging well*）。臺北市：二魚。

第 3 章

第三青春——
退休心理調適

「老不可怕,但要老而安、老而康、老而美、老而無憾、
老而快樂與滿足!」

～上野千鶴子

前言

　　早期有關高齡者的研究，多偏重生理衰退的探討。伴隨老年人口的激增，衍生日益複雜的社會問題。其中，老年心理層面的需求，在高齡社會來臨的時刻，更加突顯其需要與關鍵性，普受關切。

　　邁入老年期，退休——年輕時編織的晚年憧憬，過著安心養老、含飴弄孫的幸福生活。生活事件（life events）——每天生活改變的內在或外在刺激，使得退休生活並不全然如一般大眾的想像。一旦走入退休，可能經驗正向或負向的生活事件，一些負面的結果，就會成為壓力源，並且導致個人的調適反應。調適（coping）是對壓力的知覺感受，由壓力、性格、社會支持與健康決定（林歐貴英、郭鐘隆譯，2003），尤其是對問題或情緒方面。令人訝異的是，國家衛生研究院的一項四年縱貫性研究顯示，自覺不快樂、不健康的老人，死亡率是一般老人的1.5倍至2倍（許峻彬，2006）。更值得重視的是，行政院國家科學發展委員會高齡社會整合性計畫團隊，針對2,000多名65歲以上的高齡者及45～64歲中高齡者所進行的全國性調查發現，只有18.3%高齡者常覺得日子過得很好，其餘81.7%常覺得很不快樂、心悶、寂寞、孤單、傷心、悲哀或胃口不好（林進修，2008）。為什麼退休後反而會不快樂呢？抑或是面對生活事件的調適反應所造成？

　　是的，生活事件被證實是需要個人適應的。調適是一個人對壓力的反應方式，包括用來面對內在和外在突發事件的認知、情緒和行為反應；也是對壓力狀況「有計畫的行為」（planful behavior）。生活上的改變似乎是退休生涯的寫照，面對改變採取有計畫的行為，追求「第三青春」正是本書堅信的核心理念；心理調適——啟動經營退休生涯的序曲。

![owl icon] **第一節　退休面對的五大改變**

　　生活事件是可辨認的，需要重新建立平衡，以便於適應生活變化或變遷（林歐貴英、郭鐘隆譯，2003）。重大生活事件較有可能發生在老年期，包括退休、寡居及住進護理之家。其中，退休衍生的經濟收入減少、人際關係的隔斷、權力地位的喪失、孤單、無聊、看天花板、自我認同的迷惘與茫然，新的角色與新的環境，皆會對高齡者的日常生活產生重大改變，亟需重新適應。

一、五大改變介入高齡者的退休生活

　　大多數的退休長者可能遇到下列六項問題：(1)身體器官和功能衰退，健康惡化的問題；(2)退休後收入減少的經濟不安全問題；(3)新社會角色的適應問題；(4)孤獨、空虛、失落等情緒問題；(5)自由時間增加，從事休閒活動安排的問題；(6)面臨死亡來臨的問題（呂寶靜，1997）。江亮演（1995）指出老年期是最容易在經濟上、行動上、社交上、體能上、精神上發生困難最多的時期。整體而言，退休長者會面對健康改變、心理情緒、社會適應、經濟能力與休閒活動等五大改變。

(一)健康改變

　　較易覺察的是，身體器官和生理機能的衰退，導致遭受疾病侵襲的可能性增加，及對壓力的反應能力降低等。健康方面，主要涵括外形的改變，及器官系統功能的退化。

1.外形的改變

　　由於人體內在構造功能的改變，影響其外表改變的有：皮膚逐漸乾燥，產生皺紋並缺乏彈性；頭髮逐漸變灰或變白；隨意肌的動作遲鈍；骨骼逐漸變硬、關節不易彎曲；視覺、聽覺、嗅覺、味覺、觸覺逐漸遲鈍等現象（Buskirk, 1985），皆是屬於在外形上改變的特徵。

2.器官系統功能的退化

身體各器官的功能，因老化以致滋生各種疾病，主要包括下列各項（邱天助，1993b；曾春典，1992；黃明賢，1994）：

(1)心臟血管系統方面：心臟的血管硬化造成狹心症和心肌梗塞；腦部血管硬化造成腦中風等。

(2)呼吸系統方面：肺臟彈性度減低、肺泡擴大，易造成肺氣腫，另因呼吸肌肉變弱，形成慢性支氣管炎。

(3)神經系統：由於腦細胞的死亡，細胞數減少，致使腦功能日漸衰退。

(4)消化系統方面：包括牙齒脫落、消化道血流減少、消化酵素分泌減少等，因而造成營養問題。

(5)血液及免疫系統方面：骨髓造血機能逐漸減低、免疫力下降、抵抗力較差，易被細菌、病毒所感染。

(6)內分泌系統之變化：荷爾蒙分泌能力下降，新陳代謝減少，基礎代謝率降低。

(二)心理情緒改變

研究顯示，人類在老化的過程中，部分的腦神經傳導物質，由於其前驅物質之合成酶的活動量減少而逐漸喪失，影響老年人的腦神經功能與心情。老年退休後，既有生活頓失重心。從社會舞臺中退出，恐懼喪失權力，缺乏安全感，覺得不再為社會接受，誘發情緒及心理受到強烈的衝擊。在心態上，最常遭遇者為「喪失感」，包括健康的喪失、社會聯繫的喪失、經濟獨立的喪失、智能的喪失，更嚴重的是生存意義的喪失（詹棟樑，1991；張鐘汝、范明林，1997）。此外，老年生活中，有不少事件會對老人心理產生某種程度的影響與衝擊，造成老人的生活危機感。例如：感官衰退、生理疾病及住院、寡居或喪偶、婚姻關係與性問題的調適、退休、經濟問題、死亡陰影等。這些特徵皆相當程度影響長者在心理層面的改變。

(三)社會適應改變

適應（adaptation）乃是為期符合環境改變的需求與情況，因而改變個人需求、行動方式、行為及期望的能力。面對社會環境的快速變遷，逐漸從職場流向半邊陲，或邊陲地位的退休長者，至少得面對影響其晚年生活的三大社會改變向度。

1.社會價值方面

個人成就之價值，取決於在社會上的地位。由於老年歧視刻板印象，「老」總是與衰弱、退化、孤單、卑微、貧病、無用等否定性價值相連，這些負面的社會評價，造成老人低落的自尊與自我概念。

2.社會關係方面

由於越來越少參與組織化的社會結構，與社會的各界人士互動往來機會逐漸減少。昔日交際應酬也相對減少，人際關係日漸淡薄，與他人關係越來越疏遠，使老人常有被遺忘，與社會隔離脫節的感覺。

3.社會結構方面

現代社會中科層化的社會組織，生產結構講求產能與效率，人力素質要求專業與創新。老年人由於神經生理系統的退化，反應速度變慢，加上知識半衰期縮短，專業知能快速過時，缺乏新時代的適應力，在勞動市場上，再就業倍感艱辛與困難。

(四)經濟能力改變

許多研究顯示，老年生活最關心的首要問題就是經濟財力。因退出勞動市場，造成老人經濟資源漸趨匱乏。一般退休老年人，除了退休金或退休給付及個人儲蓄之外，通常已沒有其他收入。在經濟上，由自由支配慢慢轉為依賴他人，喪失生活的自主性。尤其是當某些特定情況（如：罹重病、發生意外、突然失去財產）發生時，面臨貧窮的困境，又無法立即創造挹注新的財富，這些壓力將持續增溫，進而影響心理情緒的安適狀態。

(五)休閒活動改變

　　退休生活型態最明顯的改變，就是可支配的時間變多。老人退出工作職場後，自由時間增多，此與專任職場時的休閒型態，大異其趣。相對地則是可運用在休閒時間的擴增，經常參與的休閒活動以居家活動為主，如看電視、閱讀、聽廣播（陳畹蘭，1992），或是拜會親友、做家事及與家人聊天等。由於多數人年輕時，將生活的重心致力於職業成就的追求，以及過去整個社會時代對休閒品質的不重視，不知如何利用閒暇時間，安排活動或培養嗜好，老人退休後，常有漫無目標、不知所措的現象。生活單調而貧乏，缺乏建設性的成就感，心理寂寞而恐慌。這種可支配時間增多的改變，亟需做妥適的規劃，在生命長度增加的同時，亦能具體提升生活素質與內涵。

二、退休調適的三大支柱

　　「退休」的英文retire，是由re與tire組成，意謂在此之後，更換「輪胎」，持續邁進、前行。退休調適乃是導因於退離職場所受到各種壓力的知覺感受；通常源自壓力、性格、社會支持與健康所決定。退休調適良好，是人生第二生涯更換「輪胎」，在生命旅途的濶步前進之體現。良好的退休調適，由以下三大支柱所承載。

(一)支柱一：避免退休震盪，降低負面衝擊

　　有關退休震盪（retirement shock）主題，有許多的見解與討論。但是因退休帶來的選擇與改變，實是不爭的事實。Harris和Associates（1981）的研究認為，主要困難源自於經濟上的威脅感、同僚和朋友關係的不足感、工作喪失所帶來的失落感和無用感、和社會缺乏聯結及無法獲得自尊的滿足感。甚且，個人若無法妥善調適退休所致之影響，易產生易怒、抑鬱、心身症、早死等退休症候群（retirement syndrome）（李臨鳳，

1988）。為避免退休震盪的發生，減輕退休對老年生活造成的負面衝擊與效應，因應退休時期的來臨，擬妥退休的調適策略與因應方針，顯得特別重要。

(二)支柱二：適應角色轉換，扮演有用職能

無角色的角色（rolelessness）似乎總被社會一般認為是「老年」形象的表徵。毋庸諱言，伴隨著退休事件而來的老年期，是一個角色急遽變化的時期，並且引發一連串的心理與社會危機。老年人由於職業角色的變化而帶來的收入減少，容易使其產生經濟危機感；由生產者的角色轉為依賴者的角色，使其產生失落感；由父母角色轉換為祖父母角色，容易產生衰老感等。面對老年期的角色轉換，若無法成功地加以調適，容易引起心理失調，產生消極情緒，進而誘發各種身心疾病。為期擁有退休生活品質，適應角色轉換，扮演有用職能，角色調適是其關鍵所在，

(三)支柱三：老化適應良好，邁向成功老化

老化是人體的功能與結構，隨著時間進行而累積的變化，自其發展到成熟而衰老的過程。Baltes & Baltes（1990）將老化分為病態老化（pathological aging）、一般老化（usual aging）及成功老化（successful aging）三類。病態老化是受到疾病侵害最劣等的老化；一般老化是在自然環境中自然老化；成功老化是優質的老化狀態，在各方面皆能表現出功能良好及高度的安適感。最值得注意的，成功老化取決於個體的行為，藉由個體自身的努力，達到成功老化的目標，是正向老化的觀點。Gutmann（1987）認為，成功老化不僅是對年齡增長所導致的各種「失落」（losses）加以適應，更是要發展新能力，適應新挑戰。亦即身體可以老，但心理和精神反而要更成熟。因此，成功老化並不是要逃避老化過程，而是要迎接老年。是以，定位「成功老化」願景，採正向老化態度，將有助良好退休調適的達成。

　　高齡者面對退休帶來的健康狀況、心理情緒、社會適應、經濟能力，以及休閒活動等五大改變，可資採取的最佳策略，就是個體覺知的自我改變。讓退休生活在：避免退休震盪，降低負面衝擊；適應角色轉換，扮演有用職能；老化適應良好，邁向成功老化等三大支柱的鼎托下，擁有較佳的退休適應，迎接精彩的第二生涯。

第二節　老年的心理困擾與情緒問題

　　退休，開啟了一個「無社會既定角色」階層的大門。它把人們丟進無角色的尷尬。許多退休人士認為他們人生缺乏目標，就如Rosow所言「是沉重的無用感及徒然！」（李開敏等譯，1996）。揭露老年心理特徵與情緒問題，有助理解退休調適操作節奏與重點的掌握。

　　有關老年人心理困擾與問題，具體而言，可整理如下（朱芬郁，2011；李宗派，2010）。

一、老年人在外型上的諸多變化，鬢髮斑白、皮膚皺紋、肌肉萎縮等，導致因老而醜，醜而生厭；

二、囿於退離正職，經濟來源減少，面臨可能用罄的困境；

三、成年子女離巢，討厭寂寞，親友關係疏離，生活孤單、無依；

四、空閒時間增多，閒得使人煩躁恐慌；

五、生理上呈現退化，慢性疾病上身，心理緊張憂慮；

六、久病之人，體力衰弱，或因病而殘障，呈現「老殘」現象；

七、高齡長者生命隨時可能凋落，如何處理財物，至為困擾；

八、厭世失望、親人死亡、親友誤會，看破世情；

九、看見別人死亡，聯想到自己來日無多，心理沮喪；

十、夫婦相處時間增多，角色互易，磨擦可能升高。

　　這些顯現在老年身心的困境，紛雜異常，不一而足。影響心理健康，亟待誠實面對。

其次，在老年面對情緒困擾與問題方面，可彙整其要者如下（朱芬郁，2011；李宗派，2010）。

(一)許多損失同時發生，失去配偶、失去健康，失去社會地位與社會角色，面臨疾病與死亡的威脅；

(二)許多危機在身邊發生，與社會現實生活脫節，曲解社會事實，面臨情緒與心理危機；

(三)發生婚姻糾紛，與老伴離異，少與朋友來往，不願面對現實生活；

(四)性功能退化，房事做愛減少或冷感，性愛問題困擾；

(五)退休適應不佳，男女角色互易，覺得無用、無聊、憂鬱；

(六)視力、聽力生理感官退化，引起人際互動誤會與隔漠；

(七)慢性疾病，產生「無力感」，排斥他人，怕人譏笑；

(八)面臨死亡，產生許多複雜心理情緒反應；

(九)晚年期依賴程度增加，易遭受身體、心理情緒虐待，財務剝削；

(十)死亡心理過程，從否認會死亡，憤神怨天，向神討價還價求生存時間延長，以至許願不成而悲傷，最後是接受事實，等待死亡的降臨。

綜合以上，計歸納出老年心理困擾十項及情緒問題十項。其實，在社會快速變遷，整體環境改變，因之導致長者產生心理情緒的困擾與問題，自是層出不窮，令人陷入困境。亦易造成長期慢性心理失常，這也是老年心理調適特別關心的主題。

🦉 第三節　老年期心理情緒變化之特徵

許多研究顯示，老年期情緒與心理變化，常涉及大腦神經體系的變化與老化，智力的維持與退化，認知能力的強弱與消失，對社會期望的反應遲頓，以及能否維持樂觀的人際關係或由人際關係撤退（李宗派，

2010）。綜觀前述有關退休面對的五大改變，以及老年期心理與情緒的困擾與問題，可歸納為以下五大特徵，俾便操作心理調適的理解。

一、社會角色改變，強烈自卑失落感

失落感（a sense of loss）是退離職場，逐步邁入老年期時，首先應特別注意影響心理與情緒的特徵。有人認為老年是一段「失落」甚於「獲得」的歲月，由於生理機能衰退，高齡者易受感染，罹患疾病或易受意外而導致健康的喪失。另外，離婚、死亡、退休、遷移以及社會變遷，都會帶給老人種種的失落。老人退休後，身分地位的轉變與角色的失落，伴隨身體健康日益惡化，年華老去，親友逐漸凋零，甚或因子女無法承歡膝下的落寞孤寂，產生退休症候群和空巢症候群，終日陷於悲傷愁苦、抑鬱寡歡的情緒泥淖中，因而罹患「老年憂鬱症」。事實上，老年期的失落往往是漸進而緩慢的，在這期間仍有少許可喜的收獲，如升為祖父母角色和新社會角色，如擔任義工等。因此，老年人應培養樂觀豁達的性格，以正面思考、積極轉念，取代悲觀消極的意念，凡事退一步想或換個角度想，即能海闊天空、悠遊自在。

二、面對衰老疏離，產生退縮懷舊感

懷舊感在老年期顯得特別鮮明。具體呈現出對年輕時代或故人、故物懷念留戀的一種情緒。有些老人將懷舊感作為和衰老抗衡的心理自慰方法（黃富順，2002）。R. N. Butler認為老人已認識到自己來日無多，因而在心理上產生「人生回顧過程」。回顧行為有很多情況，包括對鏡凝視、懷念家鄉、樂道往事、追憶過往事跡等。這是老人藉以逃避現實或衰老的方式，但是人生的回顧，也可能會使老人產生一些消極的情緒或遺憾，因而導致老人的沮喪、焦慮、罪惡感、絕望，以及對以往過錯的追悔（Butler, 1968）。面對死亡的日子，越來越逼近的壓力，老年人會變得比較喜歡收集或保留瑣碎的東西，包括過去用過而目前已經是不再有用的東

西，或目前雖然還能堪用，但年輕人認為早就該汰舊換新的東西。這是潛意識裡以心理防衛機轉來解決內心底處，對死亡的恐懼及壓力的表現。

三、人際網絡限縮，誘發無助孤莫感

另一項值得關注的特徵是老年期的孤寂感（loneliness）。這是老人社交需求未能獲得滿足，或遭逢阻礙所產生的一種情緒。當成年子女離家或親友、手足的逝去，原有人際網絡破損，又未能積極建立新人際關係時，孤寂無依、無助的情緒更顯強烈。現今社會往都會生活型態及小家庭發展，子女大都不在老人家身邊，無法承歡膝下，晨昏定省，若退休後即不再經營社交生活，老人難免會出現孤單落寞的感覺。研究顯示，社會孤立易造成較高的死亡率（LaVeist et al., 1997），進而造成心理情緒的適應問題。

四、知覺生理退化，萌生衰老無用感

衰老感通常與無用感（a sense of useless）是伴隨而成，一體兩面。衰老感指個體面臨體力的衰退，視聽功能下降，反應與動作的緩慢，記憶力的減退而產生的「老了」、「沒有用」的感覺（黃富順，2002）。一項研究結果顯示，老年人產生衰老感的觸發事件，包括：身體衰弱（38.9%）、離退休（21.5%）、老伴的亡故（11.8%）、兒女婚嫁或獨立生活（2.1%）、至親好友的亡故（2.0%）、他人來幫助自己做家務（1.0%）、其他（7.7%）（張鐘汝、范明林，1997）。其實，究竟何者為老人？迄今尚無統一明確的標準。老年期的生物年齡之重要指標，包括喪失生殖的能力、頭髮變灰、生理功能的減退和慢性病的產生；在心理年齡方面，指涉衰退感和睿智成熟的來臨；社會年齡的重要指標，涵括扮演父母的角色、失去父母及失去獨立（黃富順、陳如山、黃慈，1996）。俗云：「人老，心不老。」為期老人生活愉快恬適，心態之調適是其關鍵所在。

五、生活依賴習慣，較易受喪偶打擊

研究顯示，大部分成人擁有婚姻關係。美國疾病防治中心（The Centers for Disease Control and Prevention）指出，婚姻能夠延長壽命，最多可延長5年之久。許多研究發現，已婚的人活更久，婚姻幸福的人活最久，而婚後一直有性生活的夫婦對他們的人生最滿意（陳雅汝譯，2008）。2006年2月16日《新英格蘭醫學》期刊，刊登美國哈佛大學醫學院與賓州大學的一項研究分析老人醫療保險中，518,240對老年夫婦長達9年的醫療記錄，發現丈夫或妻子生病，可能加速另一半的死亡；配偶生病時，會使另一半產生壓力及失去支柱、伴侶、實質協助、收入和其他支援，以致危害另一半健康。這種現象被稱為「親友效應」或「照顧者負擔」（caregiver burden），而老人尤其容易受到「照顧者負擔」效應的打擊。研究亦發現，「照顧者負擔」的風險很大，妻子住院，丈夫一段時日後死亡的機率提高4.5%，丈夫生病的妻子，死亡率提高近3%。如果病人死亡，配偶死亡率升高5倍，男性增高到21%，女性17%，死亡原因可能是意外、自殺、感染、或糖尿病等舊疾復發或變嚴重等。配偶因嚴重失能問題而住院，另一半於6個月內死亡的機率特別高。基於喪偶事件對老年期夫妻影響至鉅，應特別重視相關處遇長者的心理調適。

🦉 第四節　退休心理調適五大途徑

動態性的退休觀，已為本章前文所揭明。誠然，面對退休後的諸多改變，尤其是直接具體影響心理與情緒的困擾與問題，體現出失落感、懷舊感、孤寂感、衰老感，以及易受喪偶打擊等五項特徵，亟需坦誠面對。那就是，適應（adaptation）退休後環境改變之要求與情況，適切且有意向的改變個人需求、行動方式、行為，以及期望；更準確地說，針對心理情緒的困擾與問題，能將壓力的覺知感受，清楚地投射在個人的性格、壓力、

收件夾　老有老的驕傲

春天說，夏天老了；

夏天說，秋天老了；

秋天說，冬天才老了呢！

冬天老了嗎？不，冬天沒有老！

擁有美麗的春的記憶，

擁有熱烈的夏的閱歷，

擁有豐碩的秋的收穫，

悠然的冬天相信，老有老的驕傲！

沒有了春天的幼稚，

沒有了夏天的浮躁，

沒有了秋天的忙亂，

冬天啊，是如此安祥、淡定、逍遙！

沒有了學業的壓力，

沒有了謀生的辛勞，

沒有了功名利祿的誘惑，

人生啊，是如此從容、真實、美好！

人生從退休開始啊，朋友們！

每一天都是節日，每一天都是假日，

每一天都是雙休日，每一天都是自由日！

每一天都是藝術節，每一天都是旅遊節，

每一天都是情人節，每一天都是重陽節！

人生就像一本書，越老越有智慧；

人生就像一首歌，越老越有情調；

人生就像一幅畫，越老越有內涵；

人生就像一罈酒，越老越有味道！

年輕的朋友啊，

是不是有點羨慕我們，羨慕我們老了？

不要急，不要躁，

完成了各自的人生歷練，

你們每個人都會得到一張老年俱樂部的門票！

資料來源：毛翰（2011.3.10）；http://blog.sina.com.cn/maohan8848

社會支持和健康等的改變與促進之調適（coping）行動。茲從心態、心智、觀念、態度，及建構晚年美學五個層面，提出可行途徑如后。

一、創齡優活：建立啟動第二生涯退休觀

「創齡」乙詞源自日本，代表以不受限的精神年齡，正面思索人生課題，坦然面對老年，繼續築夢、追夢，開創充滿挑戰的人生（駱紳、朱迺欣、曾思瑜、劉豐志，2012），由於屆退後可能仍將擁有20年以上歲月，在生命長度「量」的增長同時，思索的是，如何優化生活內涵的「質」。退休並非隱匿、撤離，也非抽身而退，倏忽中止（邱天助，1993a）；退休不是因為不中用或無價值，而是個人為生活奔波數十年後的暫歇（更換「輪胎」），個人可以追求年輕時代想達成，卻礙於現實環境無法實現的目標與理想。邱天助（1993a）認為老年的生涯規劃是「精神主導」的型態，這種型態的生活具有下列特質：(1)精神內涵多於生理欲求；(2)內在價值高於外在條件；(3)自我肯定重於外在評價。大前研一在《後五十歲的選擇》乙書強調遇到瓶頸就要重新開機，把腦子放空，重開機是迎接下一波新事物時，不可或缺的重要步驟（姚巧梅譯，2008）。

退休是第二次的人生機會，是重新開啟一段嶄新的生活。退休並非退出，而是社會再參與的開始；退休並非結束，而是人生另一個生活階段的開始；退休並非迷人的無所事事或坐享清福，而是人生目標與方向的再整理、再定位（王麗容、詹火生，1993）。動態的創造性退休觀是，退休只是休息，並不是停止，而是轉進並開展第二生涯。具體態度是，終身工作或有償性的兼差工作，取代完全不工作；從主流職場退出，貢獻非主流市場；做自己有興趣的事，坦然面對老年，創齡優活。

二、與老共舞：要服老，也要不服老

余秋雨：「我無法不衰老，但我可以再年輕。」變老是一種亟其寶貴的經驗與資產，我們要認識它，接受它。古倫（Anselm Grun）神父：

「人人都會慢慢變老，但是能否成功的擁抱老年，就端看自己怎麼做了。用合宜的方法來面對年老的過程，是最高的藝術。」以《佐賀的超級阿嬤》成為暢銷書作家的島田洋七，在《越老越快樂》一書中，他認為「年紀增加，其實很不錯。」因為「不用在意別人的眼光、再不需要學歷和頭銜、可以放手去做未曾體驗的事情、順理成章利用『老』這個搞笑的寶庫。」（陳寶蓮譯，2011）。

　　的確，擁有正向老化知覺，是衡度自己體適能逐漸衰退的事實而「服老」之體現；「不服老」則是積極主動有規劃、有步驟的延緩老化，尋求高程度的情緒安適、高認知功能、主動參與社會，以及正向靈性健康等的成功老化。這種內心生命圈的心智模式，是退休者面對老年期諸多改變時，能自我審視並力求改變的依靠，也是利基與判準。上了年紀的人，體力與耐力均不若當年，凡事應量力而為，切忌躁進與衝動，宜接受老年的限制。此外，亦應突破年齡的框限，心態時保年輕；退休後的銀髮族雖不若年輕人有衝勁，然因豐富的人生經歷與社會歷練，較之年輕人擁有更多的穩重、成熟、自信與豁達，及可支配的閒暇時光，可以為自己圓夢，當義工服務別人或致力於自我完成與自我實現，以一種不服老、不服輸，但也要服老的精神去面對老年生活。所謂「老不可怕，但要老而安、老而康、老而美、老而無憾、老而快樂與滿足！」正是學習與老共舞的藝術。

三、觀念轉化：培養平和豁達的性格

　　吳東權（2003）在《越老活得越好》——〈調適四季心情〉寫到：「春天來了，百花妖紫嫣紅；夏天來了，草木掬翠含英；秋天來了，萬物枯黃蕭颯；冬天來了，大地飄霜降雪。這是大自然輪迴的現象，人，生存在宇宙之中，當然也無法脫離這個軌道，一生過程，就如四季般分明，絕對不會顛倒錯亂，遲滯不前，所以，當秋冬來臨之時，也只有坦然以對，欣來接納，否則，又將如何？」是的，有人認為老年是一段「失

落」甚於「獲得」的歲月。

退休，對某些人來說，意謂著休閒式生活的來臨，是多年辛勤工作的報酬，更是沉重無趣日子的解放；對某些人來說，是一種痛苦的改變，強調地位的角色結束了，卻沒有合適的角色來替代。甚至它降低大多數人這大半生習慣的生活水準。

另外，要面對的是，伴隨身體健康衰退，年華老去，親友逐漸凋零，以及子女無法承歡膝下的落寞孤寂，極易產生退休症候群和空巢症候群，鎮日陷於悲傷愁苦、抑鬱寡歡。事實上，在這期間仍有許多令人欣喜雀躍的生活事件，例如為人祖父母，喜見生命延續的悸動；從事再就業協助年輕人，經驗傳承的影響需求；投入社區參與活動，擔任志願服務工作的貢獻需求；以及一圓孩提時的夢想，讓生命充實而無憾。徹底揚棄「無社會既定角色」的刻板歧視，積極主動扮演社會資產與生產者的新角色。因此，老年人應培養樂觀豁達的淡定心態，以正面思考、積極轉念，取代悲觀消極的意念，刺激良善的腦內啡分泌，使情緒平和愉悅，凡事退一步或換個角度想，即能海闊天空、悠遊自在，讓晚年生活成為一生中，最值得回味的美麗時光，將無憂無慮無牽掛的老年歲月，轉化為人生的第二個快樂童年。

四、正向態度：勇敢面對老化，邁向成功老化

佛洛姆《高齡魅力》乙書中指出：「退休後的生活秘訣是計畫生活、享受生活、愛生活。60歲後的快樂生活，取決於一個人的態度。」當我們慢下來，往內在來看時，可進入生命某些最豐富的經驗，享受老化所帶來的豐盛禮物（丁鳳逸譯，2002）。其實，更貼切地說，人口老化是人類共同的成就，年老體健則是個人成功的老化之體現。

所謂「活的老，又活得好」，早已不是遙不可及的夢想，實是唾手可得果實。轉折關鍵即在對老化的正向態度。「正向」（positive）揭明個體理解老化是一種過程而非疾病；是一種正常發展的過程，也是一種生

理過程，與遺傳、生物的、心理的和社會的各種因素有關。如何避除病態老化，受苦受難的老化過程；提升無明顯疾病在所屬環境中自然老化，迎向優質的老化狀態——成功老化，這正取決於勇敢面對老化，抱持積極正向老化態度。那就是，揚棄「老」是與衰弱、退化、遲緩、健忘、孤單、卑微、貧病等否定性價值；積極的看待，老化不是一種具有摧殘性的力量，也不是一種身心老朽的狀態，心理的老化不一定和身體的老化作用平行。年老，是我們耗費畢生心力去追尋得來的成就，「老」應該是一種驕傲，而不是恥辱的標記。「老」，不代表「沒用、待終」；「老」是「成熟與完成」。白髮是榮耀的冠冕：老年期不是人生的結束階段，而是生命的完成階段，就如同老年人頭上的銀白色冠冕，那般輝煌與絢爛，是值得歡呼喜樂的。年齡與經驗、智力、成熟呈增加性函數，老年人經歷人生大半的歲月，具有圓融的智慧與超脫的人生體驗，正可利用此時累積的智慧優勢、自由優勢、經驗優勢，開展人生的另一個新里程。

五、淡定恬然：建立「第三青春」晚年生活美學觀

淡定（poised），其實是成熟的一種標誌。年老後，經歷豐富人生經驗，凡事看開，也看淡了，無所謂也無所求，懷抱平常心。形諸於外的是，遇事不慌亂，有條不紊地從根本上去解決事情，永遠秉持積極地態度去淡定人生。日本文學家曾野綾子在《晚年的美學》以細膩的筆觸，和對生命的觀察、領悟，提醒人們如何用正確的態度和思考面對晚年。所謂晚年的生活美學，是一種透視人間限制的美學，是在體力衰退、體形崩頹之際，企圖追求用靈魂的完整，取代肉體的消滅；體力之線下降了，但精神之線則力求上升。日本名建築師安藤忠雄：「青春不是年華歲月，而是一種心境；人一旦失去理想，就是衰老的開始。」人的一生若區分為兒童、青壯、老年三個時期，第三人生也就是「第三青春」；青春，並非是人生的某個階段，更不會隨著年齡而消失，關鍵在於自己的心境如何；能盡情揮灑「第三青春」的人，是享受人生的高手（池田大作，2000）。

　　深切的說，「晚年」是每個人生命都會面臨的階段，晚年不代表著失去，更非黯淡，而是進入到另一種灑脫的境界；晚年能過優美生活的人，就是自立，活得凜然獨立的人（姚巧梅譯，2007）。面對退休後的心理情緒困擾與問題，尤其是在退休逼近晚年期，能愉快淡定地面對自己的晚年人生，並從容展現只有老年人才可能擁有的豐富人生閱歷與沉穩鎮定，那就是一種思想境界，一種生活狀態，一種晚年淡定生活美學觀，呈顯出超越老化的整體意象。

收件夾　世紀生春

春天　不是季節　而是內心
生命　不是軀體　而是心性
老人　不是年齡　而是心境
人生　不是歲月　而是永恆

讓心中的春天　永遠綻放
讓年齡的春天　永遠青春
讓人生的春天　永遠光明

資料來源：星雲法師。

結語

　　年老退休後，面對諸多生活事件的改變，造成心理與情緒的困擾，衍生影響退休生活的不利因子，誘發各種身心疾病，亟待因勢利導，妥適解決。我們的做法是，高舉三大支柱：避免退休震盪，降低負面衝擊；適應角色轉換，扮演有用職能；老化適應良好，邁向成功老化。作為框架退休心理情緒調適的槓桿；釐清老年在心理、情緒困擾的特徵，據以提出因應退休心理調適五大途徑，具體呈現企圖突破心理情緒的困擾問題，有效地建立「第三青春」晚年生活美學。

　　是的，我們毫不忌諱的承認，退休造成老人心理情緒困擾是事實；沒錯，我們就是要強烈宣稱，第三青春退休生活美學是解放老人心理情緒問題之鑰。創齡淡定應許之地，正敞開歡迎大門，期待您的到來。

- 上野千鶴子：「老不可怕，但要老而安、老而康、老而美、老而無憾、老而快樂與滿足！」

- 大前研一：「強調遇到瓶頸就要重新開機，把腦子放空，重開機是迎接下一波新事物時，不可或缺的重要步驟。」

- 古倫（A. Grun）：「人人都會慢慢變老，但是能否成功的擁抱老年，就端看自己怎麼做了。用合宜的方法來面對年老的過程，是最高的藝術。」

- 島田洋七：「年紀增加，其實很不錯。」因為「不用在意別人的眼光、再不需要學歷和頭銜、可以放手去做未曾體驗的事情、順理成章利用『老』這個搞笑的寶庫」。

- 佛洛姆：「退休後的生活秘訣是計畫生活、享受生活、愛生活。60歲後的快樂生活，取決於一個人的態度。」

- 曾野綾子：「所謂晚年的生活美學，是一種透視人間限制的美學，是在體力衰退、體形崩頹之際，企圖追求用靈魂的完整，取代肉體的消滅，體力之線下降了，但精神之線則力求上升」。

- 曾野綾子：「『晚年』是每個人生命都會面臨的階段，晚年不代表著失去，更非黯淡，而是進入到另一種灑脫的境界；晚年能過優美生活的人，就是自立，活得凜然獨立的人。」

- 安藤忠雄：「青春不是年華歲月，而是一種心境；人一旦失去理想，就是衰老的開始。」

- 池田大作：「青春，並非是人生的某個階段，更不會隨著年齡而消失，關鍵在於自己的心境如何。能儘情揮灑『第三青春』的人是享受人生的高手。」

動動大腦

☺**活動名稱**：「退休心理測驗題」

☺**活動對象**：55歲以上長者

☺**活動內容**：如附表

退休心理測驗題

題目	選項	答案	分數
1.如果能重來一遍，您希望生活多彩多姿嗎？	(1)我希望能改變許多事。 (2)我不是生活在過去的人。 (3)我非常滿意現在的生活。		
2.您有朋友嗎？	(1)不需要朋友。 (2)希望能有更多朋友。 (3)我已經有很多朋友。		
3.您對未來有什麼看法？	(1)感到很害怕。 (2)想試著積極一點。 (3)相信未來是美好的。		
4.您很期待退休嗎？	(1)不確定。 (2)不會。 (3)會。		
5.您對即將到來的退休，準備了多少？	(1)沒想過。 (2)滿擔心的。 (3)已有準備。		
6.您每天都很期待去工作嗎？	(1)從來沒有。 (2)有時候。 (3)是的。		
7.您會想念工作同仁嗎？	(1)不一定。 (2)不會。 (3)會。		
8.您有任何嗜好嗎？	(1)沒有。 (2)有一、兩個。 (3)很多。		

9.最困擾您的是什麼？	(1)年齡。 (2)健康。 (3)外貌。		
10.您對您的人際關係感到滿意嗎？	(1)不滿意。 (2)尚可。 (3)滿意。		
11.您的伴侶讓您惱怒嗎？	(1)常常。 (2)有時候。 (3)從來沒有。		
12.您會和伴侶暢談心事嗎？	(1)不想，因為他們不了解。 (2)會。 (3)我不想讓她們擔心。		
13.您會覺得只要自己一個人過得好就好了嗎？	(1)總是這樣。 (2)有時候。 (3)從來沒有。		
14.對您來說，最重要的是什麼？	(1)朋友。 (2)家庭。 (3)伴侶。		
15.您擔心變老嗎？	(1)常常。 (2)有時候。 (3)從來沒有。		

資料來源：改編自薛慧儀（譯）（2000）；魏惠娟（主編）（2010a）。

延伸閱讀

姜德珍（2000）。**當個快樂的老人：我就是這麼生活著**。臺北市：正中。

高雪芳（譯）（2009）。**快樂的十五個習慣**。田野原重明著。臺北市：天下雜誌。

張鍾汝、范明林（1997）。**老年社會心理**。臺北市：水牛。

曹宇著（2012）。**現在最幸福──少年阿嬤的生命禮物**。臺北市：時報。

彭炳進（2004）。**老年人的心境**。臺北市：財團法人馨園文教基金會。

彭駕騂（2008）。**老人心理學**。新北市：威仕曼。

曾文星（2004）。**老人心理**。香港：中文大學。

曾野綾子（2011）。蘇憲法／封面繪者。**熟年的才情**。臺北市：天下雜誌。

黃秀媛（譯）（1999）。Frank Pittman著。**愈成熟愈快樂**。臺北市：天下文化。

楊鴻儒（譯）（1991）。多湖輝著。**60歲開始的人生**。臺北市：中央日報。

楊鴻儒（譯）（1996）。多輝湖著。**六十歲的決斷**。臺北市：大展。

劉富強（2008）。**老年心理健康枕邊書**。天津：天津科學技術。

蔣智揚（譯）（2005）。吉本隆明著。**不老──新世紀銀髮生活智慧**。臺北市：遠流。

盧千惠（譯）（2011）。柴田豐著。**人生別氣餒**。臺北市：臺灣東販。

薇薇夫人（2006）。**美麗新生活──樂在退休**。臺北市：遠流。

⤳ 序幕曲 ⤳
譜出生命的樂章

　　日本人稱60歲為「還曆之年」，88歲為「米壽之年」，99歲是「白壽之年」，對銀髮族相當尊重且願意用一生所學，貢獻給下一代。年長者只要有獨特專長，也竭盡所能，以追求「精神與靈性」生活為目標，報章雜誌更是大篇幅介紹「老人生活資訊」，尤其對青壯年者預作教育，確實是有良好規劃的「長壽國」。

　　專家學者強調：「樂齡學習的黃金10年，已調降為45歲。」老年生涯規劃務必及早準備，才不會慌亂且頓失生活重心。筆者60歲退休，茲鉤繪出退休生涯經營藍圖如下：

(一)55～64歲——強身期

　　俗云：「老化，從腳開始。」腳強壯，身體就保全一半，心臟不錯至少還可趴趴走。筆者57歲參加健身房，從快走慢慢訓練自己心肺力、耐肌力、柔軟度，雖然無法跟年輕人比，但至少強化手腳靈活度。61歲跟教練學游泳，從此享受水中悠閒自在的快樂光景。

(二)65～74歲——學習期

　　透過不斷學習、認識新同學、互相激勵發揮所長，讓人生下半場豐盛有餘。筆者在社區大學學直笛、陶笛、日文卡拉OK、生命書寫、部落文化探索、社區刊物編輯、國台語歡唱……，輕鬆學習快樂度日，原來人生也可以有多元的選擇。

(三)75～84歲——安養期

　　習慣獨來獨往更喜歡獨處，晚年會選擇去安養院住。不僅有醫護、社工人員，還有不同年齡層的銀髮族，希望透過書寫將年長者的生命歷程完整紀錄下來。「文字工作」是筆者的最愛，只要耳聰目明頭腦還靈光，預計專心寫回憶錄或訪問老人寫出精彩生命故事。

(四)85～94歲──回饋期

臺東馬偕醫院資深志工林立崇爺爺擔任志工24年，今年（2012）90歲仍然天天報到幫忙病患推輪椅，他說：「幫助別人就是幫助自己，心靈喜樂身體才健康，要做到不能做為止。」志在必行，快樂上工，人人當志工，社會更和諧。筆者母親85歲仍然勤做手工娃娃，聖誕節時再拿去送給醫院病童。

(五)95～104歲──感恩期

百歲人瑞越來越不稀奇，日本電視臺曾以10年時間拍下《梅子百歲高中老師》特別紀錄片，97歲書法作品展、98歲電視播出《梅子90年雪蜜之愛》紀錄片、100歲舉辦書展，她的字體工整有力，尤其總是笑臉迎人，筆者深刻感染到她生命的熱力，這樣的人生多令人佩服。

　　《在天堂遇見的5個朋友》影片，強調一生中會碰撞很多人，一定有特殊的任務與生命意義，或許不熟識但就是會留下印記，如同生命的貴人般，持續成為對方的守護者。誠如德雷莎修女所言；「在別人的需要上，看到自己的責任。」期盼自己也能成為他人的安慰與激勵，透過分享交流讓更多人都能活得更有生命力。

　　臉書上一篇〈活著必須創造奇蹟〉，介紹中國一位「悠遊100年」的趙慕鶴爺爺，真的令人折服與欽佩。75歲開始當背包客遊遍歐洲、93歲去醫院當志工、95歲考上研究所、98歲碩士畢業、100歲書法被大英博物館收藏、101歲在香港開書法特展，現在更是暢銷書作者。世上沒有不可能之事，只要有心學習，心境常保年輕，所有夢想都會實現的，大家不斷為自己加油，共同努力創造生命奇蹟吧！

作者簡介：**鄭佳音**，1949年生，快樂單親媽媽，不喜歡束縛與規範，總是活在框框外，有自己的生活步調，拒看、拒聽隨性過日子，堅持不用手機，享受自在的生活空間。現為《松年之光》月刊編輯。

Part

2

規劃篇

　　規劃是如何達成所要完成的目標及達成該目標
之最佳途徑的程序。

　　本篇主要係依據定位「成功老化」為退休生涯
經營的願景目標，所進行的規劃作為。規劃即是在
「衡外情」和「量己力」之下所作的一套連續不斷
的作業過程。「做什麼」、「為何做」「如何做」
是貫穿本篇各章的思維理路；同時，六大規劃向度
的揭露，正是退休生涯經營的具體落實。

第 **4** 章

理財規劃——
活到老，有錢到老

長壽風險：「活得太老，但儲蓄太少、退休太早，以及花得太快。」

～美國國家經濟研究局（NBER）

前言

　　理財規劃是經營退休生活的首要之務，許多人在決定最佳退休時機，財務或健康狀況往往是重要考量之一。

　　德國詩人布萊西特（Bertolt Brecht）：「人生苦短，財富嫌少。」老年退休後，由於常態所得減少，經濟資源將會越來越匱乏。通常老年人的收入來源，包括：社會安全年金、存款、資產、投資和個人退休金等。從個人經濟安全的角度來看，隨著生理上的老化或屆齡，老人從工作職場撤退，失去正常的薪資收入，其老年的生活消費將隨著「所得漸減」、「健康日顯」的雙重經濟風險，逐漸耗盡早年所累積的經濟資產，經濟不安全日增。許多研究發現，經濟的保障和健康是決定退休人員生活滿意度的關鍵，而非退休的本身；相較於低收入的退休者，收入較高或者是經濟不虞匱乏的退休者，對於退休生活較滿意且具有較正面的認同感（Szinovacz & DeViney, 1999）。值得正視的問題是，少子女化與平均餘命增長的雙重效應，將具體顯現在戰後嬰兒潮群體。也就是意謂著，只有較少的工作人口要撫養較多數的退休人口；龐大的老年人將要度過逾20年以上的生命晚期，或接受更長的撫養期。是以，理財規劃不但關乎老年個體生活品質與滿意度，抑且與社會經濟成長關係密切。企圖導入金錢管理的知識與技能，提升高齡者理財素養（financial literacy），是本章高舉「活到老，有錢到老」的核心理念。

第一節　老人的經濟與就業

一、老人的經濟現況

　　相關調查結果顯示，經濟問題與身體健康是老年人最重視的項目。依據「2009年老人狀況調查結果」：55～64歲及65歲以上，對老年生活擔心的問題前三項皆依序為「自己的健康問題」、「經濟來源問題」、

「自己生病的照顧問題」；其次，「就55歲以上國民主要之經濟來源」顯示，32.43%國民來自「子女奉養（含媳婦、女婿）」，20.53%來自「自己工作或營業收入」，9.58%來自「政府救助或津貼」。55～59歲國民仍以「自己工作或營業收入」為最重要來源，而60歲以上國民則逐漸轉為由「子女奉養（含媳婦、女婿）」，而隨年齡增加依賴「子女奉養（含媳婦、女婿）」及「政府救助或津貼」重要度遞增（內政部統計處，2011）。行政院主計總處（2012）「中老年就業狀況調查」，「中高齡」（係指45歲以上、但未達65歲者）受雇者認為，養老資金來源，靠「自己或配偶的退休金」占比最高（29.58%）；另外，28.21%費用來自「勞保老年給付」、靠「儲蓄」（21.88%），「子女奉養」不到一成（9.81%）。

令人高度關注的是，啃老族和歸巢族的快速崛起，他們不願意獨立面對人生，以及所賺薪資不符支出，返家與父母共同生活是這些族群的特色。未來的銀髮族，若要依賴子女養老，恐怕是遙不可及的夢想。過去臺灣農村社會是「積穀防饑，養兒防老」，年老需要孩子提供養老資源；現在已淪為「養老防兒」，生育率日降，未來不一定有子女奉養，啃老族的興起亦不知不覺吞噬掉老年的退休生活費。根據英國理財機構「蘇格蘭寡婦」投資夥伴有限公司統計，家長有高達四成必須動用老本資助子女，這將影響老人的生活水平；美國有三成的嬰兒潮父母表示，對子女的金錢援助讓自己的退休金減少，大多數人卻是渾然不覺。當然，抱持單身不婚族群，由於退休後可供支持或依賴的資源有限，更要對財務及早規劃，未雨綢繆。

究竟每個月的生活費有多少錢可用呢？依據「2009年老人狀況調查結果」顯示，「平均每月可使用之生活費用」：65歲以上老人平均每月可使用生活費用以「6,000元～未滿12,000元」者占19.26%居多，其次為「未滿6,000元」者占13.14%；男性平均可使用生活費用高於女性，臺北市老人高於其他區域。生活費用使用上大致夠用者其平均每月可使用生活費用達13,401元（內政部統計處，2011）。「日常生活費用使用情

形」：大致夠用占63.51%。教育程度越高，生活費用使用充裕的比例亦越高。主要經濟來源來自自身的工作收入、退休金者，日常生活費用相對充裕且有餘比例較高。此與行政院主計總處（2012）「中老年就業狀況調查」，退休後的經濟來源，教育程度越高，倚賴「子女奉養」的程度就越低；教育程度在大專以上者，高達五成以上的養老費用來自「自己或配偶的退休金」相互呼應。鑑於老年實際日常生活費用需求的事實，從事財務規劃的風氣，已逐漸漫延開展。依據主計處調查，2007年已有155,871名的銀髮族，晉身為年收入百萬俱樂部的成員之一，顯示國內民眾對於老年經濟生活的風險意識不斷提高。值得重視的是，這些「未雨綢繆」的銀髮族，早在50～64歲的準老人階段，就有近七成的人陸續透過存款、保險、不動產，或股票、債券等投資工具，確保自己在耳順之年後，有個自由愉快的生活（許玉君、陳曼儂，2008），迎接獨立、尊嚴「活到老，有錢到老」擁有內外財富的老年。問題是，其他廣大的銀髮族群體，則有待快步進入理財之列。

二、年老還要再就業嗎？

的確，在工作數十年之後，邁入老年期仍然要再持續辛勤工作，坐實「活到老，工作到老」的寫照。老年再就業的原因何在？這個議題伴隨社會整體變遷，正快速被排入老年退休問題的議程，值得深入討論。

其實，老年再就業問題根繫於現今少子女高齡化已是世界的潮流所趨。就少子女化而言，二次戰後「嬰兒潮」（baby boom）轉為「嬰兒少」（baby bust）現象的戲劇性變化，將造成勞動人口減少，年輕人負擔加重的社會經濟危機，並逐漸關閉「人口紅利」（population dividend）機會視窗；就高齡化而言，由於科學進步，醫療生技的發達，人的平均餘命越來越長，老年人口的快速增加，其退休社會安全制度，成為各國政府沉重的財政支出。為解決如滾雪球的退休金負擔，歐洲國家紛紛以提高退休年齡或延後年金給付等措施以為因應。例如挪威法定退休年齡為67歲，與

德國並列歐盟最高（田思怡編譯，2011）；瑞典民眾可在61歲時開始提領退休金，並可工作到67歲（聯合報編譯組，2012）。法國退休金改革法案包括：(1)把最低退休年齡從60歲延至62歲；(2)繳納社會福利金41.5年以上；(3)將享有全額退休年金的年齡從65歲延至67歲。日本、美國、加拿大也研擬延後請領退休金的年齡，例如日本就將政府年金請領的年齡延至70歲；美國也將在2017年從現在的65歲延長至67歲；加拿大則計畫從2023年起，將高齡安全福利金從65歲延後到67歲（任中原編譯，2012）。

　　2012年2月8日英國、北歐與波羅的海諸國的首相和總理，在瑞典召開斯德哥爾摩會議，探討如何讓老年人延長職業生涯，以及讓更多的女性自行創業（聯合報編譯組，2012）。值得注意的是，參與該會議的國家多具人口結構老化的特徵，顯然老年再就業的問題，引起國際間的重視與關切。相關研究顯示，嬰兒潮世代退休後有較高的再就業傾向，依據日本厚生勞動省（2009）調查結果，年滿55歲以上的高齡工作者，男性占36.1%，女性占20.3%，其中，表示退休後仍想再繼續工作者，男性占30.6%，女性占25.2%。美聯社與Life Goes Strong網站共同進行的調查發現，嬰兒潮世代擔心退休積蓄不夠用，打算退休後繼續工作的比率高達73%。一項「臺灣嬰兒潮世代退休再就業需求與職業選擇傾向之研究」顯示，有79%退休再就業意願高（劉美芳，2011）。可見，無論是企業體或屆退者，皆充分意識到勞動力的老化及退休後再就業的趨勢。此即如杜拉克（P. F. Drucker）所言，未來勞動力的組成是60歲以下和60歲以上勞工共同承擔，而人生的第二生涯、第二春或退而不休、繼續工作的情形將越來越普及（劉真如譯，2003）。高齡社會以高齡者為主體，尊重個人特質，視高齡者為資產、生產者，策略性老年人力資源開發所匯聚的新人力資源觀，已隱然形成最新趨勢。

第二節　財富與老年安養

一、準備多少錢才足夠

　　要準備多少錢養老才夠？這是大多數銀髮族面臨退休時首要關心的課題。調查發現，臺灣上班族不但低估自己的壽命長度，更嚴重低估退休準備金的額度。該準備多少錢才能高枕無憂，自在安然地渡過銀髮生涯，並沒有一套放諸四海皆準的公式。通常是依你預計未來過什麼樣的生活而定，如果要環遊世界或一年多次旅行，就要多準備存款；如果是過著「採菊東籬下，悠然見南山」的恬淡生活，則只需基本的生活費即可，但前提是身體健康良好。美國國際集團的研究發現，退休族的生活滿意度和他們儲存退休金的時間是成正比的，存錢時間超過25年的退休族有六成以上表示非常滿意退休生活，存錢時間介於15到24年的退休族過半數覺得非常滿意，存錢時間不滿15年的退休族只有46%感到非常滿意（譚家瑜譯，2005）。看來，存錢時間與退休生活滿意度之間，呈現正相關。

　　究竟應該準備多少錢才夠，依照多數理財專家建議，面對變動快速，低收益的環境，需要存到10倍的年薪，亦即每月存35～40%，如此投入40年才可以。理財專家提出應分別區分退休後的「基本需求」與「魅力需求」。「基本需求」是維持溫飽與醫療照護無虞的費用，這部分具足，才能放心退休；而「魅力需求」，是為了開心退休，可量力而為。然很多人常低估退休後的開銷，最常見的是只估計食衣住行，未將通膨、長壽風險列入〔根據美國國家經濟研究局（National Bureau of Economic Research, NBER）的定義，「長壽風險」就是活得太老，但儲蓄太少、退休太早，以及花得太快。〕，忘了年老後的醫療照顧費用，及滿足其他心靈需求，如娛樂花費、旅遊花費等。「年老最怕病來磨」，一份家計調查顯示，家裡老人實際每月醫療支出超過4,400元，問卷卻發現，55歲以上老人認為，每月用在醫療的開銷只需1,000多元，明顯低估。另根據行政院衛生署的統計，即使有全民健保，仍有將近六成的重大傷病患者，曾經

自己出錢住進較好的病房，如果想換到雙人房以上，每天要補的差額可能高達2,000到5,000元。如果有保險，額外的費用，就可由保費負擔。依行政院主計處的家計調查，65歲以上夫婦每戶每月的基本消費支出約34,000元，若以退休後（60歲）再活20年預估，考慮通膨（平均2.59%）計算，一對夫妻退休前至少要有969萬元，才足以作為退休後的基本需求（柯淑惠，2008）。萬事達卡國際組織調查，2005年，臺灣65歲以上的老年人，夫妻二個人一年實際消費14,200美元，折合臺幣計算，平均一個月花31,000元。如果是一個人獨居，包括生活中食衣住行、娛樂、醫療種種花費，都算在內，一個月平均花掉23,000元。此金額會持續上升，萬事達卡國際組織估計，2015年一對退休夫妻，平均一個月消費47,500元臺幣，如果是一個人獨居，平均一個月會花掉39,000元。

　　具體而言，退休之後，每個月想要有3萬元花用，55歲退休的人，必須準備超過900萬元的退休金，65歲離開職場的話，要有650萬元以上的退休金。退休年齡與所需退休金對照表（詳如**表4-1**）。想提早退休或即將屆退的你，這些錢準備好了嗎？

二、內在財富的新思維

　　一個值得深思的問題是，除了將退休安養的重點僅置於金錢等物質生活的無虞匱乏之外，難道就沒有其他可資豐富晚年期生命意義的事物嗎？坦白地說，一個完全用金錢填塞堆砌的生活內容，祇不過是物化與異化的代言人，空擁軀殼，沒有靈魂，著實令人喟嘆。

　　多年以來，人們用去大部分的時間與精力，在追求馬斯洛（A. H. Maslow）所提出需求層次論（hierarchy of needs）中的生理、安全等匱乏性需求，鮮少關注愛與隸屬、自尊、審美、求知、自我實現等成長性需求。問題是，成長性需求與人類滿足感和幸福感有關。有趣的是，經濟學家研究金錢與幸福的關係，發現光是有錢未必快樂，因為永遠有人比你更有錢，一定要「比別人更有錢」才快樂。不妨想想：你的金錢觀或財富

表4-1　退休年齡與所需退休金對照　　　　　　　　　　　單位：元

退休年齡	每月花費	所需退休金
55歲退休	10,000	3,127,894
	20,000	6,255,788
	30,000	9,383,683
60歲退休	10,000	2,669,206
	20,000	5,338,413
	30,000	8,007,619
65歲退休	10,000	2,187,121
	20,000	4,374,242
	30,000	6,561,363

註：以退休後壽命85歲、定存利率3%、物價上漲率2%計算。

資料來源：臺灣工銀投信（2007）。

觀是什麼呢？有如《破產上天堂》（*Die Broke*）或《生活更富裕》（*Live Rich*）兩書中所表明的「生不帶來，死不帶去」的態度嗎？還是如孔子的：「飯疏食，飲水，曲肱而枕之，樂亦在其中矣。不義而富且貴，於我如浮雲」；「富與貴，是人之所欲也；不以其道，得之不處也」；「富而可求也，雖執鞭之士，吾亦為之；如不可求，從吾所好」呢？或是如美國股神巴菲特（W. Buffett）的財富觀：住著老房子，開著舊車子，日進斗金卻生活簡樸，只是為了享受財富累積過程的樂趣？抑或是你只想取得平衡——累積金錢也享受金錢帶來的物質生活？金錢的數量在你人生中的分量如何？你把賺錢的優先次序擺在追求閒暇思考樂趣的前面嗎？還是反過來呢？或者因年齡而異呢？或兩者兼有？長榮集團總裁張榮發在85歲時，正式宣布身後財產437億臺幣，悉數捐助公益，這種舉措正喚醒人們金錢之外，「成長性需求」的新思惟。

　　1996年「二十一世紀國際教育委員會」（International Commission on Education for the Twenty-first Century）向聯合國教科文組織（UNESCO）提出《學習：內在的財富》（*Learning: The Treasure Within*）的報告書（Delors, et al., 1996），揭露「終身學習是通往二十一世紀的一把鑰匙」。希臘哲學家亞里斯多德：「教育是老人最好的糧食。」是的，金

錢或財富的不同看法或態度，只是表示每個人的價值觀互異，無所謂對錯。值得深思再三的是，若能將終身學習的元素滲入老年理財規劃，在調配外在有形資產之餘，兼及創造極富人生意義的內在財富，當可即時展開優雅身影，追求生命的圓滿、恬然、快樂與精彩。

第三節　理財規劃：打造一個養得起的未來

　　瞭解財富與老年安養的關係之後，接下來就是如何去理財。具體而明確的行動包括哪些？「及早規劃、及早準備、及早投資」是所有投資理財專家的建議。老年人宜衡量退休前的消費習慣，審慎評估退休後想要過那一種生活方式，擁有什麼樣的消費水準，再根據目前的財務狀況，開源節流，妥善地加以規劃，唯有鎖住風險，增加儲蓄，更有紀律地投資，才有未來。一般而言，退休金規劃可分為三大支柱：政府勞退金、企業勞保金與個人退休理財規劃。由政府提供的社會保險僅能滿足退休後「最低」生活水準。年歲增長醫療開銷將會增多，加上還有休閒、娛樂、旅遊等多種需求，剩下的資金缺口，就需要青壯時期所累積的儲蓄、保險、基金、理財規劃填補。是以，如何打造一個養得起的晚年，過著安心、安全、安養的退休生活，茲提具建議方案如下。

一、儲蓄時機要及早開始

　　儲蓄是規劃退休保障第一塊要砌的磚頭。愛因斯坦曾說：「複利威力大於原子彈」，這句話用在退休規劃是再恰當不過的。的確，對於初入社會的年輕人而言，退休是幾十年後的課題，但卻會因此而錯失時間的複利魔法。富蘭克林證券投顧（2008）表示，投資最偉大的力量並不是挑選買低賣高的時機（timing），而是投資期間的長度（time），因為投資時間越長，利滾利、錢滾錢的效果就會越明顯，所以退休理財規劃絕對是越早開始越輕鬆。金融業云：「當你發現有老花眼，就要為退休生活開始做

準備。」理財專家則建議退休規劃最遲要在35～40歲時開始，因為此階段個人已累積一定資產、薪資較穩定，可將部分資產挪作為退休帳戶，投資波動較低的股票、債券型基金，購買醫療險、防癌險、失能險等保單，將人生意外降到最低。例如，以退休制度完善著稱的瑞士，當人民步入職場時，已同步執行退休金規劃，只要年滿18歲開始有工作能力，領的每份薪水都要提撥退休基金（瑞士政府要求年滿18至65歲者，每個月要提撥薪資10%作為退休年金），加上企業提撥的退休基金，當年滿65歲退休時，早已準備好退休基金，所得替代率六成。距離合理的所得替代率七成，只有10%的缺口，要靠瑞士人自己存錢補足（紀麗君，2006）。「2009年老人狀況調查結果」指出，臺灣地區「65歲以上老人與其配偶或同居人保存資產情形」：65歲以上老人自己有保存者占51.97%，沒有保存者占43.81%；配偶或同居人有保存者占24.90%，沒有保存者占28.59%；自己、配偶或同居人保存之資產項目前兩項皆為「存款」、「房子、土地或其他不動產」。65歲以上老人及其配偶或同居人均沒有保存比例占18.02%，主要原因為「本來就沒有」（內政部統計處，2011）。值得注意的是，有近兩成的65歲以上老年人是完全沒有保存任何存款、房子、土地或其他不動產。顯示在儲蓄時機上，有極大的改善空間。因此，及早從事儲蓄，掌握財富累積的時機，實是理財規劃的首要步驟，且是保障老年生活實際行動的開始。

二、設定退休後生活水準目標

退休後想要過何種生活，享受哪些資源，因人而異，這些都直接涉及要達成生活目標所需財富的多寡水位。準備退休規劃前，應先設定退休後之生活水準，也就是「所得替代率」，期望所得替代率越高，代表退休後所需之生活水準也越高。根據經濟合作暨發展組織（OECD）的標準，民眾退休後的所得替代率，若能達到退休前薪資水準的七成（例如：退休前每月薪資10萬元、退休後每月可領到7萬元），才能安享有品質的退休

生活。我國「勞基法」規定，一般勞工退休後，可請領兩種年金，一是勞工保險年金，「活多久，領多久」；第二是勞工退休年金，可一次領完或按月請領，但選擇月領者，最長只能領15年）。也就是說，一個65歲退休的上班族，勞退金只能領到80歲，對於2011年兩性平均餘命已高達79.16歲（內政部統計處，2012a）的臺灣民眾來說，80歲以後的日子，只能自求多福。再者，若以上班族工作到65歲退休時，假設月薪達10萬元；但他退休後，從65歲開始，每月可領取勞保年金，估算約4萬出頭，這筆錢的「所得替代率」只有39%左右。換言之，透過社會保險，大部分臺灣的退休族「所得替代率」都不夠，比照國際的七成標準，還有三成要靠自己補足，才能過自己要的退休生活。更準確地說，這些資金不足的缺口，正為退休再就業或從事有償的工作，隱含匯聚為一股未來老年人將持續為生活打拼的趨勢，高齡者就業不再是紙上談談而已。重要的反差是，想要安享退休生活，及早理財儲蓄是必由之徑。

三、建立積極「撲滿式」理財地圖

準備退休金的當下，首重儲蓄計畫。傳統的理財觀念是「收入－支出＝儲蓄」。一般人每月領到薪水時，往往扣掉支出後，如有剩餘才會將之儲蓄或轉為投資計畫；然而在面對退休金準備時，應調整為「收入－儲蓄＝支出」的模式，即延遲享樂，也就是童年時候每個人最早學到的「撲滿」哲學。利用強制力量才能有效達成累積退休金的準備。《「退休」，你準備好了嗎？》乙書指出，首先要瞭解自己的財務狀況，進行財務檢查，編製生活預算並列出未來生活目標。理財可分兩時期來管理：(1)退休前期：檢視自己的財產，計算每月的開銷，如基本生活費、保險費、醫療費、子女教育費等。扣除這些，若尚有餘額，則可考慮投資，接著為設定理財目標，一般而言，應「先求平再求好」，善用組合性投資，以降低風險；(2)退休後期：隨著年齡增長，應減少高風險投資，如股票、債券等。同時尚須考慮遺產稅、贈與稅及保險問題，雖然傳統運用

贈與、繼承可達部分財產轉移的目的，但執行上仍有不足之處，例如需課高額所得或遺產稅或贈與、財產遭侵占、財富無法傳承及生命有限等因素限制。因此，可透過財產信託方式，達到財產保儲、節稅的功能（李國芬、李德珍、沈文慈，2007）。此外，一個成功的儲蓄計畫應該具備以下步驟：設定一個財務目標；籌集在短時間內賺到該目標所需要的錢；分享達到目標的成果；同時，要建立一個簡單且可行的存錢制度，讓它成為一種習慣；存錢的同時也要花錢找樂趣（周宜芳譯，2005）。採用「撲滿式」理財地圖是頗佳的理性選擇方式。

四、尋找真正的金雞母

如何避除老年人因退休導致常態所得收入減少，影響生活品質，甚或得持續辛勤工作到老呢？一是在退休前及早做理財規劃，量入為出，撙節開支的儲蓄老本；另一個就是積極的開源，擇選可生金蛋的金雞母，持盈保泰，安享富裕的退休生活。投資是籌措退休金的不二法門，問題是可供投資的項目極多，貿然投資因而失敗者，亦時有所聞，必須慎選適合自己的投資。一般而說，投資工具的選擇不外乎基金、保險加上一些績優股票及優質債券等。銀髮族宜用更積極的態度及早投資，透過全球股票型基金與全球債券型基金的動態布局，再搭配時間複利魔法，務實理性地籌備退休基金。務必依自己的年齡和目標，調整股債的資產組合。選擇資產配置是最重要的投資決策，最好尋求專家建議。基本上，年齡35～45歲者可以股票投資為主，年齡45～55歲者則以股票及債券並行，至於以退休為當務之急的年齡55歲以上者則必須保守操作，以固定收益的投資工具為宜。市場上多數銀髮族以「買保險」作為保障生活最重要的工具，如醫療險、年金險、個人失能保險（看護險）等。理財專家建議，個人年金保險則是目前眾多理財工具中，最適合作為退休規劃的理財工具（梁勁煒，2002）。年金保險在退休商品市場的成長以倍數增加，大部分的人在面對年齡逐漸老化和生活上的負擔時，會選擇投保年金險。穩健的作法是上了

年紀之後，現金控制的比率就要調得較高，不宜再追求高風險投資（高風險產品可採用「100法則」，就是用100減去目前的年齡，即顯示「可積極投資高風險產品的投資比重」）。當然，廣泛的蒐集相關資訊，注意國內外環境的變化趨勢，以及政府部門的財經政策和衡量自己財力與需求，審慎地調整投資標的與組合，這是選定金雞母，一定要遵守的法則。高利潤得承擔高風險，這是盡人皆知的鐵律，儘量採取「100法則」去避險。

五、退休安養信託——專款專用，照顧自己

退休安養信託是最近快速崛起的退休理財方式，甚受許多老年人的重視與青睞。由於少子女高齡化社會造成家庭組成結構改變，豆竿家庭結構（beanpole family structure）[1]呈現出各代人口減少的事實（Bengtson & Dennefer, 1987）。戰後嬰兒潮面對的風險之一，就是長壽風險——活得太老、儲蓄太少、退休太早，以及花得太快。既然養兒防老不可依賴，甚至怕被兒女或詐騙撈光，預防「花得太快」，將退休金交由銀行來「固本」，採取退休安養信託是值得考量的選擇。所謂退休安養信託是委託人將退休金一部分或全部，交由銀行管理，設定給付條件，採按月、季或年，定期給付生活費，專款專用在自己身上；並由委託人另外交付銀行每年的管理費。此項信託方式也可在退休前向銀行申請，委託人與銀行約定在退休時開始啟動。要特別注意的是，採行退休安養信託方式，多是經濟富裕的有錢人，或財產有一定的規模。前者，有錢人為避免身故，爆發子女爭產或敗光家財，透過信託「有紀律地」把財產傳給下一代，其中，「父老子幼」也是原因之一；後者，則是由於銀行會向委託人每人收取管理費用，通常是千分之三至六左右的管理費率（孫中英，2012），若財產規模較小，所生孳息不足沖抵銀行管理費，則每年增加的管理費成為額外

---

[1]隨著高齡化趨勢，家庭的世代數可能增加，但少子女化又形成了各代人數下降的情形，因此，家庭結構所呈現垂直化發展的現象，稱之為「豆竿家庭結構」（beanpole family structure）。

支出。總之，退休安養信託的方式在快速變遷的社會，實是一種較穩健安全的理財方式。

🦉 第四節　特殊議題探討

一、金援子女，量力而為

　　因收容或幫助成年子女，導致父母得延後退休及讓自己夢想的生活縮水，已是影響老年人理財規劃的一項重要干擾因素，值得進一步探討。美國退休人員協會（AARP）2008年的一項調查顯示，28～39歲的X世代[2]有四分之一，還在接受親友資助；針對1,800名19～39歲的網上調查，亦有高達33%接受親友資助（聯合報編譯組，2008）。這種成年人持續依賴父母現象，在2011年更為明顯，基欽斯集團的民調結果顯示，美國嬰兒潮世代的母親有超過50%，仍在資助成年子女，且有60%的子女遇問題即向母親求助，同時，有9%的成年子女仍居住在家。依據統計，英國有高達1,000萬人，每人平均向父母索取約合新臺幣80萬元，總額達數兆之多（張佑生，2007）。造成的原因，一是經濟不景氣；另一可能因素是父母溺愛子女。臺灣地區「2009年老人狀況調查結果」顯示，提供經濟支援給子女或孫子女情形：55～64歲國民約有25.32%需提供子女或孫子女經濟支援，以男性、居住於臺北市、教育程度較高者，提供經濟支援比例相對較高，另外，有10.57%，65歲以上老人需要提供子女或孫子女經濟支援，並有2.48%老人表示需要但沒能力（內政部統計處，2011）。可見，「啃老族」現象儼然形成一股新趨勢。

　　造成啃老族群興起的原因之一是拒絕長大，也叫「回力鏢子女」

---

[2] 美國人口研究一般將嬰兒潮世代（baby boomer）界定為1946～1964年出生者；早於嬰兒潮的一輩，即經歷過1930年代大衰退與二次世界大戰的人，則通稱為沉默／偉大世代（the Silent / Greatest Generations）。後嬰兒潮時期，1965～1980年出生者為X世代（Generation X）；1980年之後出生的，則通稱為千禧世代（Millennials）。

（boomerang children）[3]，是指1977年至1986年間出生的年輕人，在日本稱為「尼特族」（not in education,employment or training, NEET）；在大陸稱「漂一族」；在英國叫「賴家族」；在美國叫「歸巢族」，臺灣叫「不立族」。他們可能是「單身新貧族」，工作不穩定，經濟能力差，或不與父母同住，但卻經常回家，向父母要錢。啃老族的興起亦不知不覺吞噬掉老年父母的退休生活費用。啃老族逐漸普遍的漫延，是值得正視的議題。

二、以房養老——反向抵押貸款

2012年7月1日在臺北市、新北市與高雄市試辦，並於2013年全國普遍實施的社會福利制度——「以房養老」政策，主要是由臺灣社會的少子女化、高齡化，以及較高的自用住宅比率等三股力量匯集所促成，為有自用住宅卻無生活費的老年人，開啟安養晚年的源頭活水。

「以房養老」政策即是在美國、日本、澳洲、新加坡等國實施多年的「反向抵押貸款」。「反向抵押貸款」（reverse / lifetime mortgage）是提供給高齡者（通常為滿62歲以上）的一種住宅抵押貸款模式。日本稱「武藏野模式」，即所謂「房屋淨值轉換抵押貸款」，以自己名下的房子做抵押的貸款方式；如果有品質穩定的不動產，又有不留財產給子孫的打算，那麼即可在退休生活時做妥善的運用（楊明綺譯，2009）。由貸款業者或銀行對欲辦理反向抵押貸款之資產進行估價後，依申請者之年齡係數，將抵押資產的淨值於計算年齡百分比後，以總數或以每月撥付方式給申請者。通常，每月撥付方式辦理者，執行期間則至該資產所有人死亡日止。此反向抵押貸款之方式猶如將不動產抵押給銀行，由銀行以單次或每個月支付款項，供高齡者生活之需，達到「以房養老」之目的。於支付單次資產淨值總額後，或每月撥付款項至所有人死亡後，該抵押資產則由銀

---

[3] 回力鏢子女（boomerang children）是指為了省錢搬回家跟父母同住的成年子女，類似中文的「啃老族」。於2011年8月正式收錄《韋氏大辭典》（*Merriam-Webster's Collegiate Dictionary*）。

行收回持有。辦理「反向抵押貸款」的資產，於未來資產增值時，可能可以再次辦理第二或第三次「反向抵押貸款」，但在某些國家已辦理反向貸款之資產，無法再辦理傳統型之房屋貸款。此種貸款方式，主要用意是讓只有房子、沒有生活費的老人，可以有錢安享晚年。國外一開始都是由銀行承作，但因人均餘命不斷延長，銀行承擔風險過大，最後多是由政府介入成為最終保證者，才讓制度成功推行（住宅e化網，2011），政府角色極為重要。

臺灣地區以房養老申辦對象，是選定單身、沒有繼承問題、非低收入戶，但名下有自己房子的65歲以上老人，可將房子抵押給銀行或金融機構，每月拿回現金養老。初期由行政院提撥3,300萬元臺幣，作為試辦費用（李順德，2012）。值得一提的是，申請以房養老者不必支付任何費用，原房屋可自己持續居住到老，這一項新社會福利制度，隱含在地老化、居家終老的深意，將不動產變成動產，有生活費用養老，房子可續住，活得越久，領得越多，容或在部分細節有待進一步磋商規劃，但是項制度確實頗具創意，值得高度關注。

收件夾 ▎「若你從未擁有，也就無所謂失去。」

英國《每日郵報》報導，加拿大拉吉夫婦，75歲的艾倫（Allen）和78歲的凡歐莉特（Violet Large），2010年7月中了樂透，卻慷慨把1,120萬美元（約臺幣3.4億元）彩金全數捐出，因為他們相信施比受更有福。兩人同在1983年退休，住在東南部小鎮下特魯羅（Lower Truro）。艾倫說，他們雖不是有錢人，但日子過得還算舒適。當了千萬美元的過路財神，拉吉夫婦卻一點也不心疼，他們說：「若你從未擁有，也就無所謂失去。」

資料來源：http://tw.news.yahoo.com/article/url/d/a/101105/2/2gbov.html

結語

「生不帶來，死不帶去」，在《破產上天堂》（*Die Broke*）一書中，兩位美國作者波藍及李文（Stephen Pollan & Mark Levine），為這句中國話做了闡釋：「在生前把每一分錢用盡，善待自己，捐給慈善機關，幫助子女，最後把自己房子抵押給銀行支取固定生活費，直到過世為止。」老人退休後，其所得將會減少，老人經濟資源將會越來越匱乏。目前臺灣地區尚未建立完善的老人經濟生活安全保障制度，以至於大多數老年人依賴子女供養或自身積蓄、退休金為老年經濟生活的主要來源。然而，隨著社會變遷，養兒防老的觀念必須大幅修正，靠兒女不如靠自己。因此，銀髮族於年輕時，應積極籌劃經濟自主能力，建立終身理財的觀念，以備在退休時，擁有充裕的資金以安享餘年。此外，上了年紀之後，不宜再追求高風險投資，宜將錢財存放在信譽佳且穩定的金融機構，老年人宜衡量退休前的消費習慣，審慎評估退休後想要過哪一種生活方式，擁有什麼樣的生活品質，再根據目前的財務狀況，開源節流，妥善地加以規劃，以期老年生活安全，有保障。理財規劃，正為您打造一個養得起的未來。

智慧小語

- 布萊西特（B. Brecht）：「人生苦短，財富嫌少。」
- 亞里斯多德：「教育是老人最好的糧食。」
- 愛因斯坦：「複利威力大於原子彈。」

動動大腦

☺**活動名稱**：「退休地圖自我評量表」
☺**活動對象**：55歲以上長者
☺**活動目的**：試算一下你的退休生活花費
☺**活動內容**：退休地圖自我評量表

試算一下你的退休生活花費
退休地圖自我評量表

　　本評量表可以反映出你的退休成本。你正考慮退休嗎？你希望去環遊世界或貢獻施展你的才能？或是跟孫子好好相處？無論你的退休夢是什麼，它都需要付出金錢代價的。請針對下列十二項題目，選出你的期望，並將每題的分數累積下來（選項號碼等於該題的得分，評分標準在最後）。

一、再工作

☐ 1.對我來說退休表示離開工作環境，所以我不打算工作。

☐ 2.我要開始進修，並做我真正想做的事情。

☐ 3.我將兼差或者擔任諮詢的工作：賺取額外的收入，且保持身心活躍。

☐ 4.我將繼續在我選擇的新職場中繼續工作。

二、志工參與

☐ 1.我的夢想是參與海外志工團隊，即使需付費參加。

☐ 2.我沒時間參與志工，但是我願意捐獻金錢物資給慈善機構。

☐ 3.我想回饋或參與我們社區的志工團隊。

☐ 4.我不打算參與志工。

三、嗜好

☐ 1.我將完全投入我的嗜好，即使它需花費很多金錢。

☐ 2.我想將我的嗜好轉變成一個生意，但我不在乎生意好壞。

☐ 3.我希望花費更多時間在我的嗜好上，但花費需有限制。

☐ 4.我沒有任何嗜好。

四、終身學習

☐ 1.我打算回到學校繼續享受進修。

☐ 2.我夢想出國旅行，更加瞭解這個世界。

☐ 3.我將參與社區活動或參與文藝講座活動。

☐ 4.我想從圖書館獲取知識。

五、娛樂

☐ 1.我將儘情的享受娛樂與出遊。

☐ 2.我將偶爾放縱自己。

☐ 3.我將只在促銷期間才會去高價餐飲或娛樂場所消費。

☐ 4.我的娛樂是修補房子周遭或是拜訪鄰居。

六、健康

☐ 1.因為患有慢性疾病，我需不斷看病與購買藥物。

☐ 2.我希望定期購買有益保健的健康食品。

☐ 3.雖然我身體健康，但是我擔心需預留未來的看護費用。

☐ 4.我將透過長期購買醫療保險的方式來取得保障。

七、家庭

☐ 1.即使我退休了，我仍須照顧、支付我子女或子孫的養育費用。

☐ 2.我喜歡大方的為家族（直系血親）貢獻金錢，因為這使我感到愉快。

☐ 3.我偶爾會去探望子女的家庭。

☐ 4.我們家族住得很近，我可以經常方便的就看見他們。

八、住房

☐ 1.我須支付的租金每年將繼續上升。

☐ 2.我正想買一處度假住宅。

☐ 3.我仍然在清償我的住屋抵押貸款。

☐ 4.我目前已無房貸負擔，我也將住在此地；或者賣掉此一房屋，改買一間不貴的新住所。

九、運動鍛鍊

☐ 1.退休後我想進行刺激的運動休閒，即使未來須支付更多的醫療費用。

☐ 2.我想要參加所有最新、高價、最熱門的活動。

☐ 3.我打算參加健身俱樂部來保持活力。

☐ 4.我喜歡隨心所欲的去散散步。

十、旅行

☐ 1.我想要進行世界之旅。

☐ 2.我想遊遍國內每個角落。

☐ 3.我計畫每年進行一次重要的旅行。

☐ 4.我沒有旅遊嗜好，也不太有出遊的意願。

十一、金錢管理

☐ 1.儲蓄？這要幹麻？我只在乎今天的生活感受。

☐ 2.也許我需要一些儲蓄，但是我將在退休之後才開始進行。

☐ 3.我之前有養成良善的儲蓄習慣，將能應付未來的開支。

☐ 4.我感到幸運：基於養老金和過去的投資所得，我將住得更好，並且可為子孫留下遺產。

十二、保險

☐ 1.我將需要許多的投保，包括：汽車、居住、人壽等保險。

☐ 2.由於我的孩子長大了，所以我將降低人壽保險。

☐ 3.我將不再開車了，因此我也不需要再支付相關的汽車保險與稅金。

☐ 4.將更換小一點的房子，因此我的保費與稅金支出將會更加減少。

選項號碼等於該題的得分，故十二問項目的總累積分數為： ☐

評斷標準如下

★得分在37～48分之間者：表示退休生活不會造成財務上的憂慮。

★得分在25～36分之間者：表示部分退休活動需調整，亦或是會造成財務上的壓力。

★得分在04～24分之間者：則代表個人的退休生活非常昂貴，可能會造成填表個人的財務無法支應。

資料來源：http://www.aarp.org/money/retirement/

延伸閱讀

陳亦純（2008）。**退休要有錢Part2財富自由萬萬歲**。臺北市：創造力。

劉清彥（譯）（1999），S. Pollan & M. Levine著。**破產上天堂**（*Die Broke, A Radical, Four-Part Financial Plan*）。臺北市：商周。

第 5 章

休閒規劃——
活到老，休閒到老

「假如一個人年輕時只發展狹隘的心胸與興趣，將可以預見自己的老年，必定也是狹窄和乏味的。」

～M. Cicero

🦉 前言

邱吉爾（Winston Churchill）：「人生必須有一項正當的娛樂，縱使不能成為財富，必能豐富您的人生。」休閒是生活最高的價值，它描繪出一種理想的自由狀態和對精神上與智力上的機會啟蒙。可調劑身心、充實生活內涵、讓生命覺得更有意義（Henderson et al., 2001）妥適地運用休閒，有助人們幸福的促進。擁有高學歷、高成就，有錢又有閒的銀髮族，在辛苦工作大半輩子後，更渴望用多出來的時間，追求第二人生（陳兔、孫蓉萍，2008）。根據日本野村綜合研究所調查，65歲老人一天擁有的自由時間是30歲年輕人的兩倍。大前研一指出，高齡化社會退休生活時間，可能達87,000小時。問題是，離開多年工作的職場，在迎面而來的漫長空閒時間，要如何度過才有意義呢？無論是從事符合興趣或追尋孩提夢想的休閒活動，抑或是跳脫傳統「線性生命計畫」（the linear life plan）──將教育、工作、休閒三者個別獨存的看法，改採以「混合生命計畫」（blended life plan）或「循環生命計畫」（cyclic life plan）。由於休閒活動對高齡者而言有快樂、滿足、創造力、學習、身心的成長等意義（朱芬郁，2011）。把休閒元素融入退休生活內涵之中，作為增強身體健康，促進快樂與幸福的重要支柱，實是退休生涯經營不可或缺的一堂必修課。

🦉 第一節　老人休閒的意義、型態與功能

一、老人休閒的意義

休閒（leisure）有自由（to be free）之意，是以從容地或相當自由自在、無拘束壓抑的方式進行（劉淑燕，2002）。「休閒」從字面上解釋，包含「休息」、「閒暇」，意即在休息時間內，所從事的自由活動，因此，休閒有時間與參與活動的意涵存在。最早可追溯至古希臘時代

的亞里斯多德，將休閒定義為「自由時間」的概念，意指個體「完成工作」與「維持生活」後，且免除「實行義務之責任」的時間（黃逸清，2011）。李柏慧、劉淑燕（2003）認為休閒有2F的定義：「Freetime」是指在自由時間所從事非工作、非義務的事；「Freewill」是指出於自願所從事的活動。在人的生活中，所謂的休閒活動指的是個人在扣除生理時間（指睡眠）、生活時間（指用餐、工作等）以外的自由時間從事相關活動，而休閒活動主要是基於一種自由意識、自由選擇、自主決定的行動，以及從行動中獲得休閒活動的意義與體驗（張孝銘、高俊雄，2001）。卡普蘭（M. Kaplan）認為休閒具有以下特徵：非經濟性或酬賞性的活動、僅具少量的社會角色義務的擔當、具心理感覺上的自由、是一種自願性的活動、低度「重要性」的活動（引自蔡文輝，2003）。林東泰（1992）認為休閒是：(1)個人所擁有在工作以外的自由時間；(2)在休閒過程中可以獲得精神、體力的休息與再造；(3)個人由於所屬次團體或社會化的差異，所從事的休閒活動也不盡相同；(4)在休閒過程中可以自我學習、自我瞭解、自我實現並且也可以瞭解別人，向別人學習。臺灣地區「2009年老人狀況調查結果」，對於老人社會參與的分類，將老人社會參與分為六類，分別為宗教活動、志願服務、進修活動、養生保健團體活動、休閒娛樂團體活動、政治性團體活動等（內政部統計處，2011）。休閒活動屬於社會參與的一環，沙依仁（1996）認為休閒活動是為老人在社會參與的情況下所從事的休閒娛樂，例如老人參與長青學苑所舉辦的娛樂或是文康活動等。

老人所從事的休閒娛樂應該具備的條件，其一為參與人數至少在2人或2人以上，能夠促進老人的人際關係；其二為具有建設性的結果，能夠讓老人的心情舒暢、學習到技能或是知識以及結交到幾位能彼此談話互相幫助的朋友（沙依仁，1996）。所謂退休不留白，作好退休之休閒規劃，至為重要。運用閒暇時間參與自己感興趣的休閒活動，既可增強身體健康，少罹疾病，更能導入退休生活自由自在，充滿快樂且有意義，如此才稱得上是良好的休閒娛樂。

二、老人休閒的型態

對於老人而言，娛樂與休閒活動可能受到個人的不同生活經驗、教育、環境、技能、健康情形與特殊需求的影響（葉肅科，2005）。一項研究值得注意，根據「2009年老人狀況調查結果」顯示：65歲以上老人日常生活最主要的活動項目，以「與朋友聚會聊天」、「從事養生保健」、「從事休閒娛樂活動」為主，也有28.75%的老人沒有日常生活活動。居住南部區域老人以「從事養生保健」為最重要；高雄市、中部及東部老人則以「與朋友聚會聊天」最重要，北部區域、臺北市老人則以「從事休閒娛樂活動」為主。社會活動參與情形：65歲以上老人在「養生保健團體活動」及「宗教活動」方面，定期參加者比例為13.19%及11.33%，較其他社會活動項目之參與比例相對為高（內政部統計處，2011）。

有哪些休閒活動是相對適合退休年長者？基於對老年休閒意義與條件的理解，綜合相關學者專家的分類，從休閒活動的性質而言，退休者經常參與的休閒可概分為五種型態（Kelley, 1972；引自林勝義，1993）：

(一)消遣性的休閒：指為消磨時間從事的休閒活動，如：看電視、聽廣播、散步、聊天等。這種休閒活動可以紓解退休後的寂寞和無聊。

(二)嗜好性的休閒：指因個人偏好、習慣或特殊能力所從事的休閒活動，如：下棋、集郵、唱歌、看戲、種花、養寵物、收集古玩等。這種休閒活動可以怡情養性，增加退休後的生活情趣。

(三)運動性的休閒：指體能活動有關的休閒活動，如：打拳、登山、游泳、慢跑等。這種休閒活動有助於促進新陳代謝，減緩身心老化。

(四)知識性的休閒：指學習新知有關的休閒活動，如：閱讀書報、練字、習畫、寫文章、聽演講等。這種休閒活動具有再教育的意義，有益退休後的繼續成長。

(五)服務性的休閒：指貢獻己力、服務利他的休閒活動，如：志願服務、照顧兒孫等。這種休閒活動有助於退休者享受回饋的樂趣，並肯定自我的價值。

上述五種類型的休閒活動，非常豐富而多樣，含括範圍極廣，足供長者從事休閒規劃參考。是的，更深刻地說，其實，老年空閒時間增多，乃是刀之雙鋒，設若休閒規劃得宜，則有助身心健康，社會發展；反之，則可能造成身心衰退，影響深遠。唯以，衡酌個人身體健康條件與環境因素，乃是擇取參與休閒活動時的前提，自不殆言。

三、老人休閒的功能

從事休閒活動對退休長者所呈現的益處是多元、多面向的。

一項對日本高齡者生活意識之調查分析指出，銀髮族對愛好興趣活動表示很強烈的關心；愛好與興趣給他們直接帶來快樂，而且這種快樂增強他們的身體和精神健康，加強他們與朋友之間的關係（牧野篤，2005）。研究指出，休閒活動或運動和身體、心理、靈性修養的健康狀況是息息相關的，老人參與休閒活動，不僅可提高自我的肯定與情緒的紓解，更可增強體能、減緩身體機能的衰退速度、增進生活品質與降低醫療支出（林韋儒，2007），而老人透過休閒活動所從事的社會參與可使其生活保持活躍，提高生活滿意度，建立自我認知，並提升晚年的生活品質（朱芬郁，2008b；李瑞金，1996）。Iso-Ahola（1980）在成功老化的研究報告中也提出，參加休閒活動與老人的生活滿意之間有正向關係，它可提升老人的士氣及心理慰藉，幫助個體釋放能量，抑制情緒，紓解潛藏的壓力，參與休閒的結果可增進身心，對減少晚年（60歲以後）危機之影響而言相當重要。因此，老人可透過各種休閒活動的參與，達到預防保健與減緩老化之功效。

林勝義（1993）認為休閒對退休生涯的功能有六：(1)心情上的放鬆：藉休閒活動放鬆退休後終日賦閒而無所事事的失落感和焦慮感；(2)生活上的變化：藉休閒活動為單調乏味的退休生活增添一些變化和情趣；(3)心靈上的喜悅：藉休閒活動彌補退休前因工作忙碌而未能實現的心願；(4)心智上的創發：藉休閒活動發揮創意，啟發潛能，進而發展退

休後的新興趣；(5)人際上的拓展：藉休閒活動增加人際互動，減少退休後孤獨和無助的感受；(6)體能上的保健：藉休閒活動鍛鍊體能，減緩身心機能的退化，常保退休生涯的活力。《「退休」，你準備好了嗎？》乙書則舉出從事休閒活動具有以下功能：(1)能免除無所事事的焦慮，安定心境；(2)使單調生活增添變化，提升生活品質；(3)能發揮創造力、展現自我的機會；(4)肯定自我價值；(5)保持活力，增進社會互動，享有生活樂趣；(6)透過學習，滿足求知慾（李國芬、李德珍、沈文慈，2007）。

可見，休閒活動對長者的助益，所觸及的層面包括心情上、生活上、心靈上、心智上、人際上，以及體能上的好處。不但可提高自我的肯定和紓解情緒，且可減緩身體機能衰退，增進生活品質，降低老年危機。創造且積極的參與退休休閒活動，正是老年不留白的寫照。

第二節　老人休閒的相關研究

針對老年人休閒活動的相關研究，無論是國際組織、各國政府或民間組織，皆投入鉅大的人力、資源，企圖對老年長者提供更有意義與積極性的貢獻。大體而言，可從老人休閒情形、影響參與活動的因素，以及何種類休閒活動有益健康等三方面，梳理其要點，俾供瞭解。

一、老人多以靜態休閒活動為主，東西文化差異影響參與活動性質

異質性高，是老年人的特性。由於受到東西方文化差異因素、研究群體、取樣方式和量表內容不一的限制，無法完整瞭解老人休閒的情形，多數研究顯示老人主要以靜態休閒活動為主。同時，銀髮族之休閒偏好為低體能、隨性、容易從事的悠閒活動，以及偏好旅遊觀光的休閒活動（陳英仁，2005）。鄭喜文（2005）統整過去近十年老人休閒活動情形，歸納出老人大多都是以從事居家的活動、靜態性的休閒活動居多。在

休閒活動種類方面，Chou、Chow和Chi（2004）與Zimmer和Lin（1996）兩個大型調查所納入的問卷項目不同。Chou、Chow和Chi（2004）以香港2,144位60歲以上的老人為對象，納入休閒項目為：看電視或聽收音機、看書報或雜誌、與親友的社交、玩麻將或牌、晨間或公園運動、外出早餐、逛街或購物等七種；Zimmer和Lin（1996）分析1989年4,049位60歲以上臺灣老人健康與生活調查的研究中，選項納入運動、園藝、走路、手工、嗜好、閱讀、靜坐與思考、工作坊、玩遊戲及社會化活動等十種活動。蔡長清、劉修祥、黃淑貞（2001）以高雄市立學校55歲退休公教人員為對象的研究結果顯示，看電視、閱讀及散步為主要的從事的休閒活動；Lawton（1994）針對Middle Atlantic States參與大學教育計畫的老人團體成員進行研究，結果顯示九成以上的老人會從事看電影或音樂會、外出吃飯以及旅遊等活動。可見，老人休閒活動以靜態為主，而國外的相關研究則顯示，老人有較多參與外出性質活動傾向。

二、影響老人參與休閒活動的因素，包括：年齡、健康情形、性別、社經地位，以及活動方便性與安全

相關研究顯示，不同年齡層的老人感受的休閒阻礙及休閒動機會有所不同，年紀太大可能是阻礙老人參與休閒活動的因素之一（林佳蓉，2002）。研究亦發現75歲以上老人參與休閒的頻率明顯低於其他年齡層（蔡長清、劉修祥、黃淑貞，2001）。Chou、Chow和Chi（2004）、Zimmer和Lin（1996）針對老人健康情形的研究顯示，自評身體健康狀況較佳者，參與休閒活動的比率較高，當健康惡化時，則多增加看電視的機率，減少外出遊覽（陳肇男，2003）。在性別方面，許多研究結果顯示，性別會影響老人參與休閒活動的種類和數量（陳肇男，2003；Chou, Chow & Chi, 2004）以及感受到的休閒阻礙（陳漢志，2002）。有趣的是，在整體參與量方面，研究顯示女性整體參與的頻率較高（Lampinen et al., 2006）。許多實證研究結果顯示，經濟狀況、教育程度會影響老人

從事休閒活動的種類，張蕙麟（2007）一項針對高雄市退休老人之研究亦顯示，教育程度較高者參與大眾傳播媒體及閱讀的比率高於教育程度低的老人，同時每月可支配零用金越少的老人在閱讀、社會活動、戶外活動、運動及觀賞等可能需要花費金錢的活動參與越低。Chou、Chow和Chi（2004）以香港老人為群體的研究亦發現，較高教育程度與獨居者較偏愛閱讀報章雜誌與書籍，且較少從事看電視與聽收音機等活動，而持續工作的老人則較少參與休閒活動。吳武忠、陳振聲（2004）針對臺北市老人團體國外旅遊的阻礙研究中發現，教育程度與經濟狀況皆是影響老人參與國外旅遊的重要因子。而蔡長清、劉修祥、黃淑貞（2001）研究則發現，國中以下教育程度以及未婚者的老人，從事休閒活動的頻率普遍較低。施清發（1999）提出，老人最常活動的地點分別是家中、住家附近、寺廟或公園（引自鄭喜文，2005）。同時，施清發、陳武宗、范麗娟（2000）的研究顯示，多數老人以居家附近的空地、公園或活動中心作為休閒場所，故活動與場地的方便性與安全性皆為推動老人休閒活動的重要考量。林佳蓉（2002）、陳漢志（2002）亦發現活動的安全性是阻礙老人參與休閒活動的因素之一。是以，年齡、健康情形、性別、社經地位及活動方便性與安全等，皆會影響老人參與休閒活動。

三、參與休閒活動可延緩認知功能下降，提升心理健康與幸福感，有助促進成功老化

　　許多研究發現，在老年時期具有良好的生理狀態、功能性健康、認知以及情緒安適狀態、社會支持網絡和適度的社會參與，將較有可能達到成功老化（林歐貴英、郭鐘隆譯，2003）。閱讀、玩棋盤遊戲能有效減少認知能力減退（Wang et al., 2006）。參與媒體類（聽收音機、看電視或書報雜誌）及休閒類（下棋、塗鴉與填字遊戲）的活動可減緩與知覺速度有關的認知衰退（Ghisletta, Bickel & Lovden, 2006）。另外，研究發現看電視時間越多者，反而會增加認知功能下降的發生率。李維靈、施建彬、

邱翔蘭（2007）採用幸福感量表探討休閒活動與幸福感的關係，結果顯示雖然參與休閒活動均可增加老人的幸福感，但只有消遣類（看電視、聊天、散步、聽收音機）與社交類型活動（與兒孫玩樂、宗教活動、拜訪親友、志願服務、團體活動）為幸福感的預測因子。在老人參與休閒活動數量對生活滿意度上，陳肇男（2003）與蔡長清、劉修祥、黃淑貞（2001）及Lawton（1994）等的研究結果，呈現正相關。

的確，人們可透過休閒活動探索潛能、發展個人特質，達到提供樂趣、放鬆身心的需求，以及從活動中付出努力，使個體獲得成就感與提高自信心（林冠穎，2008）。整體而言，老人參與休閒活動可以提升心靈、不斷突破自我、學習成長、成功的從工作後轉換角色，在知識與經驗的傳承中，獲得生命的體驗，達成人生的目標（陳英仁，2005），並有助成功老化促進。

🦉 第三節　老人的休閒規劃

臺灣地區「2009年老人狀況調查結果」顯示：55～64歲國民對於未來老年生涯有規劃者占26.58%，主要規劃項目依序為「四處旅遊」、「從事志願服務工作」、「賦閒在家」及「從事養生保健活動」（內政部統計處，2011）；也就是說僅有四分之一的長者，有從事老年生涯規劃。相較長壽之國日本，Long Stay推進連絡協議會於2004年調查結果，發現即將退休者退休後想從事的活動，依序為：趣味活動（76%）、旅行運動（68%）、志工活動（39%）、參與地區活動（34%）、學習技能（33%）、鑑賞文化及藝術（23%）等。且其在參與相關活動中，最重視的事項依序為：生活的意義（99%）、結交朋友（46%）、貢獻社會（45%）、活化擁有的經驗與技能（40%）、幫助他人（30%）、自我成長（25%）（引自曾智檉、陳鎰明，2010），休閒規劃項目非常豐富，至值參考。茲依據我國文化特性，國內外有關老人退休休閒研究結果，爰提老年休閒規劃六項，俾供參採。

一、從事旅遊活動

　　從事旅遊活動是老年退休休閒規劃的首選項目。英國詩人貝洛克（Hilaire Belloc）：「我一生都在流浪和旅行，兩者的差別在於：流浪漫無目的，旅行則是為了充實生活。」旅遊真正的價值，就是脫離原本的生活節奏，在過程中獲得心靈的放鬆、情感的加溫、視野的開闊、文化的加值、觀念的轉換、智慧的啟發，讓我們重新檢視生活目標，豐富彼此的人生（顏君彰，2012）。

　　一項針對銀髮族海外旅遊動機的研究指出，「健康促進」、「學習體驗」、「享樂炫耀」、「逃避放鬆」及「拓展社交」等五項因素是海外旅遊動機（陳勁甫、吳劍秋，2005）。柴林斯基（E. J. Zelinski）：「出國旅遊的時候，你會抽離舊環境，開拓新視野，從而改變你對世界的看法，找到新的生活意義。」（譚家瑜譯，2005）。許多人皆把旅行當作退休之後最重要的休閒活動。美國退休人員協會（AARP）針對全美各州50歲以上居民，進行全國性的電訪調查，其中，現階段的夢想與挑戰，以「規劃度假／旅行」的比例最高（38%）（AARP, 2011）。1988年美國銀髮族旅遊已占旅遊市場的21%，豪華郵輪旅遊幾乎都是銀髮族參加。日本團塊世代（日本經濟評論家界屋太一所命名，指生於1947～1951年之間，第二次大戰後嬰兒潮的人口）退休之後「最想做的事」首推「旅遊」。日本旅遊業龍頭——日本交通公社（JTB）針對中高齡消費者設計安心、舒適、趣味為主的海外旅遊，頗獲好評。就臺灣而言，2009年國人旅遊狀況調查顯示：年齡以50～59歲（24%）及60歲以上（22%）的比例較高（交通部觀光局，2010）。60歲以上者對國內外旅遊興趣濃厚比率達70%。另外，根據「臺閩地區民眾對於我國已邁入高齡化社會之看法民意調查」，在「民眾退休後最想做的事」題項，旅遊高居24.4%，僅次於回答不知道（30.6%）的比率（教育部，2006）。要之，在從事旅遊規劃時，要衡酌主客觀條件，注意舒適、安全、合宜的基本要求，豐富生活內涵，探索生命的意義。

二、參與志願服務工作

　　志願服務工作是國際非政府組織（NGO）全力推動的全球性服務活動，志工的足跡與身影遍及各個需要的地區，展現人溺己溺，高度的服務道德心。美國趨勢專家波普康（Faith Popcorn）曾預言「二十一世紀將是志願服務的新世紀」。聯合國將2001年訂為「國際志工年」，臺灣也在這一年公布了「志願服務法」。

　　退休人士為何要將參與志工活動導入休閒規劃內涵？《老人當家——二十一世紀的老人‧健康與信仰》研究指出，老年人擔任志工工作的好處：(1)比不是志工的同輩有健康的身體及幸福的情感；(2)降低生活中的壓力，抵抗憂鬱、改善心情；(3)能有自我接納的感覺，讓老年人在孤立的社會感到對他人的熱情與同情；(4)提供了生命的意義與責任，可幫助對抗因老化引起的健康問題（程芸譯，2006）。《別讓大腦領退休金：銀髮族生活第二春生涯規劃》乙書提出擔任義工的好處：(1)贏得尊重；(2)永保年輕；(3)增廣見聞；(4)造福社會（劉曉亭，1993）。臺灣地區在老年志工服務所架構的平臺，已頗具規模，可供參考。目前部分縣市政府對高齡志工有相當多的鼓勵措施，包括高雄市設立「長青志願服務團」薪傳大使；臺北市「長青榮譽服務團實施方案」銀髮貴人薪傳活動，及臺北市政府衛生局在1999年設立「天使人力銀行」，2009年改為「天使志工」；新北市政府推動「長照志工銀行」計畫，2011年成立「新北市志願服務推廣中心」，鼓勵50歲以上退休人士加入「黃金志工大使」行列。另外，新北市新莊區新泰國小設立的「玩具診所」，是全國第一個校園「玩具診所」，也是一個老年志工服務亟成功的案例。該方案是運用空餘的教室改設為學生修護玩具、創新玩具的玩具診所與學習教室，召募社區具有各種專長的退休長者、志工，培訓玩具醫師；透過修復孩子的玩具，使銀髮族能與新生代有更多接觸和溝通的機會，促進代間瞭解與互動。再者，我國「樂齡學習中心」於2008年成立，根據2010年統計，志工人數達6,413人（教育部樂齡學習網，2012）。

在先進國家，高齡者參與志工，已成為高齡退休生涯的首選（黃富順，2008）。《遠見》雜誌調查指出，30歲以上的上班族，退休後最想做的工作是志工，占44.4%（楊瑪利、陳中興，2007）。高齡者從退休後至生命結束約有三分之二的人是健康、有智慧可透過再學習、開發潛能，對社會進行經驗承傳（黃怡筠譯，2009）。的確，儘管老人從主要職務的社會舞臺中退休，仍可透過生涯規劃將志願服務納入規劃目標之中，一方面扮演著一替代性、有意義的社會角色，建立新的人際關係，以滿足社會互動之需求，增進老年人的社會歸屬感，自我價值與自尊心；另方面，透過服務人群，將其智慧、經驗貢獻社會，發揮「退而不休」的精神，達到「老有所用」的境界（朱芬郁，2008b）。參與高齡志工行列，此其時矣。

三、活腦益智活動

根據國際失智協會2011年9月資料顯示，全球約有3,600萬失智人口，預估到2050年，患者將超過1億。老年失智症的病程是漸進的，初期呈現的只有短期記憶喪失，其後，是慢慢地喪失思考和判斷能力、智力退化、失去生活自理能力，抑且出現異常的精神行為。罹病的因素非常複雜，由於中老年人退休後的退休震盪（retirement shock），人際關係的疏離，生活重心的調整，影響力需求的喪失，導致生活環境中的刺激因子頓減，皆可能產生老年失智症（朱芬郁，2012）。

老年人玩具即是在預防老年失智，重點在手腦並用，活用大腦。玩具對於高齡者的身心健康，有著極大的積極作用。目前，老人玩具多是以健康、趣味、益智、收藏為發展重點。由於害怕罹患老年失智症，各種益智遊戲機及腦力鍛鍊遊戲軟體，內容從簡單的算術、拼圖到腦筋急轉彎都有。例如日本研發預防失智用的寫字本、公文式數學的反覆計算本。「抗老防衰」成為熱門風潮，許多人在體力、外型上想留住青春腳步，更期望大腦常保新鮮，避除老年失智的降臨。老年人可以利用休閒時間從事活腦益智活動，以促進腦部的活絡與心智的增長，例如：「太極健身球」以訓練老年人手眼與動作的協調；「八八軌道」利用球的滾動，訓練

反應及靈活度;「動腦積木」透過桌上型積木與活動的操作,讓手、眼與大腦協調活化;另外,發源自德國的「桌遊」(Boardgame)遊戲,是一種能結合思考力、記憶力、聯想力、判斷力、統籌和分析能力的桌上遊戲,又稱「不插電的遊戲」,頗為風行。另外,還有結合益智的紙牌或麻將等。

有關活腦益智課程廣受在地學習機構的重視,在各學習場所開設「大腦活化」、「頭腦體操」等訓練課程,例如臺北市衛生局2012年下半年度,於十二行政區推廣「大腦活化」課程(含色卡顏色辨識、詞語記憶、出聲數數等),優先邀請65歲以上的長者參加,為銀髮族開啟「活腦保鮮」大作戰的序幕,這是老年期長者一定要納入休閒規劃的重要內涵。「抗老防衰,拒絕失智」,健康終老要從活腦益智作起。

四、持續閱讀習慣

戰後嬰兒潮世代偏好從事學習相關活動,其中,合適老年的閱讀材料刊物之藍海市場,正快速形成。

閱讀是增進個體獨立、心理運動和生活品質的重要元素,也是社會互動、知識更新和生命愉悅的基本需求(邱天助,2009)。在美國,擁有11,700萬人口的65歲群體,受到出版界的高度重視。因為閱讀是他們生活休閒的重要活動。知名的老年刊物,例如每期發行2,400萬份,由美國退休人員協會(AARP)出版的《退休人雜誌》(*AARP The Magazine*),針對50～59歲、60～69歲、70歲以上者編輯不同版本與內容;美國關節炎基金會發行的《今日關節炎》(*Arthritis Today*)每期印行77萬份;以及《熟齡族生活》(*Mature Living*)、《吉卜齡退休報導通》(*Kiplinger's Retirement Report*)等,其內容包括冥想、休閒養生、退休族投資、理財、節稅,皆是受到熟齡與銀髮族歡迎的雜誌刊物,發行量龐大。另外,日本以50歲以上的讀者為目標市場的雜誌"*Iki-Iki*",是以50～70歲的婦女為目標對象,從1987年發行至今,此一雜誌以終身學習、旅遊興趣等議題,成功地鼓舞許多高齡婦女開拓其生活領域。此外,尚有字體加大

的step-by-step電腦入門用書、歌舞伎、能劇等傳統文藝相關書籍，以及專為享受頂級退休生活設計編輯的各種資訊雜誌。研究顯示（王尤敏、吳美美，2010；邱天助，2009），臺灣地區65歲以上老年人，因缺乏閱讀能力及生理機能退化，而不從事閱讀；閱讀書籍老人，多傾向人文和生命的閱讀，雜誌則吸收醫療保健與商業財經資訊的重要來源；大部分圖書館提供設施，包括大字體書刊、放大鏡、有聲書等；閱讀與教育程度有正相關。

　　無論是出版業、銀髮產業或高齡教育機構經營者，現今多針對高教育程度的新銀髮族，積極布局，發行適合老年閱讀的刊物及供給具引導性質的老年閱讀方案。基於持續閱讀習慣有助老年健康的正向促進，在整體環境的有利因素，提供多層次的閱讀資源之下，將參與閱讀活動導入休閒規劃，有其必要。

五、網路學習

　　網路學習（e-learning）是現代人必備的基本資訊素養（information literacy）之一，也是人類進入第三個千禧年的重要特徵。在全面性的資訊時代通路（universal information access）時代，個人必須具備相當的資訊素養，從各種資源中發展自我興趣與認同，形成網路社群（何青蓉，1998）。這是老年擴展生活圈，開拓新人際關係的重要途徑。

　　在全球205個國家中，在2005年之前達72,000萬個網路使用者（Alexander, 2000）。在臺灣，1999年世界排名第15名（沈文英，2000）。根據行政院研考會公布「一○○年個人家戶數位機會調查報告」，國內網路使用率再創新高，12歲以上民眾中，七成二曾經使用網路，網路人口已接近1,500萬人。分析不同世代的網路使用情形，調查顯示，對40歲以下民眾來說，上網已是生活不可或缺的部分，使用率達九成以上；41～50歲民眾，每4人有3人上網；至於50歲以上民眾，e化情形雖不若年輕世代，但上網率逐年成長，以60歲以上民眾為例，比率由去年的一成五增為一成八（簡文吟，2012）。值得注意的是，研究顯示，收發電

子郵件、利用搜尋引擎收集資料（如：網路地圖、天氣預報、健康資訊等）、線上購物等是中老年「銀網族」（silver surfers）常透過網路所進行的行為（Nielson, 2009a; 2009b）。預估未來熟年消費者上網玩遊戲、購物比率將會大幅增加，這個市場商機潛力十足。以美國一個專門為老年人開設的網站——MatureMart.com為例，其出售保健和護理產品，市場價值估計就達150億美元（揭揚，2005），亦有漸增比例的銀網族將網路視為重要的社交工具（Jones & Fox, 2009; Koppen, 2010）。以45～65歲人士而架設的社群網站快速興起，如雅虎就開闢一個「Yahoo Second Life」的園地，每月有840萬人次瀏覽（引自黃富順，2009b）。

根據創市際市場研究2005～2009年臺灣上網行為基礎調查的結果顯示，上網率超過六成，其中銀網族更是從10.4%（2005年）快速增加到28.1%（2009年）。而工研院產業經濟與趨勢研究中心的調查發現，臺灣銀髮族遇到醫療問題時，除了求助醫師、家人，有一成四會先上網找答案（陳俐君，2011）。可見，使用網路已是退休長者獲得各種資訊，與社會接軌的重要媒介。具備資訊素養並從事網路學習，自是退休休閒規劃的基本功。

六、新休閒觀——浸享獨處之美

獨處，是退休長者跳脫傳統恐懼晚年孤寂的良方。孤寂與獨處兩者乃截然不同的境界與超脫。前者，充滿消極、沮喪、無助、無奈；後者，則展布主動積極、奮勵、希望、活力的人生哲理，與古人勸誡的慎獨，相互輝映，燭照暗室，格調高雅。

持平而言，老人要習慣獨處，有其正面而積極的意義，是面對人生的態度，也是堅持生命圓滿的體現。誠然，老年人除了要學會適當地安排休閒活動，更要學習享受孤獨，讓自己回到心靈世界，把零碎、分裂的生命回復完整，但切忌與沙發、冰箱與電視為伴。柴林斯基（E. J. Zelinski）：「善於獨處可以說是擁有快樂、灑脫、自由退休生活的一項

要素」。快樂幸福的退休族都很喜歡自己。葛瑞柏（Henry Greber）：「唯有善於獨處的人才能享受閒暇的好處」（譚家瑜譯，2005）。印度諺語：「人在孤獨的時候成長最多。」獨處是發現自我的必備條件。要瞭解自我、接納自我、認同自我，首應每天為自己安排獨處時光。只有能和自我對話的人，才能跟別人建立穩固、健康、長久的關係。習慣獨處是與自己保持良好關係唯一的方法，善用獨處就是要學會自得其樂。習慣獨處的人自然會接受自我，也更愛自己。是的，要求退休長者能習慣獨處，與孤獨共伴、共舞，著實不易；大多長者皆自陷戚苦孤單、誤認老人本當如是的困境而不自知。我們是持何種態度面對漫長晚年期生活？請引入獨處的優質元素，品嚐獨處之美。

收件夾　假如我能重新活過

下一次我願意犯更多的錯

我願意放鬆，我將更輕盈，我願意比這一趟走得更傻勁點！我願意對事情不再那麼認真。我願意嘗試更多機會。我願意更經常旅行。我將攀越更多高山，走遍更多湖海。我將吃更多冰淇淋，少吃點豆子。我可能擁有更多實際的麻煩，但想像的必然少了。

你瞧，我是那些日復一日、年復一年，清明而敏銳地活著的人們中的一個。喔！我有過我的時光，然而如果我能重頭再活一次，我願意擁有更多的好時光。事實上，我寧願不要其他事物——只要好時光；一個接著一個來，而不用活過這麼多年等候這些好時光的到來。我一直是那些不帶上個溫度計、熱水壺、雨衣與降落傘便絕不出外的人中的一個。如果我能重新來一次，我願意比我過去更輕盈的暢遊！如果我能重新活過，我將在初春時刻便開始赤著腳，並一直這樣，直到秋天才心滿意足。我願意跳更多的舞，我願意乘更多的旋轉木馬，我願意採擷更多的雛菊。

～Nadine Stair

註：女詩人史黛爾（Nadine Stair）85歲時的作品。

🦉 第四節　特殊議題探討

一、投石入水──高齡者旅遊學習

齊克曼（Steve Zikman）指出，旅遊是由一份又一份的體驗，藉著旅程的路途串連起來的，旅遊體驗就是建立在生理、情緒與感官的真實經驗上。旅遊可以讓人身心靈快意，精神振奮；旅行具有教育、娛樂雙重功能，是體現現代人生活風格（life style）中的一種構成要素（Bennett, 2005）。

旅遊學習（traveling learning）在許多先進國家，呈現極其蓬勃發展現象（朱芬郁，2012），是近年來老年教育推展的創新實施方式，甚受長者喜愛（林振春、林韻薇、朱芬郁，2009；翁碧菁，2008；張良鏗，2007；Huang & Tsai, 2002; Lamdin & Fugate, 1997; Nimrod, 2008; Pearce & Foster, 2007）。研究顯示，寓含教育性質的旅遊是當代與未來的一個重要趨勢（Gibson, 1998）。Lamdin和Fugate（1997）的調查發現，老人最喜好的學習方式就是寓教於樂的旅遊學習。在先進國家由高齡教育機構開辦旅遊學習方案，成為因應人口結構改變，發展高齡者學習活動的一股極強大之新興勢力。例如「旅遊學習」（Travel Learn）即是美國老人教育實施的重要營利組織，由於這類學習活動幾乎為每一位高齡學習者所偏好，已被融入許多老人教育方案。日本旅遊俱樂部的設立，將旅遊機會、認識新朋友、建立新社群加以整合，交通公社JTB推出高齡者的加拿大、紐西蘭遊學行程，從10天到1個月的行程，包括上語言學校學英語及深刻體驗當地人文生活，獲得高齡者極大的迴響。新加坡快樂學堂（YAH！Community College）為豐富長者的學習體驗，擴大他們的視野，自2007年推出海外文化學習交流活動。英國第三年齡大學（The University of Third Age, U3A），學員提供自家居住空間讓其他歐洲國家的學員居住，彼此可以交換歷史文化、學習他國的語言（翁碧菁，2008；Withnall, McGivney & Soulsby, 2004）。目前在全球有超過300個大學校院

開辦旅遊學習，其盛況可見一斑。

　　旅遊學習迥異於學校教育，著重在規劃的旅遊過程中，獲得有興趣的知識、技能或產生態度的改變，直接涉及旅遊者個人、個人與團體、團體與團體，以及環境等多層面的互動關係，是個體與群體、整體環境互動交織的動態過程。這種符應將教育、工作、休閒三者混合式生命週期（blended life span）取代線型生命週期（the linear life span）的終身學習觀，正適合偏愛持續學習的新銀髮族；含蘊無窮潛力與巨大市場，頗值進一步觀察其發展情形。

二、高齡志願服務學習，亟待開拓

　　語云：「人為自己增加價值叫做成功，但是只有為別人增加價值時，才叫成就。」志願服務（voluntary services）是社會參與的基本構面之一。對高齡者志願服務而言，通常係參酌國內外有關退休規定，以55歲以上退休或屆退人士為主。志願服務的工作形式可概分為：直接或間接的與服務對象接觸、行政服務、決策諮詢、倡導工作或資源捐助等（魏惠娟，2010b）。志願服務對於老人的意義，主要是追求心理需求的滿足，形成次文化體系，化解社會不平等的交換，以及重建角色存在的意義（周海娟，2005）；易言之，在個人方面，可減緩退休震盪（retirement shock），經由生活上的充實滿足與幸福，正向促進成功老化（successful aging）；在社會層面則彌補人力缺口，發揮影響力需求，既可增強高齡者自信心、有用感，且有助國家整體發展，可見，高齡者志願服務實是助人自助的歷程，也是雙贏的勝局。

　　周玟琪、林萬億（2008）一項針對我國「不同世代對於老年生活的需求、服務提供以及價值偏好的調查研究」顯示，我國45歲以上民眾有擔任志工的比率，55～64歲占18.5%，而65歲以上民眾約為10.8%。另於2009年5月，「臺灣民眾參與志工服務意願」調查顯示，全臺約有超過400萬名志工，從年齡層看，55～64歲的族群是參與志工最活躍的的一群，志

工參與率超過25%，其次是18～24歲的大學生族群與45歲以上中高齡族群皆超過兩成（陳梅毛，2012）。而在「我國45歲以上為何願意擔任志工的原因」分析，在利己的層面，可發現促進人際關係（13.9%）、個人宗教信仰所驅使（13.4%）、促進身體健康（13.2%）、自我成長（9.9%）、心靈慰藉（6.6%），合併五項對個人有助益的比例約有50.4%。利他、助人考量的比例計有40.9%，含服務人群、貢獻所長（25.5%）、其次為做善事積陰德（15.4%）（周玟琪、林萬億，2008）。根據2009年「臺灣民眾參與志工服務意願」調查顯示，現有的志工最主要的服務動機是「結交志同道合的朋友」，在離開原有的工作人際網絡後，退休爺奶相當需要建立起新的社交網絡，避免陷入孤單或只有家人的封閉社交生活（陳梅毛，2012）。

依據內政部統計處（2012c）調查，2011年50歲以上的高齡志工為82,075人，占總志工人數的50.48%。由於其數量龐大，是現今人口組成的重要部分，伴隨少子女化與人口老齡化的趨勢明顯，開發嬰兒潮世代導入社會參與行動，投入志願服務行列，自刻不容緩。退休後想做的事很多，一點都不無聊，這是嬰兒潮世代退而不休的生活態度，當然，也就是志願服務的目標客群。高齡志工擁有的智慧材料（工作經驗、專業知能、知識、智慧財產）能為社區創造公益，提升競爭優勢，而這些寶貴的人力資產將透過志願服務彩繪第二生涯。

志願服務最大的優勢，在於賦予參與者個人有意義與價值的社會角色。提供適足性的學習資源，滿足高齡者志願服務需求，實是未來亟待啟動的熱點。

三、不老圓夢計畫正夯

「老青春，新人生」。「不老」不再是傳奇，「夢想」也不是年輕人的專利。戰後嬰兒潮世代在退休後更積極地經營自己的生活，並且為自己而活，善待自己，願意消費以回饋自己。迪特瓦（M. Dychtwald）的

C型人生（Cycle Life）理論強調：50歲以後，可以再創人生高峰，再學習，尋找年輕時的記憶、追求當時無法完成的夢想（陳正芬譯，2003）。渡邊彌榮司《我要活到125歲》：「夢想是生命力的根源。編織夢想的力量，實現夢想的力量，就是活下去的力量。夢想是自信與榮耀所孕育出來，這份自信與榮耀，讓你走向美好的人生。」（劉麗文譯，2006）。一項由弘道老人福利基金會與日本企業JTI委託104市調中心進行「不老夢想大調查」結果顯示，在針對1,072位65歲以上的電話訪問，有24%的受訪者表示，現階段有希望完成的夢想，包括「與昔日同窗聚首」的比例占42%最高，其次是「舊地重遊」（30%）、「再年輕一次」、「騎重機車出遊」、「拍沙龍照」、「到遊樂園玩」（朱芳瑤，2011；謝文華，2011）；以及2008年教育部委託大學校院辦理的「老人短期寄宿學習」，2009年的「樂齡學堂」、2010年迄今的「樂齡大學」等阿公阿嬤圓夢大學計畫，甚受高齡者歡迎，熱烈參與，蔚為終身學習風潮。由楊力州執導的《春青啦啦隊》紀錄片，鼓舞有夢就去追，要活就要動；平均超過70歲，40多位年齡加起來超過3,000歲的阿公阿嬤，經過4個月的集訓，登上高雄世運舞臺。知名作家薇薇夫人，退休第二天便迫不及待跑去找老友奚淞學畫，做了這輩子最想做的事，從搖筆桿的作家，變身為手執彩筆的新銳畫家，實現孩提的夢想。另外，由JTI投入贊助的「不老夢想，圓夢列車計畫」系列活動，為長輩紀錄人生，留下精采的生命相簿。

新銀髮族挾著其有錢、有閒、人數眾多的優勢，徹底展現奢華品味，不老圓夢意象正吸引著龐大熟齡消費者的目光，勢將激起高齡學習市場巨大火花，令人期待。

四、啟發性休閒活動，亟待廣宣

如何預防退化性的阿茲海默症（Alzheirmer's Disease，簡稱AD），是老年期亟重要的課題。一般而言，容或相關研究數據顯示，65歲以上平均5%，80歲以後20%的人會罹患失智症，問題是，無法預知什麼人及何

時會得到，可說是人人有機會，要如何避除此病症呢？

　　全世界有逾2,400萬阿茲海默症病患，是一種持續性神經功能障礙，也是失智症中最普遍的。疾病的成因未明，目前沒有確診和有效治療方法。顯著的病徵為健忘，從早期的短期記憶缺失，隨著病情加重，病人的語言能力、空間辨別能力、認知能力會逐步衰退，不能適應社會，最終癱瘓在床。在預防阿茲海默症方面，許多大規模前瞻性、觀察性的研究顯示，受教育、多動腦、多運動、多活動、清淡飲食、活躍的社交網絡等，均可降低罹患阿茲海默症的機率；也就是說，可由生活中著手，而不需靠藥物。2009年9月美國《神經學》（*Neurology*）期刊一篇探討休閒活動與失智症的論文。取樣法國Dijon與Montpellier兩個城市的5,698位65歲以上且無失智症的居民，在1999～2001年間接受兩種問卷調查，一是問受試者每天花多少時間在被動式休閒和體能活動；二是問受試者每個月有多少次的社交和啟發性休閒活動。問卷內容載明，被動式休閒活動包括看電視、聽收音機和聽音樂（共三項）。體能活動指園藝工作、做零活、編織和走路（共四項）；社交活動包括邀請朋友、親戚、造訪朋友和親戚（共四項）。啟發性休閒活動（共五項）有參加機關團體或慈善活動、填字遊戲、玩紙牌、看戲或電影和從事藝術活動。根據每項活動的時間長短或發生頻率，各類活動會得到一個總分。再把每位參加者各類活動的總分歸屬於低、中、高三種程度。所有參加者追蹤4年後，161位發生失智症，其中105位是阿茲海默症。綜合該項研究，結果發現相對於很少從事啟發性休閒活動者，中等或常常從事者（一星期至少有兩次的啟發性休閒活動）在4年後得到失智症及阿茲海默症的機會減少一半，而其他三類活動則無差別。本研究不僅對個人有幫助，也可在社區中推動老年團體的啟發性休閒活動，以作為預防失智症最有效也最符合醫療經濟的方法（引自劉秀枝，2009）。

　　一般而言，從30歲起，大腦神經細胞會逐漸減少，到90歲時大概減少20%，雖然大腦退化無法逆轉，但不見得失智；有人到老一直耳聰目明，智識敏銳，這可能取決於與大腦本身腦力存款（brain reserve）和知

能存款（cognitive reserve）的儲存量。許多啟發性休閒活動乃是在增加大腦的「腦力存款」和「知能存款」。除了參加慈善活動、填字遊戲、玩紙牌、看戲或電影和從事藝術活動等，亦包括閱讀、寫作、打麻將等需要思考的活動。啟發性休閒活動是預防失智症最有效也最符合醫療經濟的方法。想要不成為「被遺忘的時光」或「腦海中的橡皮擦」，及早展開啟發性休閒活動，尋回「來不及的愛」（韓劇）吧！

五、臺灣高齡學習資源，豐富多樣

在西方文化脈絡中，學習的英文learning蘊有earning之意，強調學習即是獲益，而高齡學習elder learning即是elder earning的過程，為高齡者帶來更多的財富，包括健康財、快樂財、知識財、智慧財、文化財以及社會財等多種財富的累積（吳明烈，2012）。可謂學的越多，賺的越多。準此，「高齡學習」係指針對年滿55歲以上的人，透過經驗而使其行為產生較持久性改變的過程，目的在於知能的增進，情意與態度的改變，以及達成自我的實現（朱芬郁，2011）。希臘哲學家亞里斯多德嘗言：「教育是老人最好的糧食」。問題是，老人要到哪去學呢？這是「活到老，學到老」過程中亟待嚴肅關注的議題。基此，謹將臺灣地區高齡學習機制運作的平臺，梳理其主要脈絡，說明如后。

(一)社政部門所辦理的長青學苑

「長青學苑」係社會行政部門依「老人福利法」所辦理的福利性質的老人教育場所，辦理目的在於推動老人社會人際關係，提升生活情趣，及充實精神生活。課程以休閒技藝為主，兼具益智性、教育性、欣賞性、運動性等動靜態性質，豐富而多元。

(二)教育行政機關所辦理的老人（長青）社會大學與樂齡學習中心

此類實施方式係由教育部門所屬的臺東市及臺南市「社會教育館」（2008年更名為生活美學館）附設辦理。「臺東市老人社會大學」成立於1997年，提供55歲以上就讀，修業2年，並於花蓮、臺東兩縣13鄉鎮設學習中心或分部。「臺南市長青社會大學」成立於2003年，每年分春、秋兩季招生，依選修科目繳交學費，期滿發給結業證書。另教育部於2008年結合地方之公共圖書館、社教機構、社區活動中心、里民活動中心、社區關懷據點及民間團體等場地，規劃設置鄉鎮市區「樂齡學習中心」，實施迄今（2012年7月止），已設置225所，開啟臺灣達致「成功老化的高齡社會」願景的里程碑。

(三)民間組織所設立的老人大學

由民間組織（包括協會、基金會）所設立的高齡教育機構，其名稱不一。其組織性質、活動等不盡相同，各有其重點與方向。就規模而言，當以臺北市老人教育協會附設的「老人社會大學」，及臺北市敬老協會所設置的「敬老大學」，規模較大且為老人教育專屬機構。

(四)宗教團體所辦理的老人教育機構

臺灣地區的宗教團體，或多或少皆有辦理老人教育活動，或設置老人教育的專屬機構。其中，較重要且具代表性者，有天主教聖母聖心修女會創辦的「曉明長青大學」、基督教長老教會的「松年大學」、佛光山臺北市道場佛光緣社教館辦理的「松鶴學苑」等。

(五)大學校院所辦理的樂齡大學

樂齡大學是一種新型態的高齡學習機制，係由「老人短期寄宿學習計畫」、「樂齡學堂」專案計畫（朱芬郁，2011），迭經實驗，在成果獲

致肯定的基礎上，逐步轉型而來。100學年度計有全國84所樂齡大學提供55歲以上國民參與，廣受喜愛與好評。

　　美國汽車大王福特說：「停止學習的人都會日漸衰老，無論他是20歲還是80歲，持續學習的人則會青春常在，人生最美好的一件事就是永遠都有一顆年輕的心。」的確，老年期實是一個充滿機會、成長及學習的時期，展現出任何可能。我們關心的是，長者能否掌握學習的正向意義，生活周遭有哪些學習資源可供汲取？藉以滿足高齡學習者的需求，真正落實老年學習權的真義，顯得特別重要。

 結語

　　湯曼琪（1994）：「生命中的第二個40年裡的幸福，取決於我們如何運用休閒。」退休後有更多的時間安排自己的生活，休閒是從容自由自在，無壓抑拘束的，透過對自己覺得無壓力或有興趣事物所從事的一種活動，也是積極性的生活態度。綜括而言，老人從事規律的休閒活動，有助自我肯定和情緒的紓解，且能增強體能、減緩衰退的速率、預防慢性疾病的發生，具有增進老人之生活品質、減少醫療支出等效益。本章除探討老人休閒的意義、型態、功能與相關研究，計歸整提出退休六大休閒規劃，包括從事旅遊活動、參與志願服務工作、活腦益智活動、持續閱讀習慣、網路學習、新休閒觀——浸享獨處之美；亦剖析有關退休長者健康活力的最新休閒特殊議題，計有投石入水——高齡者旅遊學習、高齡者志願服務學習，亟待開拓、不老圓夢計畫正夯、啟發性休閒活動，亟待廣宣、臺灣高齡學習資源，豐富多樣等五項，值得持續觀察。

智慧小語

- 西賽羅（M. Cicero）：「假如一個人年輕時只發展狹隘的心胸與興趣，他可以預見自己的老年，必定也是狹窄和乏味的。」
- 邱吉爾（W. Churchill）：「人生必須有一項正當的娛樂，縱使不能成為財富，必能豐富您的人生。」
- 貝洛克（H. Belloc）：「我一生都在流浪和旅行，兩者的差別在於：流浪漫無目的，旅行則是為了充實生活。」
- 柴林斯基（E. J. Zelinski）：「出國旅遊的時候，你會抽離舊環境，開拓新視野，從而改變你對世界的看法，找到新的生活意義。」
- 柴林斯基（E. J. Zelinski）：「善於獨處可以說是擁有快樂、灑脫、自由退休生活的一項要素。」
- 葛瑞柏（H. Greber）：「唯有善於獨處的人才能享受閒暇的好處。」
- 印度諺語：「人在孤獨的時候成長最多。」
- 齊克曼（S. Zikman）：「旅遊是由一份又一份的體驗，藉著旅程的路途串連起來的，旅遊體驗就是建立在生理、情緒與感官的真實經驗上。」
- 迪特瓦（M. Dychtwald）：「50歲以後，可以再創人生高峰，再學習，尋找年輕時的記憶、追求當時無法完成的夢想。」
- 渡邊彌榮司：「夢想是生命力的根源。編織夢想的力量，實現夢想的力量，就是活下去的力量。夢想是自信與榮耀所孕育出來，這份自信與榮耀，讓你走向美好的人生。」
- 亞里斯多德：「教育是老人最好的糧食。」
- 美國汽車大王福特：「停止學習的人都會日漸衰老，無論他是20歲還是80歲，持續學習的人則會青春常在，人生最美好的一件事就是永遠都有一顆年輕的心。」
- 湯曼琪：「生命中的第二個40年裡的幸福是取決於我們如何運用休閒。」

動動大腦

☺**活動名稱**：「旅遊經驗大家談」

☺**活動對象**：55歲以上長者或大專校院學生

☺**分享內容**：旅遊印象中最深刻的一次事、旅遊中發生的趣事、
對生命（生活）的啟發等。

☺**活動方式**：

1.約5人左右一組，與組員共同準備一件舊衣；

2.邀請組員將難忘的「旅遊」照片剪貼，並繪畫於舊衣上；

3.完成後和組員合影貼入以下的黏貼處，並加以文字說明。

_____（組員名稱）的心情百納衣

黏　貼　處

說明：_____

_____

_____

_____

_____

延伸閱讀

大前研一（2007）。**旅行與人生的奧義**。臺北市：商周。

郭怜利（譯）（2008）。Brendon Buchard著。**黃金人生的入場券**。臺北市：平安

陳正芬（2005）。**C型人生：事業、愛情、家庭、娛樂、學習、健康的未來與商機**。臺
　　北市：商智。

劉曉亭（1993）。**別讓大腦領退休金：銀髮族生活第二春生涯規劃**。臺北市：臺灣電
　　視公司。

篠塚規（2008）。**帶爸媽去旅行：銀髮族的安心旅行白皮書**。臺北市：麥田。

第 **6** 章

婚姻規劃——
活到老，憐愛到老

「少年人愛在嘴上，中年人愛在行動，老年人愛在心裡。」

~F. Bacon

前言

　　婚姻（marriage）是一個非常普遍的社會制度，在所有的社會中，幾乎絕大多數的成人是已婚的或是曾經結過婚。由社會承認並且許可的兩個成人個體間性關係中共同生活的結合，即是婚姻的基本概念。一般而言，婚姻常與家庭（family）、親屬關係（kinship）等產生聯結，而有血親、親戚、結婚伴侶間複雜關係。而大部分年老的夫妻比年輕人視婚姻為終生的承諾與責任（林歐貴英，2001）。許多研究發現，已婚的人活更久，婚姻幸福的人活最久，而婚後一直有性生活的夫婦對他們的人生最滿意（陳雅汝譯，2008）。美國疾病防治中心（The Centers for Disease Control and Prevention）指出，婚姻能夠延長壽命，最多可延長5年之久。婚姻對男女都是免於身心疾病的保護因子，不和諧的婚姻反而製造了更多的焦慮與憂鬱。由於多樣的社會與性關係的形式，熟齡離婚情形日增。如何獲致婚姻成功（marital success）？傳統婚姻強調經濟、子女、愛情動機，隨著社會變遷，婚姻本質的變化正在進行著。銀髮族的婚姻生活，尤其是在退休後，如何經營婚姻生活，顯得特別重要。

第一節　老年的婚姻關係

一、空巢期適應良好有助老年婚姻關係維繫

　　空巢期（empty nest）是影響中老年婚姻關係的重要因素之一。通常在成人生命週期中，當子女長大且不住家裡，家中僅剩雙親兩人單獨居住時，被稱為空巢期。Durall認為從空巢期到退休，以至老年夫妻階段，約有逾20年以上的時間（黃迺毓等，2001）。此時期夫妻重新過兩人的生活，並且重新審視、定義婚姻對彼此的意義，既需要開始適應角色的轉變，又需面對家人互動方式的改變。種種的改變極可能引起衝突、適應及情緒調適上的問題，即所謂「空巢期症候群」（empty nest syndome）。

美國俄亥俄州立大學的研究團隊，追蹤2,000名夫妻長達20年，結果發現，夫妻衝突、爭吵的狀況並不會因結婚越久而有所改變（李岳霞，2011）。黃心郁（1998）的研究結果亦支持本項觀點，夫妻感情原本就好的，在子女離家後更能培養感情；但原本感情欠佳者，仍然沒有改變。

行政院國家科學發展委員會高齡社會整合性計畫團隊，針對2,000多名65歲以上的高齡者及45～64歲中高齡者所進行的全國性調查發現，中高齡者的談心對象以配偶最多，占48.6%（林進修，2008）。「教育部100年樂齡家庭生活與學習調查」（周麗端，2011），在「傾述不高興、煩惱事情的對象」題項中，會向老伴傾訴的樂齡者約有五成一（51.2%），比例最高。足見，「老伴」對高齡者而言，係極為重要的依靠。

整體而言，空巢期到老年階段婚姻關係的特點，呈現在生活失落感增強，倍感空虛和寂寞；以子女為緩衝劑消失，婚姻關係有惡化的趨向；從養育子女責任中解放，可盡情進行婚姻交流和自己興趣，享受成熟愛情的喜悅。由於空巢期的適應良好，父母能對自己的角色做適度的轉換，與自己配偶關係更密切，發展兩性化特質，將有助老年婚姻關係維繫與發展，並再次肯定生活的價值與意義。

二、調適退休震盪並持續性生活，有益老年婚姻和諧

退休（retirement）通常開始於55～65歲之間的生命歷程；勞委會統計顯示，2006～2011年，國人平均實際退休年齡約為61歲（陳幸宜，2012），亦即個人停止從事專任有薪工作，等於從此失去常態收入。研究顯示，退休經常為個人或家庭製造社會、心理或經濟問題；它甚至對那些處理自由時間的人也是一重要的轉變機會（Parnes, 1985）。對大部分的人來說，必須重建日常生活方式，可能會覺得孤單而失去方向，產生「退休震盪」（retirement shock）現象。Atchley（1976）針對退休轉變的「典型的發展過程」（typical progression of processes）提出下列五個階段：蜜月期（honeymoon phase）、抑鬱期（disenchantment phase）、重組

期（reorientation phase）、穩定期（stability phase）與終結期（termination phase）等，揭明退休者所要面對的各種可能過程。當然，並非所有退休者皆會依序經歷，其各階段時間長短也各因人而異。但是，概從退休的遠期（remote phase）以至退休近期（near phase）。其中，與配偶家人關係的適應問題，將影響老年婚姻滿意度。研究顯示，對婚姻感到幸福的老年夫妻，較諸同齡的寡婦或已離婚者更長壽（Goldman, Korenman & Weinstein, 1995）。

其次，性生活的調適對老年夫妻婚姻關係，顯得非常重要。研究顯示，性活動及滿足感與老年人自身的價值觀、能力有關（Weg, 1996）。雖然好的生理與心理健康，是性生活與滿足感的先備因子，即使是患有慢性病、沮喪或認知功能失調的老年人，仍然可以達到性的滿足感（Matthias et al., 1997）。而當性活動的定義不僅止於性交，而更廣泛地將撫摸與愛撫也納入定義中時，發現老年人性活動的比率，男性超過80%，而女性亦超過60%（Janus & Janus, 1993）。然而，老年人因受社會觀感影響所及，壓抑、掩飾、隱藏本身的性需求，使老年人的性活動在堪用期間即提早結束。事實上，老年人有正常而持久的性生活是構成老年人精力充沛和生命活力十足的重要層面，只要有良好的合宜環境，與伴侶互動關係良好、穩定愉快的心理情緒、均衡的營養和持續的運動，老年人的性活動宜持續一生（朱芬郁，2011），為老年夫妻生活注入幸福婚姻元素。

三、老年夫妻情感由親愛、恩愛臻至憐愛，提升婚姻滿意度

王建煊在〈妻子的夢〉一文中寫到：「有人說：妻子是丈夫年輕時的戰鼓，年老時的手杖。」這正是心理學的「一杯水效應」，當你沒有力氣拿起暖壺倒一杯水時，誰能為你倒這杯水，誰把這杯水送到你手裡，這個人對你來說就是最重要的。老年夫妻關係就是陪他一下，扶他一把，等他一下，聽他說，和他一起道從前、憶過往。

　　許多研究顯示，老年夫妻的感情呈現更多的欣賞、感激與關心。Troll（1971）指出，老年夫妻間的互動比年輕夫妻間的互動，明顯減少熱情的表達與親密的溝通，但增加對彼此身體健康的關心。Rollins和Feldman（1970）探討成人各階段婚姻滿意情形，結果與Troll所持觀點相符，後父母時期的夫妻會感受到新的人生自由經驗，及較平靜的、有安全感的婚姻關係，但缺乏夫妻間主動溝通與彼此表達熱情的婚姻行為。利翠珊（1997）採取生活史（life history）的研究取向，探討中國夫妻之間的親密關係的形成與發展，發現中國夫妻的親密情感可以分為四類：感激之情、欣賞之情、親近之情與契合之情；年長夫妻間親密情感的表現多為感激之情與欣賞之情，這種情份往往並非透過語言的表達，而是經年累月所沉澱出的情感。李良哲（1999）探討國內已婚者維繫婚姻關係的要素是不是會隨著年齡的增長而有所差異，研究結論指出，老年人認為相互照顧、彼此感恩、男主外，女主內在婚姻關係中扮演獨特較重要的角色。上揭相關研究結果印證劉墉所言：「隨著年齡的增長，夫妻之間的情感，會由親愛，進入恩愛，步入憐愛。」

　　語云：「夫妻之間的愛在20歲時是純純的愛；30歲時是狂熱的愛；40歲時是相互投緣的愛；50歲時是愛之入骨的愛；60歲時是感謝的愛。」誠然，親密、相互依賴和歸屬感，正是老年夫妻彼此憐愛的寫照。

🦉 第二節　老年的性關係：終生性愛現役

　　老年人應該保有享受性生活的權益嗎？的確，社會對於老年人性議題認知不足，仍有極大提升的空間。

　　當日本東京熟年族的銀座——巢鴨，經營的賓館，生意旺盛，熟齡人潮湧動，這個現象震憾地宣示：熟年族也有強烈的性愛或情愛需求（劉黎兒，2012）。當然，邁入中老年的男女性生理改變，是不爭的事實；但

是，性生活的表達方式則更趨向多元而豐富，相伴一生，正是終生都要性愛現役呢！

一、老人沒有性關係的迷思

老年夫婦性議題一直以來被忽視，而社會觀感多以為老年人對性活動沒有興趣且少有性活動。其實，性在人類發展史上占有極重要的地位。由於性是終生的活動，透過各種多樣化的表現方式，且與身心健康、長壽有相關。在整個成年期中，性生理方面隨著年齡增長而有所改變，性能力衰退，「性」趣缺缺，形成性活動量逐漸缺少，自我壓抑的性迷思。1993年最大型的男性陽萎調查研究指出，約有半數以上年過40的美國男人經歷過不同程度的中年性無能（蕭德蘭譯，2003）。全球有1億4千萬以上的男性有勃起障礙（楊芷菱譯，2005）。中年婦女面對自己的身體開始變形、鬆弛、皺紋、白髮，形成不安全感；同時，又受到文化觀點——「老人沒有性關係」或性無能，和生活上的種種瑣事或停經，造成性恐慌，這些因素也往往影響中年婦女對性的態度與性活動的興趣。人到幾歲還能性愛？事實上，相當多的研究顯示，性的興趣和行為，可以一直存在到90歲以後（俞一蓁譯，1993）。雖然老年男女常感覺到自己在精神、體力各方面大不如前，心態上也產生鉅大的轉變，但是若能在心態上加以調適，配合學習新技巧，雙方彼此信任，良好的溝通，以及高科技的不斷研發，可有效的將衰退狀態延後與調整，甚至全面預防。

二、女性性生理的改變與停經

停經是女性在性生理方面最顯著的改變。「停經」（menopause）是一種生物現象，是指當一名婦女永久地停止排卵與來經，並且無法再生育時，它一般認為發生在最後一次來經後的一年中。「更年期」（change of life）、「停經期」（perimenopause）或「絕經期」（climacteric）則係

指涉婦女經歷停經到來在生理變化的數年期間。研究顯示，中年婦女的平均停經年齡在51歲，每5人中有4人發生在45～55歲之間（張慧芝譯，2002）。儘管大多數的婦女在停經期僅經歷輕微，甚或並無感到任何不適，然而部分婦女則呈現有下列特徵：情緒不穩、心情急速轉變、皮膚陣陣熾熱、憂鬱、焦慮、易怒、疲勞，及陰道潤滑的分泌減少，使得性行為疼痛，有時還會癢、灼痛、流血等，必須向醫生尋求協助。值得注意的是，由於卵巢不再生產卵子，黃體素也不再形成，使得子宮、子宮頸、卵巢逐漸變小，陰道壁變薄，陰蒂變小，陰毛變稀疏，乳房下垂。又因性荷爾蒙減少，易罹「骨質疏鬆症」（osteorosis）和冠狀動脈疾病。一般針對上述症狀，藉由補充雌激素荷爾蒙治療的方法，可獲得某種程度的消除或減至最低程度。

三、男性性生理的改變與勃起功能障礙

　　邁入老年，性功能減退是自然的現象，例如陰莖勃起時間和硬度不如年輕時，射精後再度勃起時間亦加長。此外，由於慢性病發的疾病，長期的情緒低落或婚姻生活的中斷亦會使老年人熱情驟減或提不起性趣來（朱芬郁，2011）。相較於女性在性生理的改變，男性顯得緩慢，較不顯著，生殖能力可以持續很久。但是仍然出現生殖和高潮次數的減少，以及陽萎等變化。「男性更年期」（male climacteric）常被用以指涉男性的生殖系統與其他身體系統在某段期間內的生理、情緒、心理等方面的變化情形，它一般出現時間比女性晚10年左右。包括：個人肌肉組織逐漸減少、脂肪越來越厚；因荷爾蒙的變化引起睡眠失調、注意力不集中、記憶力喪失、情緒不寧；因循環系統病變引起的耳鳴、麻木、頭疼、短暫暈眩、夜晚盜汗；以及最令男性苦惱的性功能運作上的變化──性能力的衰退。「勃起功能障礙」（erectile dysfunction）即是指持續地無法達到或維持足夠挺立的陰莖以滿足性行為（張慧芝譯，2002）。造成勃起功能障礙的原因非常複雜，一般認為與身體系統失調、慢性疾病、酒精、藥物、性

知識不足、拙劣的性技巧、焦慮、壓力等有關。其治療方式，因個案不同而有別，基本上可採根本原因之治療、調整藥物治療、心理治療、性治療，以及幫助性的藥物、手術等方式，加以改善。

四、老年的性，相伴一生

老年的性生活特徵在於性的表達與性生活模式。有兩項重要的觀察，有助對老年性生活的瞭解，一是性的表達並不拘限在性交而已；老年夫妻可透過其它的方式達到性高潮的滿足，包括撫摸、愛撫和按摩來表達對性渴望的方式，或僅僅一起躺在床上，也是極有意義的性經驗，此種親密感和溫暖溫馨的感受，即已經提供性的實現（sexual fulfillment）；另一發現是，老年人性生活的模式可以預測，通常在中年時有較活躍性活動的夫妻，可以預測他們將會延續這個關係到老年（劉秀娟譯，1997）。

自從1998年治療勃起功能障礙藥物藍色小藥丸「威而剛」（VIAGRA）問世之後，老年男性對性的興趣有增加趨勢。傳統上，社會一般刻板印象認為，年齡越大，性慾越低；而老年人有活躍的性生活，是不恰當的。瑞典的一篇研究，由四個面向來看性議題：慾望、勃起、高潮、射精，發現年齡越大，這四個面向的能力都越不好，其中70～80歲組，46%每個月至少有一次性高潮（林子堯，2012）。成大醫院調查指出，三分之一的老年人仍有規律的魚水之歡，每月一到兩次者最多。但黃昏之戀的要素中，關愛與陪伴比性愛更重要。老年夫婦終止性交的原因是基於健康的問題，在許多的這類停止性活動的案例中，當健康狀況改善之後，性活動仍然可以繼續（劉秀娟譯，1997）。老年期的性愛已跳脫為生殖而作，昇華為讓對方滿足、愉悅，感受柔情輕慢的性愛更滿點。

老年夫妻隨年紀增長，會經歷性趣及性活動衰退的情形，晚年階段，老年夫妻對性的表達及性活動仍保有興趣，也是應保有的權益。老年的性，是相伴一生的。具體展現的意象是，健康的性生理、親密的性心理、平等的性人權和和諧的性生活。

收件夾	老夫老妻十大願望

多一點擁抱、多一點撫摸、多一點甜言蜜語
讓我成為「硬漢」，不再是「舉弱男」
多幾次高潮
耶誕老公公，給我藍色小藥丸
老公多聽我說心事
希望老婆每次都說「老公，你好棒」
只要老婆有需要，我都能滿足她
上帝啊！為我再造雄風
不要千篇一律，姿勢多一點變化
多給一點時間，不要那麼急

資料來源：臺灣婦產科身心醫學會（2005）。

 ## 第三節　老年婚姻的六大型態

　　婚姻是人類社會普遍存在的社會組織形式，限定家庭關係中的角色、權利與義務。一般而言，婚姻的類別可概分為兩類：一是功利型，主要是為實際需要所組成，看重物質的需要、經濟的安全或事業的互惠，而非伴侶之間的親密關係；一是內涵型，則側重彼此間情感的滿足，能經營共同生活，分享愛與個別需求。這兩種迥異的婚姻特質，在實際生活中，展現不同婚姻面貌，包括衝突吵鬧（conflict-habituated）、缺少活力（devitalized）、關係被動消極（passive-congenial）、富生命活力（vital），以及全盤整合性（total）的婚姻。其中，全盤整合性的婚姻則是兼具功利性與內涵性婚姻特質，但尊重彼此情感經營，且能共享共有事業，令人稱羨。

　　老年人的婚姻或情感的狀況，伴隨平均餘命的延長，老年生活水平的逐年提高，以及鰥寡孤獨老人日增的事實，已是一個至值重視的社會

問題。追求美滿幸福晚年是保護老年人的合法權益。的確，老年婚姻或情感存在著一些新的問題及干擾因素，臺灣地區「2009年老人狀況調查結果」顯示：55～64歲國民目前為有配偶或同居占81.08%；65歲以上老人目前有配偶或同居占57.13%，喪偶者占37.64%（內政部統計處，2011）；老年夫婦不願忍受不快樂的婚姻，選擇離婚也成為快速升高的現象。日本熟齡離婚情形頗高，達老人人口比率21%（Hori, 2006）。整體而言，老年婚姻或情感狀況，可概分為六大型態，分述如下。

一、已婚

本類型泛指已經結婚的老年人。白頭偕老，金婚、銀婚、鑽石婚等，均是對持久恩愛、相依相憐的老年婚姻的慶賀與肯定。研究指出，婚姻具有良好的作用，已婚者比未婚者平均壽命長5歲（Woodruff-Pak, 1988），其緣由除家庭具有社會整合功能，有配偶的人，較有社會支持力量，生活習慣較有規律且穩定，經濟情況較佳，若婚姻生活美滿，更能得到生涯及精神上的滿足（朱芬郁，2001）。已婚者有更多從事性活動的機會，由於性激素旺盛，是延緩衰老的物質基礎，性荷爾蒙的分泌量增加，會使其身體或性活動力提高，以增長壽命（黃富順，1995b）。此外，女性通常為另一半的健康把關，是兩人的社交參謀。根據芝加哥大學2000年在美國社會學年會的報告，以3年時間對3,000對夫婦所做的調查發現：通常為人妻者會提醒另一半運動、服藥及看醫師，並安排兩人的社交活動。年老的男性多半會結婚，並從婚姻關係中獲得相當大的支持，而老年女性則是透過婚姻關係從中獲得相互支持彼此依靠的特性。通常結過婚的人比離過婚或寡居的人更能滿足於每天的生活，且對每日的生活抱持更正面的態度，因此，婚姻有助於提高生活中的士氣（劉秀娟譯，1997），而大部分的老年婚姻都相當幸福。

二、離婚

　　本類型是老年夫婦在配偶生存期間，依照法定手續解除婚姻關係。通常夫妻離婚的主因是基於某種感受不願再與配偶持續生活在一起，放棄經營婚姻關係所導致。社會兩性平權觀念、更寬容地看待離婚現象，以及退休安全制度的經濟保障等，則提供離婚行為更多外在的支持因素。有三種限制離婚的主張，有責主義離婚主張夫妻一方以對方違背特定過錯或罪責行為，據以提出離婚，此為採過錯主義；無責主義離婚是以客觀因素無法達到婚姻目的，直接影響夫妻同居生活，例如失蹤、惡疾、生理缺陷等；破裂主義離婚則是夫妻雙方婚姻關係破裂，無法持續維持共同生活，配偶一方或雙方均可發動，要求離婚。上揭三種主張各有其立論基礎，唯近年來有逐漸向無責主義和破裂主義離婚發展的趨勢，將之作為不幸福婚姻脫困的一種手段，有助老人積極主動追求晚年的需要與真愛。從現實面觀察，熟齡離婚現象有日趨明顯的發展。傳統上所謂「少年夫妻老來伴」；如今，老來卻各尋枝頭的案例漸增。顯示當人生下半場鐘聲響起，老來分手的現象正在增溫。日本相關統計顯示，從1973～1997年，結婚30年以上的日本夫婦離婚率增加7倍，其中50～60歲的婦女，就有六成表示對家庭生活已難以忍受，由妻子提出的離婚件數更高達九成（何珮琪，2011）。根據日本2003年修正的年金制度，2007年4月之後，離婚後經濟弱勢的一方，尤其是家庭主婦，可以依照婚齡、老公薪資，分享對方的退休金，最高可要求取得男方公司退休金的一半。據統計，新法生效後，全國訴請離婚案激增6.1%，且九成五是由女方提出，造成另一波家庭危機。另外，美國1997年有7%的65歲以上老人離婚或分居，到2001年，比率升到10%。臺灣離婚成長趨勢則呈現「雙高峰」現象，婚齡未滿5年的新婚夫妻，婚後適應不良，離婚率最高，占離婚人口的四成；值得注意的是，結婚25年以上的熟齡人口也趕搭離婚列車，年長者離婚成長率甚至高過年輕世代。同時，國內50～59歲的媽媽級熟女，單身率達25.6%，高

於日本的19.1%，及南韓的22.2%，顯示國內女性希望獨立自主的意識越老越抬頭（許玉君，2009），亦為熟齡離婚增添更多複雜的力道。

三、老年再婚

本類型則是指涉鰥寡長者原有婚姻效力消失，又再與他人結婚。自1980年代以降，伴隨人口結構老化趨勢嚴重，老齡人口日增，老年再婚被視為確保老年人權的重要內容之一。

老年再婚的原因，一般是因為他們在配偶死後，感到非常寂寞；而再婚正顯示對老年人來說，伴侶關係是一項非常重要的需求。男性比女性容易接受結交新伴侶或再婚的想法。傳統社會中，男性在生活上屬於生活的被照顧者，較依賴女性，如果離婚或喪偶，在生活、心情上不易調適，無人幫忙打理家中事務，一個人在家無人可以聊天、作伴、心裡難免孤寂感；而女性則可由家庭、子女、朋友或是社區活動轉移心裡的孤寂感。Cleveland和Gianturco（1976）分析寡居老年人再婚的可能性時發現，鰥夫的再婚率比寡婦高。相較於女性，男性在配偶死後似乎較難獨自生活，他們會覺得十分寂寞，而再婚是減輕這些感覺的方法（引自劉秀娟譯，1997）。

在老年再婚的發展脈絡而言，「黃昏戀」與「老少配」是頗值關注的焦點。在黃昏戀方面，黃昏之戀美在情感上的相知相惜。《黃昏流星群》是日本為銀髮族群情愛出版的漫畫，有句對白：「兩個年紀加起來100歲的人，正是談戀愛最好的年齡。」因為嘗過人生滄桑，才對愛情有更多寬容；愛情對老年人來說，正像黃昏的流星，短暫卻璀璨。在以前的日本社會，喪偶的老年人多數都會選擇孤獨過一生，現今，這些老年人不再忌諱為自己找一個伴侶。很多50～70歲的單身日本老人都在為自己尋找合適的伴侶。據統計，在2006年，日本60～70歲再婚男子的人數比20年前增加3倍，60～70歲再婚婦女的人數比20年前增加5倍。日本老人多數通過老年婚介機構尋找另一半，而且把相親活動說成「去喝茶」。「老年之

愛」是東京的一家老年婚姻介紹機構，目前擁有300名50歲以上的客戶。如今，日本婚介所有17%的客戶年齡超過50歲（新華網，2008）。

其次，在老少配方面，楊振寧與翁帆兩人共譜婚姻，傳為佳話。研究指出，「年紀越老的男性越有可能和年輕自己很多的女性結婚，年紀越老的女性越有可能和一位比自己年輕的男性結婚。」2003年冬天，80多歲的楊振寧意外地得到上帝賜給他的一位安琪兒──翁帆女士。他寫給翁帆的情詩（詳收件夾），充滿令人動容的憐愛。另外，法國大作家雨果和大畫家畢加索80多歲還和18歲的少女相戀，也為人們津津樂道，浪漫雋永。

老年再婚是長者追求晚年幸福的表徵，只要排除錢財、面子、兒女認同、稱謂改變、情感調適或照護責任的預設，那就放手享受晚春愛情滋潤吧！

收件夾　楊振寧給翁帆的情詩

Guileless and thoughtful,
沒有心機又體貼人意，

Adventurous and nimble,
勇敢好奇又輕盈靈巧，

Vivacious and playful...
生氣勃勃又可愛俏皮……

Yes, eternally youthful.
是的，永遠的青春。

Oh, sweet angel, truthfully you are...
噢，甜蜜的天使，妳真的就是……

God's benevolent last gift
上帝恩賜的最後禮物，

To give my old soul
給我的老靈魂，

A joyous rejuvenating lift.
一個重回青春的欣喜。

四、喪偶

本類型係指在中老年時配偶死亡。俗語：「少年喪父，中年喪妻，老年喪子」，乃是人生最悲慟之事。中老年喪偶，是比空巢老人更弱勢的群體。

派佛（Mary Pipher）在《可以這樣老去》乙書，提及一對夫妻，丈夫先棄世離開，婦人每天醒來都必須承受丈夫不再的事實，世界還是繼續，她卻不知道她自己是否可以支撐下去。她說：我的人生重心，不在於我，也不在於他，而在於我們之間（黃芳田譯，2000）。在老年感情生活，喪偶是非常重要，值得特別關心的問題。在經年累月的婚姻當中，配偶間的互賴可能會深化滲透到對方的角色及活動，亦即將自身的安全感與價值，建立在配偶身分與角色成就上，配偶的離去就不僅僅只是一個個體的離去，老年喪偶者也許將部分自身認同隨過世配偶而逝。這種現象，女性會比男性更明顯（Atchley, 2000；引自劉秀娟譯，1997）。研究發現，老年女性喪偶者會透過非正式的社會網絡而增加與社會接觸。而男性喪偶者卻僅與配偶過逝前有社會關係互動的人互動。縱使老年女性喪偶者比起老年男性喪偶者擁有較多的社會接觸，但在配偶死亡的適應中，仍有很多情緒上的問題。就缺乏接受社會支持者而言，可能會產生更多壓力源，進而自我社會隔離。

其次，相關研究指出，照顧罹病配偶與加速自己死亡有關。《新英格蘭醫學》期刊2006年2月16日刊登美國哈佛大學醫學院與賓州大學的一項研究發現（由國家健康研究所贊助的這項研究，分析老人醫療保險中，518,240對老年夫婦長達9年的醫療記錄），丈夫或妻子生病，可能加速另一半的死亡；配偶生病時，會使另一半產生壓力及失去支柱、伴侶、實質協助、收入和其他支援，以致危害另一半健康。這種現象被稱為「親友效應」或「照顧者負擔」（caregiver burden），而老人尤其容易受到「照顧者負擔」效應的打擊。研究亦發現，「照顧者負擔」的風險很大，妻子住院，丈夫一段時日後死亡的機率提高4.5%，丈夫生病的妻

子，死亡率提高近3%。如果病人死亡，配偶死亡率升高5倍，男性增高到21%，女性17%，死亡原因可能是意外、自殺、感染、或糖尿病等舊疾復發或變嚴重等。配偶因嚴重失能問題而住院，另一半於6個月內死亡的機率特別高。病人因中風、心臟病、肺炎、臀部骨折住院，其夫的死亡率升高10%～35%，其妻提高10%～23%。

喪偶是影響老年生活身體健康的首要因素。研究顯示，喪偶後之個體免疫功能會下降到原來的十分之一，亟易引發各種疾病或促使原有疾病加速惡化，通常一年之內死亡率升高5倍以上，主訴多是意外、自殺、病毒感染或舊疾復發等。如何協助喪偶者走出悲痛，面對新的生活節奏與內容，顯得特別重要。

五、非婚同居

本類型是無法律障礙的兩性長者，雙方居住一處，共同生活在一起。俗指中老年男女非法定的結合而生活在一起。非婚同居（cohabiting unmarried person of the opposite sex）的雙方，不能是已婚者，此與違法的同居是不同的。

非婚同居已是現今社會發展的特色之一，而越來越多中老年人的非婚同居，不讓以年輕男女為主的同居，專美於前。美國老人不婚，流行同居：「只同居、不結婚」的情感模式。根據2002年美國人口統計局的資料顯示，同居的美國老人有增多的趨勢。一項調查發現，同居的美國老人至少有112,000對（朱邦賢，2002）。歐洲流行一個名詞，稱為「分開住的共同生活」（Living Apart Together，或簡稱為L. A. T.）關係。是許多老人家流行的親密關係型態，兩個人共組生活單位，但仍分居於自己的房子裡，有自己的私有時間及空間，卻又相互關心與承諾。呈現意象是：不結婚、不同居，寧可只當男女朋友。在漸趨長壽的時代，老年人認為這種關係可以避免複雜的遺產問題（田思怡，2006）。

再者，「同居」與「走婚」現象也在中國大陸漫延開來。掀起同居

潮的主因，是因為老年福利缺乏，老人家只得靠自己相互照應，又想規避結婚涉及的親族權利，同居是最簡便的方案。「走婚」，原是雲南瀘沽湖摩梭人母系社會的婚姻特點，也就是「男不娶，女不嫁；夜晚來，天明去」的阿夏走婚習俗。近幾年大陸北京、天津等城市流行「走婚」的婚姻形式，比率大約在10%左右。這些老年人選擇「走婚」主要是為了排解寂寞，因為和年輕人缺乏共同語言，沒人聊天，沒人作伴。而大陸不少喪偶或離婚的中老年人，為了爭取這份得之不易的黃昏之戀，衍生出一些中老年人選擇「走婚」的現象。「走婚」的中老年男女雙方，並沒有正式登記結婚，也非每天都住在一起，而是每隔幾天一起生活，然後再各自回家。「走婚」過程中，生活費用各出一半；將來一方如果生病，由各自的子女接回家照顧（大陸新聞中心，2007）。可見，中老年非婚同居日增的現象，正為一般人理解的婚姻型態，尤其是在兩性關係的結合形式，導入更多元化的選擇。

六、獨身

本類型主要指單獨一個人，尚未結婚者。上野千鶴子在《一個人的老後》乙書提及：一個人生活的基本要點，就是必須耐得住寂寞。擅於過獨居生活者，不僅懂得享受獨處的樂趣，也能保有不錯的人際關係（楊明綺譯，2009）。

大約有4%的老年人沒有結婚。有些人會有高齡獨居者生活一定很寂寞的看法。相對於一般社會孤單、孤立的印象，大部分未婚的老年人會與其他親戚建立互惠支援關係，特別是手足或是朋友和鄰居。透過社會網絡，相較於已婚者，獨身未婚者在社會上顯得較積極與擁有更多的資源，特別是和年輕人、朋友、鄰居和手足在一起時。尤其是因為他們獨居，比其他人更可能向正式的服務求助。當需要協助時，比已婚者更可能求助於手足、朋友、鄰居和需要給付的協助者。相對於鰥寡者，會更滿意自己的生活和較自我依賴與更重視現在。習慣獨立的生活，他們不感到寂

寞（林歐貴英，2001）。換言之，老年期想要擁有快樂生活的秘訣，就是要去結交朋友與其他人來往，特別是獨身未婚者，這樣可以讓自我的生活變得更充實與更易度過。反觀生活始終圍繞著家人的人，一旦家人離開身邊，往往就真的變成孤單一人，這就是因為他們平時就不擅與家人以外的人，建立良好的人際關係的緣故（楊明綺譯，2009）。目前老年人參與社會團體的趨勢，正在臺灣社會中持續的擴大與推廣，特別是高階層的退休知識分子參與較多。

　　誠然，老年獨身未婚者有較高比率的抑鬱、孤單、社會隔離，以及更可能使用正式的社會服務（Mui & Burnette, 1994）。但是，若能依自己的興趣，參與老年相關團體活動，增進知能並且活化身心，積極擴展社交生活圈，也可使晚年不孤單與寂寞，安享恬然活力的生活。

收件夾　單身快樂7大祕訣

- 喜歡自己，學會獨處。
- 固定運動、每週至少三次，注意飲食，保持身心健康。
- 培養嗜好或興趣，也可以重新學習，擴大社交生活圈。
- 至少有二、三位知心朋友，可在妳心情低落時陪伴。
- 經濟獨立，做好理財規劃，特別加強看護險、醫療險與年金保險。
- 雖然不婚，但是永遠不要放棄尋找一個伴侶。
- 感情難免大起大落，保持一比一的對等關係。

資料來源：楊明綺（譯）（2009）——別冊附錄「晚美人生悠活誌」。

第四節　如何經營老年夫妻關係

　　老年婚姻是一大社會問題，當邁入高齡社會，老齡人口激增，如何妥適經營夫妻感情，維繫良好婚姻關係，至為重要。

　　如何促進成功的婚姻？Sporakowski和Hughston的研究顯示，夫妻們認為「施與受」和「互相依賴」是使婚姻成功的要素；Parron和Troll（1978）訪問22對金婚夫婦指出，一般來說，夫妻彼此分享休閒活動，互相分擔家事，晚年提供他們更多的時間和機會來分享及相處，調適與寬容是兩個促成金婚夫妻的主要因素（引自劉秀娟譯，1997）。的確，常言道「少年夫妻老來伴」，婚姻關係對老人而言亟為重要，具有相互支持、彼此依靠的特性（Brubaker, 1985），尤其是對男性老人而言，妻子多是老病時生活照顧的主要提供者。夫妻二人，如能培養共同興趣與嗜好，會使兩人感情更為增進，鎮日相伴，埋首於共同興趣中，感情將更加濃密，攜手共渡銀髮生涯。茲提具老年夫妻關係經營之道，以供參酌。

一、涵泳情感的親密憐愛

　　疼惜、柔情洋溢的憐愛，是老年夫婦生活的血脈，傳輸到兩人每一個細胞，滋養並讓生活充滿生氣與活力。所謂無憐愛的老年夫妻，是空的。應理性看待的是，不同階段的婚姻，自宜採取合適的相處之道。年輕夫妻以建立親密的關係為主；老年夫妻則在培養伴侶關係，重視的是「老來為伴」。老年人容易孤寂，也最怕寂寞，老年夫妻就是最好的同林鳥，值得珍惜。憐愛是老年夫妻至愛真情的體現，是婚姻關係維繫的關鍵，恩恩愛愛，憐愛一生，這是經營老年夫妻關係的首要。

二、培養共同嗜好與興趣

　　嗜好與興趣是老年夫妻晚年生活的潤滑劑與安全瓣。研究顯示，退休後增加時間在一起從事活動、拜訪朋友等均對婚姻滿意度有正面的影

響（林歐貴英，2001）。今野信雄《退休前五年》：當一個人埋首熱中於興趣嗜好時，他的心情是開朗的，沒有興趣、嗜好的丈夫，結果會很在意妻子的一舉一動（引自黃富順，2006）。空巢期的家庭，夫妻相處、互動機會增加，也意謂著彼此磨擦的機會增多；宜培養彼此共同的興趣，重新規劃生活，發展雙方滿意的生活方式。共同的嗜好與興趣為老年生活內容提供潤滑的滋養，更重要的是，夫妻活動作息的節奏相契合，不但增進彼此一體感，也降低婚姻外遇出軌的風險。這些可透過退休生涯規劃來安排進行。

三、調適彼此角色與期望

「無角色的角色」（rolelessness）是老年退離職場後的特徵之一。此期極易為夫妻關係帶來巨大的衝擊，是老年婚姻的高風險時期。如何轉化「無角色的角色」成為具影響與需求力的「家庭生產者角色」，至為關鍵。夫妻必須在婚姻中學習調適改變角色與期望。其中，退休即是一種頗困難轉變，尤其是當配偶未能同時退休，或是婚姻的滿意度已在退休前降至最低。再者，由於「角色互易」，雙方對角色期待的商議失敗，如在退休後對家事分配意見不同，會導致爭論和意見不合（林歐貴英，2001）。夫妻間面對角色的改變，應透過溝通調整彼此角色期待與分工，為良好婚姻關係作出具體積極性的努力與貢獻。

四、尊重雙方的生活空間

人雖是群聚的動物，但是無法否定是獨立個體的事實，各有其性格、習慣，以及期待獨自品嚐的隱私與空間領域。今野信雄《退休前五年》：退休後丈夫的生活守則之一，就是不要侵犯太太的主權、地盤，否則後果堪慮（引自黃富順，2006）。是的，老年夫妻在丈夫退休後，會出現角色互易的現象，一家之主的權威角色式微，轉為依賴妻子。一般而言，夫妻會持續退休前的家庭勞務分擔的模式，妻子多半擔任「室內」

的工作,如烹飪、打掃、洗滌等,丈夫則擔任「室外」的工作,如倒垃圾、園藝勞動等。因此,丈夫勿侵入「她們的家事地盤」。其次,老年夫妻給予對方獨處的空間,是重要的。懷舊、回憶,或徜徉在自我悠然的想像世界中,這是緊張生活的舒緩,也是積鬱壓力的釋放,更是沉澱反省再調整步伐的溫床。在獨身一人的環境,洗滌身心塵事,為夫妻關係與生命涵泳,注入源頭活水。當然,所謂生活空間,是包括實體空間與心靈空間,無限寬廣的。尊重老年夫妻雙方的生活空間是,彼此親密憐愛感情的蓄積,是婚姻活力激射的發動機,也是老年夫妻婚姻的必修功課。

五、持恆成熟穩定的性趣

性,相伴一生,已是老年夫妻性生活的新主張。性趣已突破性交層次,提升至親密感與溫馨溫暖的感覺,撫摸、愛撫和按摩,或一起共坐、躺在床上等,也是一種性的表達方式。一個人的性慾持續一生,至死方休。健康的性生活能夠讓伴侶間更親密,感情更好。表達性慾是維繫兩個人感情的一個基本要素,而性生活美滿的伴侶感情更有可能長久(陳雅汝譯,2008)。容或有人認為老年是一段「失落」甚於「獲得」的歲月,尤其生理機能衰退,罹患疾病或易受意外而導致健康的喪失,此時期伴侶的支持,彼此的鼓勵,顯得特別重要。持續的性活動,有助生命延年益壽。因此,若能擁有健康的性心理,持續的性趣維繫,享受美妙的性生活,終生都要性愛現役,不斷地為老年婚姻營造優質元素,實是夫妻相處的基本功。

六、重溫往日甜密的時光

觸動老年夫妻彼此往日甜密歲月的懷舊思緒,樂道往事,追憶過往的事蹟,是重要的。懷舊是新銀髮族的整體特色之一。由於戰後嬰兒潮老人,多是在艱苦環境中成長,常年的辛勤努力打拼,血汗堆積出較佳的經濟條件,這是彼此共同經歷的過程,可謂是「寒天飲冰水,點滴在

心頭」，往日種種，歷歷在目，無法或忘。當從職場轉退，休閒時間增長，成長期的種種記憶，從內心深處浮現。老年夫妻不妨偶爾安排重遊往昔幸福片段時光的晚餐或電影，營造牽手散步，共享單獨相處和交談的機會，彼此深長的擁抱，是亟富韻味的。尤其是一些具備懷舊元素的事蹟、照片、音樂、衣物、景點、小吃、親人、朋友、初戀約會的地方等，透過彼此親臨現場的身分，形成共同的感受與話題，促進雙方珍惜現今種種，得之不易，要齊心呵護。重溫往日共度的時光主要是增進老年夫妻「老伴」的意象，幸福感的增強與提升，正是老年夫妻關係正向能量的體現。

收件夾 丈夫老年生活十大守則

1. 對老化不要有任何偏頗的想法：老年期是享受人生的時刻，是一生中開花結果的時刻。

2. 不要做年輕人在做的事：知道自己能力和體力狀況，最多以小於年齡5歲的程度為限。

3. 不可過踰越正常的不健康生活：規律生活、適量運動，節制菸酒、食量保持七成。

4. 不要把自己弄得邋遢：身體不潔淨會影響心態；穿著打扮與年齡相等，不慵懶散漫。

5. 不引發紛爭：不拘泥自己的主張，堅守人事無爭的原則，頑固是老化的證據。

6. 不懷念過去的職位頭銜：調整好自己現在的角色。

7. 不貪心圖財就不會被騙上當。

8. 不蹉跎時光：常思考，培養好奇心，以防止智力衰退，免於罹患失智症。

9. 不要藏匿在自己的殼內：喚起過去的人脈關係，投入新的人際關係，創造自己的社會關係。

10. 不輕視妻子：不侵犯妻子的家庭主權。

資料來源：莊惠萍（譯）（1991）。

收件夾　妻子老年生活十大守則

1. 不陷於悲觀：退休會改變生活步調，不指桑罵槐，成天憂鬱失望，製造紛爭。

2. 不要對丈夫有刺激言行：此刻丈夫已虛脫不安、心驚膽顫、情緒緊張、敏感脆弱，刺激言行是禁忌。

3. 不要嫌惡與丈夫對話：丈夫講的話耐心聽完，不要輕忽。

4. 不在乎丈夫過去的工作職位：丈夫的價值還有其他，協助丈夫把它找出來。

5. 不鼓勵丈夫做發財夢：男人是好做夢的，不要縱容丈夫去想容易賺錢的途徑。

6. 不嫌惡丈夫的朋友：丈夫如今只有妻子和朋友而已，朋友是唯一和社會關聯的管道，妻子應扮演中介潤滑的角色。

7. 不要貶抑丈夫的朋友：要有心去瞭解。

8. 不要拒絕丈夫幫忙做家事：可把部分家務事慢慢地分擔給丈夫。

9. 不要怠忽自己的興趣嗜好。

10. 設置專用的空間給丈夫使用：以使心緒穩定。

資料來源：莊惠萍（譯）（1991）。

結語

　　大文豪馬克吐溫在妻子40歲生日時，寫給她的情書：「親愛的，我們又走了一段路，離開我們起程的地方已經很遠了。可是我們回頭望望，是一片美麗的風光。……我們在旅途中結成了伴，這樣可貴的伴。……我們攜著手，並肩齊步向前，只要我們在一起，我們的情愛就繼續滋長，永不減退。前面仍有鮮花、綠野，暮靄也將和晨曦一樣可愛。」對妻子的愛，並沒有因為十幾年的婚姻路而冷却下來。

　　俗云：「若贏了世界，卻輸掉家庭，有何意義。」的確，此說一語道破家庭婚姻關係的重要性。婚姻從建立、穩定，以至老年期；從你儂我儂、至死不渝、對你期待特別多，到吵架爭鬥、七年之癢，然後攜手同行姻緣路。許多問題浮現出來——婚姻之路人人必經嗎？不吵架才是佳偶嗎？老年離婚會招致世人異樣眼光？老年再婚好怪耶？老年沒有性關係？老年獨身好凄涼？總之，老年的感情，各有其選擇的自由，所謂牆裡牆外，各取所需，尊重與包容是必要的。

　　老年夫妻婚姻的經營之道，需要有情感上的親密，合宜的自我表達，給予配偶適時的支持與協助，並且能夠擁有共同嗜好與分享喜悅，以及持恆穩定成熟的性關係。「少年夫妻，老年伴」，是要經營規劃的。

智 慧 小語

- 培根（F. Bacon）：「少年人愛在嘴上，中年人愛在行動，老年人愛在心裡。」

- 劉墉：「隨著年齡的增長，夫妻之間的情感，會由親愛，進入恩愛，步入憐愛。」

- 今野信雄：「當一個人埋首熱中於興趣嗜好時，他的心情是開朗的，沒有興趣、嗜好的丈夫，結果會很在意妻子的一舉一動。」

- 今野信雄：「退休後丈夫的生活守則之一，就是不要侵犯太太的主權、地盤，否則後果堪慮。」

動動大腦

☺**活動名稱**：「熟年離婚・危險檢驗度15題」
☺**適用對象**：55歲以上長者
☺**活動目的**：瞭解熟年夫妻的親密關係，並檢測熟年離婚徵兆。
☺**活動內容**：如附表

熟年離婚・危險度檢驗15題

夫用	YES	NO	妻用
丈夫在家，妻子也要在家			丈夫不喜歡我外出
燒飯、整理衣服等日常生活無法自理			丈夫和鄰居相處不好
一一詢問妻子去哪裡			我不在，丈夫連內衣褲都找不到
妻子名下有資產不太好			丈夫好像完全不知道我有私房錢
不看女性刊物			有話和丈夫說，但發現可能會吵架，只好忍下來
女人在一起都是言不及義			樂意替子孫作飯，只作自己和丈夫吃的東西就興趣索然
我是好丈夫			嚮往「朋友夫婦」
男主外，女主內			丈夫哄一下即可任我使喚
覺得退休後就是「餘生」			從事有興趣的活動時最快樂
我會怕生			不能適應丈夫
少努力保持健康			丈夫很無趣
夫妻單獨相處說不上話			夫妻兩人面對面覺得很痛苦
家人在一起覺得格格不入			喜歡和朋友出遊，打死也不要夫妻二人單獨行動
對金錢的觀念和妻子不一樣			夫妻共同的話題只剩下子孫
餐桌上不常看到我喜歡吃的東西			我身體不舒服告訴丈夫，他一點也不關心

註：回答「是」者越多，老來離婚的危險度越高。

資料來源：日本「熟年離婚」網站。

延伸閱讀

楊佩真等（譯）（2007）。R. Blieszner &V. H. Bedford著。**老年與家庭：理論與研究**
（*Aging and The Family: Theory and Research*）。臺北市：五南。

謝瀛華（1995）。**銀髮生涯—高齡問題知多少**？臺北市：牛頓。

第 **7** 章

居住規劃——
活到老，安養到老

「自己的家最舒服——也就是不管身在何處，讓自己覺
得是專屬的生活空間，住得慣、使用得慣，就是最好的
住所。」

～上野千鶴子

前言

　　居，大不易。年老後，要住哪裡？「房事」是高齡社會龐大老年群體關心的切身問題。傳統上，老年人與子女同住，隱含「反哺親恩」的傳統價值觀。然而隨著老年人口的快速成長和生育子女數的減少，以及社會價值觀的改變和個人主義的抬頭，影響高齡長者和子女共居的主觀意願。另外一種趨勢亦正在快速成長：嬰兒潮的老人較喜歡有個較大的房子，有較舒適的空間，維持獨立的生活與在宅老化（林歐貴英、郭鐘隆譯，2003）。歐美國家盛行之兩代相隔而居，在親密中保持距離的生活方式，已隱然在臺灣地區成形。近年來，我國亦大力提倡「新三代同堂觀」，三代雖不同堂，仍可比鄰而居，就近照養雙親，又可保有小家庭生活，既強化了親子關係，又少掉了同居時的齟齬衝突，不失為一種可行的折衷模式。不論是三代同堂、與配偶同住或獨居，或住在安養機構，老人之居住安排宜視自己的個性、習慣、喜好、經濟能力和各種環境資源，選擇最適合自己居住的方式，以期老年生活過得安適、尊嚴。

第一節　老年居住問題與在地老化

一、老年居住是少子高齡化社會亟待面對的議題

　　「生的少，老的快」現象是少子女高齡社會的寫照。老年人口比例逐漸攀升，願意或能夠與子女同住的比例卻每下愈況，老年居住問題面臨極為嚴峻關鍵時刻。根據衛生署國民健康局公布「臺灣老人十年間居住、工作與健康狀況改變調查」的資料顯示，從民國1989～1999年，臺灣老人與子女同住的比例，由71%下降到49%，獨居的比例並沒有太大的改變，夫妻同住的比例則持續上升，顯示臺灣的社會越來越趨向於老人自成一個生活圈（揭陽，2005）。行政院主計處（2004）發布「近十年來家庭組織型態概況」的統計結果指出，近來臺灣未與子女同住的老人，從10年

前55萬人，大幅增加到99萬人，這些脫離子女的老年族群約可分為三種生活型態，一種是大家熟悉的獨居老人，其次，是與老伴相依為命的高齡雙人家庭，第三種則是居住安養中心等其他方式。顯示近年來的年輕人口自家庭外移及社會高齡化的明顯趨勢，已使得國內老年族群的獨立生活比率大為增加。如何妥適安排老年居住，進而安養到老，至值重視。

二、家戶組成規模縮小，老年居住安養方式趨向多元選擇

依據2010年人口及住宅普查統計顯示，臺灣人口增加有限，但是戶數卻明顯增加，2009年和2008年兩年間就增加了13萬戶，其中以「單人戶」、「夫妻戶」居多，前者有很多是獨居老人，後者老人的比例也增加得很快。此外，家戶組成之規模持續縮小，相較2000年，平均每戶人口數由3.3人降為3.0人，10年間減少0.3人。家戶型態仍以夫婦及未婚子女所組成之家戶最多，惟戶數已呈現負成長；由夫婦、夫（或婦）及未婚子女所組成之家戶則呈增加趨勢，分別增加62.2%及50.2%；而由祖父母及未婚孫子女所組成之隔代家庭亦增加34.0%（行政院主計處，2011）。顯示隨著社會型態的轉變，我國居住型態漸潮向「核心與小型化」，成年子女與父母同住的意願也逐漸降低。再者，值得關注的是，以往退休觀念在「三等」，即等吃、等睡、等死。在平均餘命延長，退休離開職場後，還有將近三分之一的生命在第二人生中，此期的生活型態與居住環境，則成為人生晚年最重要的舞臺。寇克斯（Cox, 1993）的研究指出，老人比其他族群如孩童或其他個人更受限於其居住的環境中，因此，其住所、鄰居、社區的環境比其他年齡族群還要更嚴格。而老人所居住的環境也提供了學習、完成、競爭、互動和激勵的機會。綜觀世界各國提供之老人居住方式約有三種，包括：在宅安養、社區安養、機構安養（林學宜，2004；楊至雄，1993）。在宅安養是接受子女扶養照護；機構安養則是依其生活自理程度，分別住在安養或養護機構，過著群居的生活型態；而社區安養是導源某種原因未與子女同住，而獨居或與配偶居住於社區之中，獨立料

理生活。易言之，在社會與家庭組織型態快速變遷之下，老年居住安養將可擁有更多的選擇。

三、在地老化是老年居住安養的主流趨勢

「老化」是人生常態，這個過程應該在老人最熟悉、最放心的社區環境中進行，此是現今已開發國家的共識，以及長期照護改革的目標。目前全球的主流趨勢是「在家變老」。「在地老化」（aging in place）的概念乃源自二十世紀中葉的北歐國家，從最初因照顧老人以機構為主，因缺乏隱私又生活拘束，不夠人性化，轉而興起回歸社區或家庭的作法，由在地人照顧在地人，讓長輩儘量延長健康年歲，延遲入住照護機構的時間。1990年被普遍接受，成為許多北歐福利先進國家老人照顧政策目標。美國加州的「高齡資源網」（Seniorresource.com）認為「在地老化」係指：住在已居住多年的場所，或住在非健康照護的環境，使用產品、服務與便利性，而毋須搬家或改變環境；並提出六點在地老化的理由：(1)舒適的環境；(2)獨立的感覺；(3)方便取得服務；(4)熟悉感；(5)安全及有保護；(6)親近家人（Seniorresource.com, 2009）。Davey（2002）指出，在地老化是老化政策及高齡者所喜愛的，擁有房子並住在家裡的高齡者，可透過自己的能力保持家裡的良好狀態、安全、合適及舒適。「原社區終老」、「社區化」或「在地化」，已是現今美、英、德、瑞典、日本、澳洲等國，因應高齡社會的共同指導策略。

我國為因應高齡化與少子女化的雙重衝擊，借鏡西方國家老人照顧服務的經驗，在90年代開始逐步推動「在地老化法制化」（曾中明，2006；陳素春，2006），包括：

(一)社會福利政策綱領：行政院2004年2月13日修正核定的社會福利政策綱領，亦以落實在地服務讓老人以在家庭中受到照顧與保護為優先原則，機構式的照顧乃是在考量上述人口群的最佳利益之下的補救措施，各項服務之提供應以在地化、社區化、人性化、

切合被服務者之個別需求為原則。

(二)家庭政策：2004年10月18日行政院社會福利推動委員會第八次會議通過「家庭政策」亦揭示應支持家庭照顧能力，分擔家庭照顧責任，同時提及應規劃長期照顧制度，支持有需求長期照顧老人之家庭，減輕其照顧負擔；也應培養本國籍到宅照顧人力，減輕家庭對外籍照顧人力的依賴。

(三)「老人福利法」修正案：2007年1月12日立法院審議三讀通過之「老人福利法」修正案，亦以老人照顧服務以全人照顧、在地老化、多元連續服務為規劃辦理原則，並充實居家式服務措施內涵，增訂社區式服務項目等。

由是，未來老人住宅將以「社區化」為原則，不但讓子女方便就近照料，老人也不致斷絕社區的人際網絡。鼓勵老年回歸社區主流的居住模式，開啟老年居住安養「在地老化」、「在宅臨終」的雙贏勝局。

第二節　各國老年居住型態的探討

因為健康的改變、家庭組成的變遷、及休閒利益的吸引，導致某些老人把老人社區或設施當成老年居住的選擇之一（Lo & Chiu, 2002）。例如美國「大學聯結退休社區」、日本「仙臺市芬蘭健康福祉中心」，我國「長庚養生文化村」等，皆為其例（朱芬郁，2007）。據統計，美國三代同堂的比例只有1%，大部分老年人選擇住安養機構或老人住宅、老人社區，不與子女同住（揭陽，2005）；日本老人不和子女同住已經成為趨勢，養老院幾乎是老人的最終歸宿（陳免、孫蓉萍，2008）；瑞典是日本之外，人口最老化，最長壽的國家，瑞典人相信，最幸福的老去方式，是老人獨立、有尊嚴地「在宅老去」，約九成三的老人都住在自己家中，機構照顧為輔（梁玉芳，2011）。以下簡述美國、日本、瑞典以及我國的老人居住樣貌，以供參酌。

一、國外老人居住型態舉隅

　　嬰兒潮正陸續屆齡退休，他們對於退休生活品質要求較高，希望能住在擁有多元而豐富生活機能，有規劃的「老人複合式住宅」（Planned Elder Residential Complexes, PERCs），以符應對於退休生活的期待與規劃。這種老年居住發展趨勢，在先進國家行之多年，甚受老年人喜愛，頗值借鏡。

(一)美國：大學聯結退休社區

　　美國是退休社區之發源地，1980年代發展出「大學聯結退休社區」（University-Linked Retirement Communities, ULRCs）之型態（Streib, 2002）。是一種新型態的退休居住模式，主要在於針對成人學生大量進入校園，形成「灰色校園」（the graying of the campus）所採取的因應途徑之一。此一設置於校園中或校園附近的退休社區，能發揮校園環境的功能，充分運用大學校園中，因E化學習之興起而空出的設施與空間，同時也能發展出一個有利於學習的環境（Streib & Folts, 2003）。迄今，美國已有超過一百座與大學聯結的退休社區，且數量仍在持續增加中（Cohen, 2005）。茲推介康芒斯（University Commons）與克洛斯（Holy Cross Village）二座退休社區（朱芬郁，2007；張良鏗，2005；蔡文綺，2006；Tsao, 2003），俾便參採。

1.康芒斯退休社區

　　本社區與密西根大學聯結，社區占地17,000平方英尺，擁有92個附屬的公寓，多用途的普通建築，提供高齡居民學習及互動。空間設施方面則包括：餐廳、演藝廳、咖啡廳、圖書室、健康中心、健身房、研討室等；居民社交互動方面，每週五下午4：30～6：30，彼此相約聚會於咖啡廳，每週有人輪值作東來組織居民，居民們通常會帶一瓶酒和自家特殊菜餚來一起分享，這個聚會叫做「星期五共同活動時間」（Friday Common Time），它是很重要的社會活動，激勵居民走出家門和別人互

動，提供友善的社會化和歸屬感。在康芒斯退休社區的居民，可以選擇鄰近的密西根大學托納高齡者資源中心（Turner Senior Resource Center）「退休學習方案」中的課程，或參加退休社區或大學裡的演講及專題演討活動。另外，演唱課程是跟密西根大學音樂系合作，學生固定時間來為居民獻唱，學生們同時獲得演出的舞臺。「特別五點鐘」（Special Five O'clock）方案安排在星期二、四，邀請許多專家演講。

2.克洛斯退休社區

　　克洛斯退休社區位於印第安那州，與哈利克洛斯學院（Holy Cross College）結合，學院對該社區擁有所有權及經營權。社區提供60床專業護理設施，26單位的獨立公寓建築，20單位的單人、雙人及四人房，總共可以容納400人。居民社交互動方面，每週安排教會活動，每月安排年輕學生或居民拜會在湖邊散步的鄰居，每月由大學舉辦一次社交酒會，聯絡居民感情。每年有系列性的音樂演出，由所屬大學音樂系師生來表演，也邀請校外藝術家共同參與，免費開放給居民欣賞。並安排居民擔任年青外籍留（遊）學生的寄宿家庭父母，或英語會話老師。此外，對於新遷入退休社區者，社區會為他們辦歡迎茶會，以及拜訪鄰居活動。課程方面，較特殊的是教育性旅遊課程，由和大學有夥伴關係的當地旅行社提供，一年二次，一次國外旅遊，一次國內旅遊，邀請大學教授或該領域的專家一起參加，以便在旅途中作教育性的討論。

(二)日本：高齡者住宅

　　日本人口結構老化的程度，居世界之首，2005年率先進入超高齡社會（20.2%），每5人之中即有1位年滿65歲的老人。日本在老年居住規劃，展現非常多元的風貌，「在地老化」是主要特色，目前「小而廣」是高齡者住宅的主流，重視老年住宅的規模小，量體小，便於居民彼此熟悉且需要安全感，透過普遍設立，支持各地區老年人能社區終老，在地老化。這種高齡者住宅規劃類型，藉由「跨世代融合」的住居型態，讓老人住宅融入社區，使高齡者活得更人性化，進而延長健康壽命，亟富指標性意義。

茲推介愛知縣的「五點過後村」、神奈川縣的「長壽園」，俾便參採。

1.五點過後村

本社區位於名古屋的近郊，屬愛知縣長久町，以「跨世代融合」的混齡居住模式友善老人為其整體特色。所謂「五點過後」，主要在揭露五點下班之後，服務社區的悠然樂趣，將自己主控的時間，貢獻予社區。

「五點過後村」的創立是結合幼稚園、護理專校等設施的連續性照護式退休社區（宗田昌人、黃千桓，2011）。此種規劃類型，與臺灣長庚醫療團隊所推動的養生文化村，頗為相似。「五點過後村」係由吉田一平所創辦，他將原址的太陽幼稚園逐漸擴充而成。該村的整體特點在於：

(1)居民共同參與社區營造，形成社區意識：從社區中的退休長者，以至幼小孩童，全體居民皆投入「五點過後村」的各項公共事務。既可凝聚一體感，又可增進多代間的互動與瞭解，從而塑造社區意識；

(2)塑造友善老人氛圍，發展代間和諧文化：該村結合當地生態、人文環境，具體落實幼童教育，透過導入退休長者志願服務，充分發揮代間學習的精神，整體激發跨世代和諧文化，形成一個真正高齡友善社會（aging-friendly society）。

(3)整合幼稚教育、養護體系，具備連續性照護，落實在地老化：在「五點過後村」設有融合當地生態與人文環境的幼童教育；適合不同需求退休者的日間照顧中心、居家護理站等功能性設施，讓全體居民的各項需求獲得最合宜的滿足，真正達到在地老化。

(4)建置多種高齡者住宅，可供不同需求長者選擇：針對不同老年時期與身體健康狀況差異，設有不同功能的高齡者住宅，例如：失智老人的團體家屋、專供可自理生活老人的老人住宅、多世代混居的租賃集合住宅，提供他鄉青年溫馨居住環境等。這些依不同需求所建造的住宅種類，適足以呈現「五點過後村」人性化的特色，以及一種高齡社會的理想社區發展模式。

2.小田原市的「長壽園」

由財團法人長壽會辦理的「長壽園」，位於日本神奈川縣小田原市，1954年建立，老人入住時即抱定在此終老，子女可隨時探望。筆者於2008年7月21日親自訪問該園時，經營者加藤伸一理事長告知，他聽到入住長者所說最感動的一句話是：「我很高興死在這裡」，著實令人動容。茲簡介如下：

(1)屬性：長壽園所經營的是一個有規劃性的老人公寓——「此地非養老院，而是提供給老年人安穩舒適的居住所」。

(2)規模：長壽園有300多位員工，負責350位老人的起居；其中有150位是每年自付600萬至3,400萬不等之金額入居，另200位是在介護保險制度照護下的老年人，目前日本政府社會福利單位給付每一個需要介護的老年人每年50萬日幣保險金。

(3)空間規劃：交誼聽、茶室、藝文中心、圖書室、撞球室、藝術教室、步行練習室及專為行動不便的老人所設的物品專賣店。此空間的維護及運作，係由行動自由的老人擔任志工來協助維持。

(4)為爭取政府的補助，長壽園在介護保險通過後設立「社會福祉法人長壽會」並另加蓋「陽光園」，主要提供65歲以上老人所需之必要介護措施及提供喘息服務、在宅介護支援等項目，並負責小田原市委託辦理宅配送食服務。

(三)瑞典：高齡者服務住宅

瑞典是全球人口結構老化程度較高的國家，預估在2030年，65歲人口數將占全國總人口數的23%，位居超高齡社會。興建不同需求的老人住宅、照護機構，落實「居家養老」，以及如何提供適足性的資源，能讓各種收入的老人，有條件的自由選擇居所，活得有尊嚴，是瑞典政府大力推動的重點政策。1982年在「社會福祉法」揭示：盡量排除機構化的居住，讓高齡者在宅終老是社會住宅政策的最終目標（黃千桓，2012a）。瑞典實行的居住養老的型態有三種：高齡者服務住宅、養老院、居家養老。

1.高齡者服務住宅

是由各地方政府負責建造，自二十世紀60年代興起的一種居住養老形式，又稱年金住宅或老人公寓，70歲以上者才能申請入住。該公寓依老年人特性建造，配置12坪，附設有廚房、浴室、寢室、陽臺等的單人房，另設有21坪的夫妻房。入住者僅需負擔極少費用，其餘大部分由政府支付。這種高齡者住宅很受長者歡迎，有許多人排隊等候進住。

2.養老院

本類型住宅是收容生活無法自理能力的孤寡老人，患有老年失智症患者為主。通常這種健康狀況退化不適合獨居長者，從日常飲食到生活起居皆有專人或專職護士照料。採1人1間房，24小時照護人員負責。配合日間服務中心，設有診療室、餐廳、圖書館、美容院等多元的生活協助服務。這是一種亟需照護長者所興辦的居住養老形式。

3.居家養老

這一種居住養老型態，著眼於在地老化、在宅終老理念。可充分展現人性化、個性化，給予長者較高的安全感。由地方政府建立家政服務系統，服務項目包括送餐、個人衛生、陪伴等一切生活所需。並可由政府補貼修繕適合老人居住設備，同時，設立老人活動中心、居家警報系統等。居家養老具有明顯的福利性質，由政府支付大部分費用，老人們則負擔極少的費用。目前居家養老的相關事務，有部分開放私營公司承包，目的在提高服務品質與效率。

二、國內老年居住型態現況

(一)因應老年人口激增，居住安養問題普受關注

截至2012年9月，臺灣地區65歲以上者已達2,572,634人，占11.05%（內政部統計處，2012b）。同時，伴隨社會生活型態、倫理價值觀的改變，造成單身高齡者及高齡者夫婦的數目增加，這些高齡人口龐大的居住

及照護需求，應該如何因應解決已成為重要的社會問題之一。

　　針對如何妥適地解決老年居住安養問題，內政部從1990年起特別制定規章，鼓勵並補助各縣市興建老人公寓以為因應。目前已正式營運的有新北市立仁愛之家的「頤養園」、臺北市木柵區的「松柏廬」、「臺南市老人長青公寓」及高雄市採公設民營委託佛光山慈悲基金會管理的「崧鶴樓」、財團法人臺灣基督長老教會雙連教會附設新北市私立雙連安養中心等。再者，部分民間團體及企業，也開始注意到未來銀髮族市場的潛在需求，多以中、高收入的老年族群需求為目標，紛紛投入興建各種銀髮養生住宅市場行列，使銀髮住宅產業儼然蔚為風潮。現今已開發完成或正在進行的知名銀髮住宅開發案，包括：潤泰建設與日本中銀株式會社合作推出的高級銀髮住宅「潤福生活新象」與「潤福大臺北華城」兩社區。1996年由潤泰集團推出的「潤福生活新象」，是銀髮族住宅最先成功的案例，在產品設計上，兼具生活照顧、健康管理、休閒養生以及專業諮詢四種服務；由長庚醫療體系出面投資的老人社區——「長庚養生文化村」，強調全方位社區服務以及結合長庚醫院的醫療資源，是目前國內唯一引用「連續性照護退休社區」（CCRCs）模式建案；國寶人壽首創「旅居式休閒安養生活」，在苗栗西湖渡假村投資興建「國寶聖恩休閒養生會館」，採年金式繳費，50歲以後可以終生循環居住在各地會館。奇美集團於臺南縣關廟鄉投資興建「財團法人樹河社會福利基金會附設臺灣省私立悠然山莊安養中心」，提供銀髮族一個休閒兼教育、生活照顧的活動場地，展現多元活潑、欣欣向榮的氣象（朱芬郁，2007）。其中，養生村型態接受度激增，例如：醫美集團計畫在冬山河開辦萬坪「抗老養生村」；基督教團體在霧峰開闢近3,000坪，斥資4億的老人養生村，同時結合「安養」與「長期照護」是其主要特色（何珮琪，2011）；遠雄集團規劃在苗栗後龍興建大型醫療園區，結合銀髮住宅與醫療設施。整體而言，政府與民間業者共同努力，興建老人公寓或發展銀髮退休住宅、養生村等，提供老年人多元居住形式，則是臺灣地區居住安養的主要特點。

(二)老人住宅舉隅——長庚養生文化村

「連續性照護退休社區」（CCRCs）是近年來老年居住安養的另一種選擇形式。由台塑集團長庚醫院醫療團隊，斥資100億元打造桃園長庚養生文化村，即是首先引進「連續性照護退休社區」理念，加以具體落實的營造案例。

「長庚養生文化村」占地66公頃，園區遼闊，軟硬件設備充足，其目的在於讓高齡者能積極的經營生活，而不是被動的接受養護，並且進一步協助其擁有獨立自主的尊嚴生活（長庚養生文化村，2006）。本案中，「養生」的目的，是為了達到健康的生活；「文化」的強調，是為了豐富生活的內容。其基本理念是（長庚養生文化村，2006）：(1)是積極的經營生活，而不是被動的接受養護；(2)協助年長者過獨立自主的尊嚴生活；(3)提供醫學中心級的健康監護和衛教指導、預防保健；(4)有可幫助高齡者提升生理與心理適應的規劃方案；(5)建立連續性照護體系，讓年長者無後顧之憂；(6)是一個可再學習、再發展，並可達成心願和做出貢獻的場所；(7)與社會脈動、家庭、親情仍能穩固結合；(8)是一個年長者學術研究的中心；(9)退休人員可負擔的費用。另一項值得重視的是，養生文化村具體的學習機能，包括：成立「銀髮學園」，提供給銀髮族再學習的空間；協調鄰近學術機構，提供給住戶進修管道；配合住戶個人特殊專長，提供給住戶發展所長的機會，實符應社區學習體系的基本構念，又能兼及高齡人力妥善開發與運用的實務面，有助於高齡者活躍老化的發展。「銀髮學園」是養生文化村在文化傳承的方式之一，提供居民滿足自我成長與學習需求的終身學習機制，與老人社團、志工組織及有酬工作等，構織成一綿密地終身學習網絡，並與周遭社區形成橫向聯繫，成為鄰近社區的終身學習中心。這些學習機能的設計，特別適合戰後嬰兒潮老人活力充沛，偏愛從事學習活動的特質，成為吸引消費群的亮點。

🦉 第三節　退休居住圖像的選擇

　　老年人在生命晚期能獨立、尊嚴的走完全程，乃是居住安養欲達成的規劃目標。由於晚近以來在老年居住理念的發展，及公私部門、民間團體所興建的老人公寓、銀髮退休住宅，甚或養生文化村、在宅安養等，有非常多樣適合不同需求者的要求。相關研究顯示，45%的嬰兒潮世代打算在退休之後搬家，大多數人希望搬到附近——距離原居地80公里以內；不管退休族想住在老家附近或搬到其他城鎮，最好還是選擇能跟同輩住在一起、位於風光宜人的郊區、能提供便利休閒設施的新開發社區（譚家瑜譯，2005）。《康健》雜誌於「二〇〇七健康城市大調查」指出，適合老人退休生活的三個要件，分別是醫療資源、休閒活動，以及金錢不虞匱乏。的確，「住慣的地方就像皇宮一樣的好」、「家人的愛永遠是老人最好的陪伴」。要在那裡走完人生的最後一段路，並獨立、尊嚴地老去，攸關老年的幸福感與生活品質的提升。茲研提五種退休居住圖像，以供參酌。

一、與子女住

　　根據「2009年老人狀況調查結果」摘要分析：65歲以上老人理想的居住方式主要希望「與子女同住」（50.96%），其次為「僅與配偶或同居人同住」（27.90%）等，與55～64歲國民在65歲以後希望的理想居住方式相同，顯示老人對於老年生活的規劃，主要仍以家庭為重（內政部統計處，2011）。朱敬一「華人家庭過去五十年的演變」指出，很多人和父母同住是因有3歲以下小孩，其實是要利用父母的人力，而非盡孝道。低生育的少子女化趨勢，致使家庭形式的改變，各代人數減少；高老年人口則呈現人類壽命的延長，家庭世代數增加，三代或四代的家庭成為可能（朱芬郁，2010）。財團法人弘道老人福利基金會每年定期辦理「全國三代同堂孝親家庭表揚」，一是鼓勵孝親家庭對尊親無微不至的關懷；另一方面希望透過更多真實孝親事蹟，帶動孝順風氣。第十六屆接受表揚的孝

親家庭真心流露：「如能隨側在父母身旁，是多幸福的一件事」、「有九旬阿公同住，是緣也是福」、「將孝行體現於生活中，一家感情融洽關係甜蜜」。雖然如此，受於生命期的延長，多代之間的摩擦與衝突，時有所聞。因此，與子女住，也考驗三代同堂相處的智慧。婆媳間結構性心結自古即為一道難解習題，俗云：「不聾不啞，不作家翁」或可作為參照。「兒孫自有兒孫福」，身為祖父母，尤應放下對孫子女的管教權，與下一溝通管教和關愛的責任及權限；雖同住一個屋簷下，也要尊重彼此不同的生活作息，並擁有各自的生活空間，才能創造餐桌上的話題，營造學習型家庭的氛圍。

互利互惠是同住推力，毋庸諱言的，在一個屋簷下同財共居，代間差異與摩擦增多，有時親情反倒成為不可承受之重。這些皆是選擇「與子女同住」所應理解與包容的。

二、同鄰而居

「同鄰而居」（living nearby）是邇近頗受關注的老年居住形式。主要是本形式可兼容「奉養父母」與「幼兒托育」雙重優點。強調親子「同鄰」的居住安排隱含是父族制之下，妻子抗拒與公婆同住的一種折衷（陳建良，2006）。住同一社區、同一大樓、同一街上，維持「有點黏又不會太黏」的親密，照顧得到又不互相干擾。對於兩代而言，「三代同鄰」既可提供照顧，也可避免原本可能產生的居住摩擦，並減少過去時有所聞的婆媳問題（胡幼慧，1995）。「三代同堂」式的折衷家庭，遂衍生出「三代同鄰」的新型態。日本老人福利學者就提出：父母與子女住多近？最好是「一碗熱湯距離」，指的就是媳婦煮好了熱湯，端到樓下或隔街的公婆、父母家時，湯還沒冷掉（林慧淳，2007）。進一步言，「三代同鄰」的居住方式，既可對於父母給予適度的照顧，亦可提供彼此更自由的居住空間，呈現出一種折衷的居住方式。臺灣老人最希望的養老型態是「和子女比鄰而居」，就近照顧，又因分開居住不會彼此干擾。2009年參

與實踐大學「元氣人生——實踐銀髮樂齡體驗營」第一梯次的王永明與武子鳳夫婦即是三代同鄰的代表，育有一子三女，並與小女兒同住一棟大樓。他認為家庭經營之道在於「大團結，小自由」。所謂「大團結」，就是凡我家人發生大事，如謀職、調職、婚嫁、買屋賣屋等，全家人可共同商討對策與金錢的相互支援，但要公事公辦，絕不可有依賴心態；「小自由」，就是子女婚嫁後，必須獨立分居，避免相互干擾，期能保持距離，以策安全。

同鄰而居，既可提供照顧也可避免原本可能產生的居住摩擦，實是現今社會頗值參考的老年居住形式。

三、獨居或高齡雙人家庭

享受獨立活躍的第二人生乃是本居住安養方式的優勢。「我想要留在家中安養天年」這是大多數長者的心願。長者大多希望能在自己熟悉的環境中過度晚年，古人常說：「金窩、銀窩都比不上自己的狗窩」，由於老人具有維持自主與獨立的心理需求，政府提供的居家照護成為現在不可或缺的重要資源。Haak、Fange、Iwarsson和Dahlin（2007）調查瑞典40位80～89歲的男女高齡者，研究發現，家具有獨立及自主的重要性；亦即年齡較大的高齡者，越重視獨立感，在家可以讓他們覺得具有更大的自主性。上野千鶴子在《一個人的老後》乙書提及：到退休時，能好好享受人生的基本條件，就是有一處「專屬自己」的住所（楊明綺譯，2009）。同時，她亦指出男性與女性對老年照顧決定上，有著很大不同，女性比較不喜歡麻煩家人，因此大多女性會選擇機構式照顧；男性因不愛團體生活，所以即便生活不便，他們還是會選擇獨居生活（楊明綺、王俞惠譯，2010）。另外，值得一提的是，薇薇夫人在丈夫過世後，決定賣掉臺北花園新城70坪的房子，獨自搬到淡水賃屋而居，30幾坪樓中樓，樓下充當個人畫室，樓上則是起居臥房，每天面對著綠意盎然的湖光山景，她神情愉悅地說：「現在才是我想要過的生活」。持

平而論，選擇獨居或高齡雙人家庭，是基於在規劃老年居住分類上的概念，因為這種方式與同鄰而居可同時兼顧，住在熟悉而感覺舒適安全的環境，充分發揮個人或配偶二人世界，悠然獨立充滿活力的退休生活，又可顧及與親人、子女比鄰而居。

四、老人住宅

本形式所謂老人住宅包括一般的養老院、銀髮退休住宅。為期有效解決高齡人口龐大的居住與照護需求，老人住宅建築如雨後春筍般的推出，可嗅出市場的商機無限。由於老人住宅具有針對高齡者內建的多元功能，值得關注。許多老人住宅強調具有「五星級」水準的設備，24小時醫療支援，以及全天候的生活服務。例如「淡水潤福新象館」，擁有都會養生住宅的交通便利，少了距離的隔絕感，是以退休公教及專業人士為主力消費群，打破「被拋棄」的迷思，尋求自主的老年生活。另外，養生村也普遍受到退休族青睞，如果退休後生理機能逐漸退化，近三成退休老人想保有自己隱私及較好的照顧，請私人看護或入住養生村；除養生村之外，近二成退休族，希望找一間環境優美的養老院，只要親人定期來探視就好；4%的退休族覺得後半生應該由子女來照顧（紀麗君，2006）。描繪熟年市場的《搶占二億人市場》提及新型養老院將是未來熟年人口的重要需求。新型養老院包括為健康老人設立的長壽社區、適合多代同堂的共居營、為熟稔科技老人設計的高科技複合住宅、為社交頻繁老人設計的俱樂部式的住宅、為充實文化素養者設計的都會型退休住宅，或為老頑童設計的享樂式住宅等（謝春滿，2005）。頗富盛名的京劇名伶戴綺霞，以94歲金齡登臺演出全本梅派大戲《貴妃醉酒》。單身的她，直到85歲，獨自搬進「臺北市兆如老人安養護中心」，身體健朗，生活規律，她說：「我到現在都還single（單身），也是開開心心活著！」實是居住老人住宅適應良好的代表。

由於臺灣銀髮族與子女同住的比率逐年下降，預估專門提供銀髮族

居住的養生住宅、年金屋、養老院等各類型老人住宅需求將大增，正為退休高齡居住安養選擇，提供更多的產品。

五、長宿休閒——新候鳥世代的探險

　　長宿休閒（long stay）在戰後嬰兒潮陸續屆退後，是高齡居住安養方式的新亮點。由於新銀髮族多受到較完整的教育，具有專業知識與技能，年輕時辛勤工作，退休後能環遊世界，體驗不同生活方式，旅居各國是圓夢的好方式。他們充滿活力與冒險精神，喜愛求新求變，不願安於現狀，是候鳥居住族群的普遍特質。long stsy（長期旅遊居住）計畫，是日本政府每年撥出巨額退休年金，供退休人員到世界各國居住1個月至2年的措施，以讓退休人員體驗異國文化、休閒旅遊或避暑、避冬。這項計畫日本已推展十幾年（林慧淳，2007）。臺灣地區的高齡者非常愛好旅遊活動，根據2006年「臺閩地區民眾對於我國已邁入高齡化社會之看法民意調查」，在「民眾退休後最想做的事」題項，旅遊高居24.4%，僅次於回答不知道（30.6%）的比率（教育部，2006）。2009年國人旅遊狀況調查顯示：年齡以50～59歲（24%）及60歲以上（22%）的比例較高；而工作別則以退休人員（15%）、家庭管理（15%）及學生（14%）較多（交通部觀光局，2010）。針對這種需求，國寶人壽的「聖恩休閒養生會館」，係收購苗栗西湖渡假村，利用其中20公頃建置銀髮安養住宅，並採Time sharing概念，規劃於全省北中南各設一安養園區（目前已規劃西湖渡假村與臺南走馬瀨農場），採年金式繳費制度，會員年滿50歲後可終生循環居住各地會館；並首創「旅居式休閒安養生活」，隨著園區的增加，選擇的範圍跟著增加，以後甚至還可以住國外（揭陽，2005），此即是長宿休閒觀念的體現。另外，有一個案例饒富趣味，在臺灣出生的83歲日本人臼井達，愛上南臺灣的溫暖，連續3年當日本一飄雪就到屏東縣內埔鄉暫住，「他像候鳥一樣往返」，每次停留3個月，春天返日（林順良，2010）。像候鳥般持續往返，充滿新奇與冒險的長宿休閒居住安養方式，正誘發戰後嬰兒潮熟齡內心潛藏的悸動，並化為實踐行動中。

收件夾　女人必修的第一堂課──歐巴桑世紀如何當快樂寡婦？

1.有「**專屬自己**」的住所。不再為家人工作而煩惱、能好好享受人生。

2.**多認識生活方式不同、無利害關係的朋友**。相處起來也較坦率自然。

3.**看淡權勢和地位，不拘泥世俗人情**。

4.**不要依賴投資**。採取讓自己安心、較為平穩的資產管理方式較佳。

5.**名下的房子沒必要留給子孫**。

6.**接受照護時，拋棄無謂的客氣和羞恥心**。身體和心理的忍耐毫無好處。

7.**孤獨是單身者的重要伴侶**。與其一味逃避它、不如試著學習面對。

8.**預立遺囑**。找到能確實代為執行的人，有效活用身後的遺款。

9.**別害怕獨自面對死亡**。但須做好能讓別人及早發現並方便處理的準備。

資料來源：楊明綺（譯）（2009）。

收件夾　男人必修的第一堂課──老好男人怎面對自我相處？

1.**培養獨自打理生活起居的能力**。善用超商和飲食宅配服務。

2.**對自我的健康管理負責**。罹患疾病會導致生活品質下降。

3.**遠離酒精、賭博與藥物**。接觸這些會成為連累旁人的不定時炸彈。

4.**不將過去的豐功偉業掛在嘴邊**。人的價值是由別人賦予。

5.**學習傾聽**。老是自說自話的人，很快就會讓人厭煩。

6.**建立沒有利害關係的交情**。如果有所企圖，對方一定會馬上能發覺。

7.**不對女性友人有所企圖**。結交另一半只會回到過去、重複同樣的事情。

8.**廣交不同世代的朋友**。但是，教導、指導、說教是絕對的禁忌。

9.**確實做好資產管理**。事先預想日後臥病時的看護費用，還要留下喪葬
　費用，把錢全數用在自己身上。

10.**做好緊急狀況的預防措施**。要確保有幾個自覺身體不對勁時，能夠馬
　上連絡的對象。

資料來源：楊明綺、王俞惠（譯）（2010）。

🦉 第四節　特殊議題探討

一、連續性照護退休社區

　　「連續性照護退休社區」（Continuing Care Retirement Community, CCRCs）的模式設計，是在同一個社區內也規劃設置社區醫院，使老人能在自己熟悉的環境之中不虞匱乏的受照護直至終老。所謂「連續性照護」（continuum of care）係指照護服務的提供，主要是因應受照護者在長時期間的照護歷程中所發生的各種需求，持續對受照顧者提供服務，直至其不再需要照顧服務，或轉介到其他照顧機構為止（Barker, 1991）。「連續性照護」的理念可免除高齡者遷徙之苦，並對各階段的照護需求有專責個案管理員監管，甚受肯定，國外已有許多機構秉持這個理念將機構式照護與社區式照護兩者結合，設立持續性終身照護機構（Continuing / Life Care facilities, CLC）及連續性照護退体社區。美國學者Lawton（1998）提出三項居住在「連續性照護退休社區」優點：(1)配偶或朋友一方，或二者健康狀況變衰弱時，仍可維持住在鄰近；(2)因老化而有健康問題時，可迅速獲得健康照護；(3)當住民身體狀況良好時，可以維持與社會互動。同時，Lawton也指出「連續性照護退休社區」亦可提供正式與非正式的資源網路來減少高齡者被社會孤立及沮喪感，並可藉由各式各樣的活動與社交達到居民的自我實現。「連續性照護退休社區」之型態，以生活照顧為主，醫療照護為輔，將健康、協助、臥床三個所需的資源，集中在同一地區，給予綜合性且長期性的照護，規劃合於經濟規模的社區，「長庚養生文化村」即為其例。除訂製符合國人居住習性的無障礙住宅、社區醫院、社區活動設施之外，並在社區內建構協助高齡者生活，和失能照護之支持系統，包含護理之家、日間照護、居家服務、居家護理、喘息服務、緊急呼叫系統等照護支持項目，提供高齡者在健康階段的預防保健，和失能階段的生活協助與全程長期照護安排。顯然，養生

文化村所興建的「連續性照護退休社區」，值得銀髮族在作居住安養規劃時，參考選擇。

二、長宿休閒

　　結合退休與海外長宿休閒的新風潮，最早從歐美開始發展。先進國家有些健康長壽的銀髮族，在退休後會規劃到國外長時間休閒度假；「長宿休閒」（long stay）又稱「遊牧享老」，此種休閒生活養老正逐漸成為退休生活新趨勢。由於此類型之活動常隨著季節變動而選擇不同地方，也稱為「候鳥式休閒」或「異地養老」。

　　long stay這個名詞是日本人於2000年正式定名的日式英語，日本《Long Stay白皮書》將long stay定義為：既非短期觀光旅行，也非長期移居他國，而以「根留日本」為前提，進行為期一至數月不等的國外旅居休閒，與當地居民交流，融入當地生活，並追求嶄新生活意義的長宿休閒。日本團塊世代是實踐海外居住的代表族群。2000年起日本開始出現long stsy風潮，退休人士到歐美、亞洲長期居住1到3個月，形成「候鳥式休閒」。通常參加長住的人多數是希望藉由在一個地方居住1到3個月，能融入當地生活，建立個人的新生活目標，做一直想做卻沒時間做的事。2007年是日本戰後嬰兒潮達退休年齡的開端，一年退休人口有700萬到1,000萬人，每人每月可領約新臺幣70,000元退休金。依據日本調查，日本退休人士選擇國外長宿休閒地點，最在意的是醫療、治安、物價、氣候、食物、語言、觀光、居住環境、與日本的距離等。目前，long stay乙詞已為全世界各國所接受，意指：一個人長期（1個月至3年）住在一個國家或地區，去從事與生活有關的休閒活動，皆稱為「long stay」。就臺灣地區而論，因應數量龐大的戰後嬰兒潮正陸續屆退，包括行政院農業委員會的「國外長宿休閒」，台塑集團等企業所稱的「異地養老」或觀光局所指的「長期旅遊居住」與南投縣埔里鎮公所推廣的「長期滯在海外移住」，皆與上述名詞有高度相關與雷同之處。

綜括而言，一般欲經營海外長宿休閒之業者應提供的休閒活動需包括：(1)1至3日生活圈、旅行、觀光；(2)家庭菜園、農業體驗；(3)釣魚及高爾夫等運動；(4)圍棋、象棋；(5)料理教室；(6)邀請參與地方社團活動及傳統節慶活動；(7)與當地居民進行國際交流，營造相互學習對方語言、文化的機會（日本Long Stsy推進連絡協議會，2005）。的確，這種有如「候鳥式休閒」或「異地養老」的方式，正符應新銀髮族這一群有錢、有閒、活力充沛、勇於築夢踏實的特性。當天候轉換，大地穿上新衣，飛機引擎發出曼妙的呼喚聲，正是勇於冒險追求自我圓滿的新銀髮族，啟航奔向天際的時刻。

三、老人住宅

老人住宅的建置乃是歐美先進國家老年居住安養的主要方式之一。「老人住宅」不同於生活無法自理者入住的養護機構，老人住宅就像一般套房公寓，多數區分為單人房與雙人房，對可以「自理生活」的老人，提供飲食、生活諮詢、安全確認與緊急因應等服務。我國人口老化的速度遠比歐美等先進國家快，為滿足高齡者急速增加的多元化居住需求，乃積極推動老人住宅建設；又為落實社會福利應朝多元化、社區化與普及化發展之施政理念，有關老人住宅之規劃興建方式，朝人性化、分散化及社區生活化方向推動辦理，俾與在地老化政策相契合（朱芬郁，2007）。為促進民間參與老人住宅建設推動方案的實施，內政部於2002年委託臺灣經濟研究院研究「我國高齡化社會對策──促進民間企業投資安養產業之探討」。其後，審酌該研究建議，並於2004年5月13日頒布「促進民間參與老人住宅建設推動方案」。

臺灣地區的老人住宅可概分為私立與公立兩種，公立老人住宅的土地及房舍，多由各縣市政府或中央政府提供，再委託民間相關業務機構經營，民眾入住的費用較私人興辦的老人住宅為低。以臺北市政府為例，目前臺北市有三間老人住宅，分別是陽明老人公寓、朱崙老人公寓與臺北

市中山老人住宅暨服務中心；私立老人住宅則是企業投資經營的營利單位，民間推出的銀髮住宅，通常客層瞄準的是所謂的金字塔頂端客戶，設備與服務上如同飯店或豪華旅館，以滿足經濟能力較高的長者需求。例如1996年由潤泰集團推出的潤福生活新象，是銀髮族住宅最先成功的案例。近年來各民間企業與財團法人更有朝向「連續性照顧退休社區」發展的傾向，將可自理的老人安養住宅、需要醫護服務的老人長照機構併設在同一個社區，讓原先住在安養住宅的長者，在健康逐漸退化、需要醫護協助的時候，不需要離開原先熟悉的社區，達到連續性照顧的目的（黃千桓，2011a），長庚養生文化村、雙連安養中心即為其例。有關公私立老人住宅的地點、入住條件、收費方式以及特色，整理如**表**7-1及**表**7-2。更精準的說，我國在2007年通過的「老人福利法」修正法案，明訂「全人照顧、在地老化、多元連續服務」是未來的服務方向。相信政府為老人住宅挹注更多的政策與經費支持，這種老年居住安養的方式，值得予以持續關注。

四、全齡住宅──適合老、中、少三大年齡的新主張

代間數多而各代人數少是少子高齡社會的家庭型態，一般稱為「豆竿家庭結構」（beanpole family structure）。在房價居高不下，居大不易已是大部分人們共同的心聲，對老人居住而言，更是，難啊！

「全齡住宅」（houses for all ages）的創新觀念，推出後即受到許多民眾的討論。「全齡住宅」是一種涵蓋各年齡層生理需求，以「通用設計」為核心，讓0～100歲的使用者，都可在其中安心居住，享有自主生活的住宅（黃千桓，2012b）。依據一項2011年「全齡化住宅趨勢」調查顯示（黃千桓，2012b），有八成二的民眾表示買屋時「期待」適合各年齡需求的「全齡住宅」。其實，這種房地產市場需求反應，自是三代甚或四代同堂家庭組成結構變遷趨勢的必然，核心家庭然成為臺灣最大宗的家庭結構。更進一步言，在熟悉的社區、居住環境，自中壯年住到終老，強調

表7-1 公立老人住宅入居條件、收費方式一覽表

	朱崙老人公寓	臺北市中山老人住宅暨服務中心	新北市立五股老人公寓
地點	臺北市中山區	臺北市中山區	新北市五股區
入居條件	・設籍臺北市一年以上，年滿65歲 ・能自我照顧，具生活自理能力者	・設籍臺北市滿一年 ・年滿65歲，但申請同住之配偶不受此限 ・能自理生活，或經巴氏量表評估達90分以上者	・設籍新北市，並實際居住，且年滿60歲以上（申請同住之配偶不在此限） ・身心健康生活可以自理之失依，獨居或中低收入戶老人
收費方式	・保證金：54,000～75,000元（依坪數不同） ・每月費用：18,000～25,000元（依坪數不同） ・伙食費：4,000元	單人房： ・保證金：30,000元 ・住房費：每月最高14,000元（不含個人使用之水電費及電話費） ・伙食費：4,000元 雙人房： ・保證金：50,000元 ・住房費：每人每月9,500元（不含個人使用之水電費及電話費） ・伙食費：4,000元	單人房： ・保證金：48,000元 ・管理維護費：8,000元 ・伙食費：3,150～3,780元 ・電費、電話費：依實際使用量收費 雙人房： ・保證金：84,000元 ・住房費：14,000元 ・伙食費：6,300～7,560元 ・電費、電話費：依實際使用量收費
特色	建構一個「本土化照顧住宅模式的優質老人公寓」	三合一的老人相關機構（含老人住宅、老人服務中心及日間照顧中心）	・新北市唯一一座公設的老人公寓 ・與同棟托兒所合作代間活動

資料來源：作者整理

表7-2 私立老人住宅入居條件、收費方式一覽表

	潤福生活新象	長庚養生文化村	雙連安養中心
地點	新北市淡水區	新北市林口區	新北市三芝區
入居條件	50歲以上，可自理生活	・年滿60歲，配偶年齡不拘 ・日常生活能自理	・年滿60歲 ・以需他人照顧或無扶養義務親屬或扶養義務親屬無扶養能力，且日常生活能自理之老人為照顧對象
收費方式	・保證金：500～1,100萬（依坪數而定） ・月生活費： 17,000元／1人 29,000元／2人	・押金：216,000～372,000元 ・住宿費：18,000～31,000元 ・膳食費：約4,500元 ・水電費：依表計費	・保證金：0～10個月 ・基金生活費19,000萬元 ・加養護，每月30,000元起跳
特色	・臺灣第一座五星級銀髮飯店住宅 ・附設松年大學	・首創連續性照護退休社區，為銀髮族提供全方位照護服務 ・國內最大銀髮住宅社區	・連續性照顧：附設長期照護區及失智症專區 ・多元化服務：附設松年大學提供多項活動課程

資料來源：作者整理

「通用設計」概念的「全齡住宅」，正是為此而設計。2011年臺北市都發局與伊甸基金會、永慶慈善基金合作，在萬芳國宅共同打造一戶「通用住宅示範屋」，係採無障礙空間方式，去除室內與室外門檻，通道改寬便於輪椅通行，階梯拉平成斜坡，全面改為雙向推拉門，裝設衛浴空間扶杆等，確實可供老、中、少三大年齡層都適用，住的安心。更貼心的是，針對無力購買房屋者，營建署提供「修繕住宅貸款利息補貼」，協助擁有一戶老舊住宅的家庭改善住宅環境；各地方政府社會局、處亦有「中低收入老人修繕住屋補助」；此外，桃園縣、屏東縣、臺東縣的居民，可申請中華民國老人福利推動聯盟之「居家老人住宅改善計畫」，對象包括中低收入戶老人、失能老人、近貧老人，提供住宅修繕、浴室止滑工程之補助等，可供申請補助，藉以改善老年居住品質。

　　「全齡住宅」概念是多代家庭結構下的新思惟，也是臺灣自有住宅比率偏高的新選擇，適合老、中、少三大年齡是其特色，勢必成為未來臺灣少子高齡社會住宅的主流型態，後續發展頗值關注。

 結語

　　在尋找心中的香格里拉時，天堂可能就在你眼前。美國汽車大王福特：「每個人都巴不得跑去別的地方，一旦到了那兒，又恨不得趕緊回來。」退休後的銀髮族已從工作時的社會環境，回歸到哲學家胡塞爾所說的「生活的世界」，一種個人心理上感覺熟悉、穩定、有感情的人事物，如家人、親友等。深信，生活世界裡的事物越多、關係越好、銀髮生活便會越如意。無論是離開都市過退休生活，邀約山海景觀同行；抑或選擇有老伴、老友和充滿兒時記憶的熟悉地方；以及與親人、子女只有一碗熱湯的距離比鄰而居；和合宜的老人住宅等。只要是在衡度個人自身條件，並在外在資源可資配合之下，誰說不是人間的香格里拉呢？香格里拉就在你我指尖，俯拾皆是。

智慧小語

- 上野千鶴子：「自己的家最舒服——也就是不管身在何處，讓自己覺得是專屬的生活空間，住得慣、使用得慣，就是最好的住所。」
- 佚名：「住慣的地方就像皇宮一樣好。」
- 美國汽車大王福特：「每個人都巴不得跑去別的地方，一旦到了那兒，又恨不得趕緊回來。」

動動大腦

◎活動名稱：「年老後，你要住哪裡？」
◎活動對象：55歲以上長者或大專校院學生
◎活動內容：請參考本章第三節【退休居住圖像的選擇】
◎範例：「長宿休閒」（long stay）建議方案

1. 依時間及體能：以55歲退休為例
   (1)55～65歲：身體活動力較強，可密集旅居海外，一次1個月至3年不等。
   (2)66～74歲：考量自身活動力，拉長單點旅居時間，半年住海外，半年住家裡。
   (3)75歲以上：面對身體器官與生理機能逐漸衰退，要減少或停止進行。

2.長期旅遊居住地點

  (1)歐洲地區：西班牙、義大利、瑞士、法國

    特色：1.以週為單位出租的公寓甚多，旅客進行長宿休閒非常方便。

        2.歐洲歷史、傳統及文化的魅力，生活步調悠閒緩慢。

        3.地中海地區氣候溫暖，當地可享受鄉下生活，物價相對便宜。

  (2)亞洲地區：日本、馬來西亞、泰國、菲律賓、印尼、新加坡

    特色：1.馬來西亞、泰國、菲律賓、印尼四國將長宿休閒產業列為該國重大經濟發展政策。

        2.長宿休閒相關配套措施已臻成熟。

        3.鬆綁簽證規定便利銀髮族。

        4.基礎設施建設完善，規劃豐富的旅遊觀光行程及文化參訪活動。

延伸閱讀

楊明綺（譯）（2009）。上野千鶴子著。**一個人的老後**。臺北市：時報。

楊明綺、王俞惠（譯）（2010）。上野千鶴子著。**一個人的老後【男人版】**。臺北市：時報。

第 8 章

人際關係規劃——
活到老，圓融到老

「年輕人要有老年人的特質；老年人應有年輕人的精神。」
～海明威

前言

「老年期是人際關係最圓融的黃金階段」，美國普渡大學老年學教授黃格曼（Karen Fingerman）如是說。

老年人際關係意謂著在晚年生活活動過程中，所建立的一種社會關係；並對長者的心理產生影響，形成某種距離感。由於人際關係是人與人在社會互動的結果，包含相當多的面向，例如夫妻的婚姻關係、與成年子女的親子關係、與孫子女的祖孫關係、兄弟姐妹的手足關係，以及與親朋好友的友誼關係等。基本上，老年人際關係可概分為代間關係、手足關係，以及友誼關係三大層面。現在，我們就從廓清人際關係與老年身心健康概念入手，並依所涉及的重要層面，逐項深入探討，以迎接人際關係最和善、圓融的黃金階段。

第一節　老年的人際關係與身心健康

邁入成年晚期，伴隨年齡的增長，無論是社會關係或角色任務，皆因之產生改變。其中，在人際互動方面，從工作退休、成年子女的離家、配偶、手足或朋友的死亡等，都對老人造成衝擊，倍感壓力與焦慮，影響身心健康，至值深入探討。

一、良好的社會支持有助老年生活健康，且較為長壽

許多研究結果發現，人際關係與生理健康有正相關。柏克萊大學與耶魯大學的研究指出，社會孤立者（包括：較少朋友、缺乏婚姻與家庭關係、較少參與教會或社會團體之活動者）較容易產生癌症、呼吸系統疾病、循環系統疾病、心臟血管疾病等，且也較容易發生意外；另外，也有一些研究發現有社會支持系統的人其壽命較長（王蕙玲，1994），死亡率也較低。同時，一項實證調查研究結果，亦支持上述觀點。哈佛大學研究

約3,000名的美國老人，調查他們的社交活動與健康的影響，發現花較多時間社交的老人，比起很少跟別人來往或根本不跟人來往的老人，長壽的可能性增多20％；再者，社會支持與協助壓力的舒緩有關。紐約市聖約翰大學研究一群紐約市的交通執法人員發現，工作壓力會刺激血壓的提升；當有緊張或壓力的產生時，同事對他們表現友善的支持，血壓較能保持平穩（陳雅汝譯，2008）。上揭相關研究結果顯示，當老年時期對某些事情呈現焦慮緊張或感到有壓力時，社會支持顯得格外重要，並對個人的生理健康有影響。

二、合宜的人際互動與心理健康有關，並促進成功老化

呂寶靜（2000）研究發現，老人從朋友獲得的協助主要是「情感上的支持」，朋友不僅可提供心理上的支持和相互作伴，尤其在配偶死亡後，朋友更提供了贊同、情緒支持和協助。換言之，老年人除了家屬是社會支持體系外，當老年人遭遇角色喪失時，朋友能填補某種程度的空虛，提供適時的協助，讓老年人覺得自己是有能力、有人喜歡，受人需要的（黃郁婷、楊雅筠，2006）。有些文獻指出，跟他人保持接觸能降低焦慮，並減少壓力荷爾蒙釋放到體內的量。因為壓力荷爾蒙會提高心臟病、糖尿病、阿茲海默症以及其他的生理疾病的發生率。另外，有關研究指出，社會聯繫的減少，會導致孤寂與不安感的出現，進而提高老年憂鬱症的比例，更會減少老年人的壽命（陳雅汝譯，2008）。根據研究，老人的社會支持越多，心理調適的能力，如生活滿意度、情緒、人際互動等就越好（王瑞興、孫旻暐，2008）。再者，在人際互動與成功老化的相關研究方面，麥克阿瑟基金會的一項針對成功老化的報告顯示，有社會聯結者其手術後所需的止痛劑量會較少，且較快痊癒（陳雅汝譯，2008）。某研究經過12年觀察大約3,000名社區老人，發現與社會脫節的人，例如沒有和朋友、家人接觸等社會支持者，在這段時間經驗認知損傷的機率為同年齡、同性別、種族和健康狀態，且有5、6年緊密社會聯結的老年人高2.4

倍（Bassuk, Glass & Berkman, 1999），持續合宜的人際互動可促進成功老化。根據周玉慧、楊文山、莊義利（1998）在「晚年生活壓力、社會支持與老人身心健康」的研究中，以「臺灣地區老人保健與生活問題」調查60歲以上為對象，有效樣本4,049份為依據，在社會支持的提供測量結果發現，在情感性支持與社會支持兩面向中，特別是情感性社會支持的提供越高，則老人的生活滿意度越高，並有助於促進老人的身心健康。可見合宜的人際互動有助老年心理健康，並與成功老化有關。

🦉 第二節　老年的代間關係

　　代間（between generations）關係是指在家族的結構中代內（intergenerational）、代與代之間（intragenerational），以及多代之間（multigenerational）的關係，包含兩代以上之間的親子關係，如父母與子女的關係，以及祖孫三代之間的關係。代間關係的發展是以家庭為中心的親子關係，一個成人組成家庭養育子女以後，代間關係成為成人發展中重要的一環。而代間關係是一種以親情為基礎的人際關係，除了親子之情之外，且重視相互的尊重與溝通技巧（王仁志，2005）。整體而言，代間關係的發展即是以家庭為中心的親子關係，一個成人組成家庭養育子女以後，代間關係即為成人發展亟重要的網絡。

一、老年父母與成年子女的親子關係

　　伴隨平均餘命的增長，就老年期的家庭而言，由於老年父母和成年子女相處的時間亦隨之延長，代間關係實是老年期家人關係之核心，對老年父母和成年子女的福祉皆有影響。研究顯示，代間關係的品質對成年子女及老年人皆具有重要性，尤其是情感性的支持，更有助高齡者的生活滿意度（Lang & Schutze, 2002）。通常成年子女與父母的親子關係，會受到居住的距離、成年子女的性別、孫子女的出生，以及文化等四個因素的影

響（周麗瑞、吳明燁、唐先梅、李淑娟，1999）。也就是說，老年父母與成年子女之代間關係是多面向的建構（Bengtoson & Roberts, 1991），單向的扶養關係，尚包括情感、互動和相互協助等面向（林如萍，1998），同時，隨著時間推移，父母年老，健康衰退，老年父母和成年子女之代間關係亦呈現動態變化（Qureshi & Walker, 1989）。黃琴雅（2011）一項針對成年子女與老年父母代間動態關係轉變的研究結果顯示，現今家庭界限混淆，造成兒女關係過於僵化，呈現出干擾侵犯，代溝必存，含蓄迂迴情感表達，疏離的和諧，親子間互動由隱藏規則來訂定，代間情感糾結——兒、女與媳、婿的角色期待矛盾，以及代間關係常處於曖昧不明的混沌地帶等現象。

具體而言，由於家庭中世代數增加，但各代人數下降所形成的「豆竿家庭結構」（beanpole family structure）的出現，使得家人、親屬人數與相互支持更值得關注。首先，是代間孝道責任（filial responsibility）與代間孝道責任規範問題，前者，乃是個體對協助父母以維持其福祉的意識、觀念，其強調保護、照顧老年父母的責任和意願（Schorr, 1980）；後者，則是引出成年子女適當的行為，包括與父母同住、家務協助、頻繁互動往來及提供情感、財務支持等（Seelbach, 1984）。研究顯示，孝道責任仍是代間重要的聯結，而規範方面則傾向代間協商方式來維持（Suitor, Pillemer, Keeton & Robison, 1995）。其次，在代間情感與代間互動方面，代間情感具有五個主要的元素，包括親密、瞭解、信任、公平及尊敬（Gronvold, 1988）。而「親密」更被視為是親子間情感、關係品質的重要指標（Connidis, 2010）。老年父母和成年子女間之正向的情感，被視為是「代間關係之品質」。代間情感可歸納為：依附之情、照料之情與期望之情（林如萍，1998）；有關代間互動的研究指出，代間仍存在頻繁之接觸（Bengtson, Cutler, Mangon & Marshall, 1985），可由代間相互探訪、電話、信件往來的頻率來加以描述。最後則是代間的相互協助，本項關係建立在「給予」與「接受」的基礎上。代間相互協助是代間關係的重要面向，可區分為「情感性」及「工具性」支持兩種型式（Mancini

& Blieszner, 1989），並細分為三大類：個人事務（忠告、安慰、疾病照顧）、家務（修繕、看家、日常工作）及工具性支持（送禮物、給錢、協助找尋工作）（Rossi & Rossi, 1990）。要之，代間協助實是本於互惠狀態，親子關係彼此互相協助，並呈現曲線模式，20～30歲是獲得父母協助的高峰期，35歲以後逐漸下降（Uhlenberg & Cooney, 1992），40歲左右逐漸趨向雙向平衡（Eggebeen & Hogan, 1990），75歲以上則老年父母接受子女較多的協助（Hogan, Eggebeen & Clogg, 1993）。

變遷社會下的老年父母與成年子女的親子代間關係，呈現的是動態關係的轉變，涉及諸多主客觀因素，但是，唯一不變的是——代間親子和諧、親密、給予與支持的期待與擁有。

二、祖父母與孫子女間的關係

祖孫關係是老年期家庭代間關係的重要環節。由於隨著平均壽命的延長，大多數的老人皆經歷祖父母角色，「為人祖父母」似乎成為個人生命發展歷程中的重要事件（Smith, 1991）；值得注意的是，研究顯示，祖孫關係對兒童的社會化歷程存在顯著影響（Cherlin & Furstenberg, 1986），且對其未來的個人、學業、甚或社會適應，造成影響。其中，涉及祖父母的角色、祖孫的互動，以及祖父母對孫子女的關係。

每個人終其一生，常扮演著諸多不同的社會角色。角色理論（role theory）假設個人面臨老化時，能夠調適良好的關鍵，即建立在其本身接受在老年時期之角色變化，且能夠做好調適（林歐貴英、郭鐘隆譯，2003）。大多數的老年人仍持續扮演著多樣性的社會角色，如伴侶、父母親、祖父母、朋友或鄰居，且能從這些角色的互動過程中，得到自我實現的滿足感。整體而言，老人有獲得新角色的期待，在娶媳婦（變成公婆）或生孫子女（變成祖父母）而得到新角色。代理父母，擔任孫子們的主要照顧者、提供情感、工具及財務支持等，是為人祖父母較常扮演的角色（林美珍，1997）。一項對臺灣地區祖父母角色調查顯示，七成受訪

者皆認同阿公阿嬤角色，受訪的祖父母自覺是家中危機緊急事件的支援者，「救火隊」是自己最主要的角色；其次，依序為「守護者」——家中的精神象徵、家人的精神支柱；「歷史學家」——最瞭解家族歷史，可協助孫子女瞭解祖先的故事；「照顧者」——子女無法照顧孫子女時，最好的替代照顧者；「教導者」——傳授孫子女生活經驗、做人做事的道理；「角色的楷模」——晚輩們學習的對象和模範；另外，孫子女眼中的「阿公（阿嬤）」的角色，以「歷史學家」同意比例最高，其次依序為「角色楷模」、「教導者」、「守護者」以及「寵愛者」等角色（林如萍，2009）。

　　1964年Neugarten和Weinstein的研究指出，祖父母的角色最大意義為家族生命的延續及情感上的自我實現（可以彌補早先自己身為父母角色時不足的親子關係），其他為提供子女發展過程的經濟或生活經驗的支援，以及看到孫子女的成就，勝過父母或祖父母時的成就與滿足（引自吳珍梅，2007）。對老人而言，最聰明的投資就是當一個好的祖父母，因為當祖父母比當父母好，可以享受兒孫樂卻不須承擔責任（Richard, 2005）。而這份自由就是許多老人覺得當祖父母最享受的部分（Erik, Joan & Helen, 2000）。Mary（2000）強調祖父母輩最大的作用，就是著重在孫子眼前的狀況，並且加以疼愛他們就好。與孫子女在一起時，老人可以用許多方式來引導與扶助這一代，而這些參與可以提升老人身為家中長者，表達關懷及受到重視的感覺；同時，老年人在扮演祖父母的角色中，有機會照顧幫助年輕後代，肯定自己的生產繁衍力（grand-generativity），可以比他們早年照顧子女，更完善的照顧新生的一代，能在孫子女身上獲得未曾經歷過的驕傲感（Erik, Joan & Helen, 2000）。多數的祖父母都很疼愛孫兒，並非因其所作所為，只是為了身分所產生無條件的正面對待（Mary, 2000）。還有一些老人很顧慮自己對孫子女的影響，會敏銳且自律的修正自己的行為，因為他們希望自己過世後，孫子們對他們的記憶是肯定的（Erik, Joan & Helen, 2000）。

　　至於孫子女輩而言，多數的孫兒都能從祖父母那獲得足夠的安全感

及持續感。有良好祖孫關係的孩子，會比較安靜、鎮定而且容易信賴人（Mary, 2000）。父母離婚對於祖孫關係會產生重大影響，但孩子若能從祖父母那得到良好的支持，會比沒有的，明顯更能適應破損家庭的情況（Erik, Joan & Helen, 2000）。根據1991年Kennedy對青年研究結果發現，和祖父母相處親密的前五項重要理由為：(1)喜歡祖父母的特質、願意與他們分享；(2)感受到祖父母的關心和讚許；(3)特別欣賞祖父母的某些價值觀念與行為處世；(4)和祖父母在一起時感到自在輕鬆；(5)祖父母讓我覺得我的表現是值得驕傲的。祖孫關係的重要性，可見一斑。

海明威：「年輕人要有老年的特質；老年人應有年輕人的精神。」經驗、成熟與智慧是老年人的印記與驕傲；年輕人的精力、體力、創造力則是青春的綻放與象徵。藉由祖孫互動，老年世代可傳承、分享經驗；年輕世代則傳遞社會脈動，科技新知，達到所謂的文化反哺，乃是創造雙贏、互惠的局面。

收件夾 「阿公阿嬤10要與3不」

美國根據數百個阿公阿嬤的經驗，歸納出「阿公阿嬤10要與3不」。

「10要原則如下」：

1. 凡事先和（孫子女的）父母討論，必須搞清楚自己是備胎，父母才是孫子女的首席。

2. 有初生寶寶的父母總是手忙腳亂睡眠不足，他們需要有「幫手」，幫忙照顧寶寶，讓父母鬆口氣。

3. 要傾聽孫子女的心聲、想法、感覺和說法，但聽後要立刻忘掉絕大部分。傾聽的目的是當孫子女的情緒出口，聽完就該忘記。要公平對待所有的孫子女，不可獨愛一人。設計讓孫子女和阿公阿嬤之間有一對一的時間，這讓孫輩覺得他很重要。

4. 可以租錄影帶回家和孫子女一起看電影，選擇不一樣的電視節目，或閱讀書本給孫子女聽，都比帶孫子女去購物或贈送禮物還恰當。帶孫子女一起釣魚也很不賴。

5. 記住孫子女的生日和重要節慶。在孫子女的生日時打個電話說：「生日快樂，阿嬤愛你。」若要給錢，給多給少依孫子女的年紀大小而定差異。

6. 要對孫子女的興趣表示「興趣」，例如孫子女愛打籃球，就多談籃球的主題（若不懂籃球，最好到籃球場觀看一下，免得問得太無厘頭）；若孫子女愛唱歌，就問他們是什麼歌？唱給阿嬤聽聽看，「這是周杰倫的歌嗎？」這樣說顯得阿嬤很上道，雖然不一定猜對，但至少顯示阿公阿嬤不至於只會聽「黃昏的故鄉」或「孤女的願望」。

7. 說家庭歷史給孫子女聽，如你當年如何養育他們的父母，或者做家庭歷史剪貼簿，一起編輯照片說故事，這樣不僅連線三代，也跨越過去、現在和未來，還讓孫子女記得一輩子。

8. 提供不同的健康食品，或小吃，或零食，這些食物是孫子女在家裡吃不到的。這樣一來，他們會愛上阿公阿嬤的特製食物，在外食普遍的現代，也許還養成孫子女正確的飲食習慣。

9. 陪孫子女玩遊戲，下棋、三國誌、吹牛、聊天。

10. 記得孫子女有四個阿公阿嬤，你只是其中之一，千萬別競爭探訪權或想以重禮擊敗其他的阿公阿嬤。

「3不內容如下」：

1. 除非父母主動要求，否則別給忠告或批評。當然不能在孫子女面前批評父母，糾正人家的決定或家庭生活方式。要切記，每個家庭有自己的生活方式，不能以自己的價值觀為父母做決定。

2. 不要為孫子女設紀律，也不要侷限在一個小的範圍，因為父母自有其家庭文化和紀律。

3.不要打探孫子女家庭的隱私。有些阿公阿嬤會透過問孫子女問題，
以得知兒子或媳婦，女兒或女婿等隱私，這是絕對的禁忌。

　　最後，創造三贏，父母、祖父母、與孫子女之間的三贏和無條件
的愛最重要。只要把握住以上的「10要」與「3不」，好好的享受當
阿公阿嬤的樂趣，就能當個稱職的阿公阿嬤了。

資料來源：http://www.libertytimes.com.tw/2008/new/may/21/today-family1.htm

第三節　老年的手足關係

　　手足關係是家庭三大次系統之一，其餘二者是親子與夫妻系統。手
足是親子關係之外最重要的聯結，在老年期的人際網絡中，尤其顯現特殊
地位。

一、手足關係的意義及其重要性

依據Bedford（1994）的研究，手足形式約可概分為五類，包括：

(一)生物性手足──是基於血緣關係的手足。源於相同父母所生，可
　　平等分享各一半遺傳機率。

(二)繼手足與半手足──繼手足（step-siblings）是父母雙方均帶來
　　前次婚姻的子女，重組家庭所形成子女間的關係；半手足關係
　　（half-siblings）則是由於僅其中一方帶來前次婚姻的子女因而擁
　　有共同子女時，所產生的半手足關係。

(三)準手足──此類手足關係是因父母以同居形式且雙方均帶來前次
　　婚姻的子女，其子女的關係即稱準手足（quasi-siblings）。

(四)結拜手足──是經過某種雙方共同認定的正式儀式，因而彼此自
　　認的手足關係，即稱之結拜手足（fictive-siblings）。

(五)非核心家庭的手足——此類則是在核心家庭之外，因血緣、姻
親關係的擴展所形成的親屬網絡的手足關係，例如表姊妹、堂
兄弟。

在個體老化的過程中，手足社會支持功能之變動與個人生命週期中
的重要事件有關，包括結婚和養育子女、離婚和喪偶，以及家庭成員罹
患重病或死亡（Connidis, 2010）。Bank與Kahn（1982）歸納出六項手足
關係的重要性，對照臺灣當前現象，頗有意義。包括：(1)家庭規模越來
越小；(2)人越來越長壽，手足則提供了長期的支持資源；(3)家庭遷移頻
繁；(4)越來越多母親出外工作；(5)年輕者的壓力越來越大；(6)父母在心
理及情緒上支助的缺席會導致手足關係的改變。顯見，手足關係實是在
我們生命的各個階段，給予心理與生理的接觸；因之所建構的手足支持
網絡，持續到成年晚期，成為一生人際互動中，最基本也最有影響力的
一環。

二、老年期手足互動與發展任務

通常，手足之間有保護其基因傳承的傾向，在心理層面則彼此擁
有共享生活的成長經驗，故而在文化面向上，雙方彼此依靠並會提供
協助（宋博鳳，2002）。手足關係間的互動行為，一般具有以下的特
質（林如萍，2001）：(1)正反互動特質並存：手足關係中包含著正、
反兩種特質。正向互動特質，包括照顧、親近、喜愛、忠實、合作及
團結等；而負向的互動特質則有：權威、競爭及爭吵等；(2)兼具互補
（complementary）及互惠（reciprocal）關係：手足關係中的互補特質，
特別是較年長的手足在父母的委任下，扮演著類似父母的角色，包括手足
間的照顧、依附、教導等，有助於年幼的弟妹在認知及社會情緒上的發
展。而互惠關係，則包含模仿及情感兩種互動關係，其中情感同時兼具有
正向（合作、協助）及負向（忌妒、爭吵）兩個向度。

(一)提供支持的網絡是老年期手足互動的特徵

　　老年期的手足關係會受到下列四個因素的影響（周麗端、吳明燁、唐先梅、李淑娟，1999）：(1)手足相處的經驗：孩童時期手足相處經驗良好與否，將影響老年期的手足關係。其手足關係相處融洽者，其老年的手足關係會較親密；反之，則為疏離；(2)性別的差異：女性的手足關係大致會比男性手足的互動關係來的親密，且接觸也較頻繁，主因是女性比男性有較少的競爭性及侵略性；(3)個人狀況：手足間的互動與關係會受到居住地點、婚姻狀況，以及有無子女等因素的影響，其中居住較遠、已成家、有子女，其手足關係的互動會有下降的趨勢；(4)年齡的改變：手足關係在20～30歲間的互動是最少的，40歲後會在增加。但其親密關係卻無法像孩童時的那樣親密，其主要原因是受到工作及家庭的需要影響。50歲後的手足關係會一直穩定的維持到老年期。顯見，手足關係和年齡呈現V型相關，在成年期，手足關係隨著個體結婚、離家而減弱，但隨著個體進入老年期時，手足關係又變得較為重要。具體言之，舉凡親子關係、家庭氛圍、兒童個人特質，以及家庭變項（年齡、性別、家庭規模、手足性別、年齡差距、出生序、手足人數），皆可能影響手足互動。

(二)老年期手足關係的發展任務側重陪伴與支持、直接服務、解決手足衝突、以及分享回憶和知覺確認

　　依現在死亡率的情形來看，大部分的人一直到他們超過70歲或80歲以上，才經歷過手足的死亡。研究顯示，手足年老時會重新修復他們過去的關係，原諒過去的衝突、敵對和變得更親密，而這通常是透過回憶的方式達成。的確，從兒童期以至成年期、老年期，不同生命週期的手足關係，各有其互動型態與發展任務。Goetting（1986）即以生命全程取向，分析不同生命週期手足關係之發展任務，如**表**8-1。

　　從**表**8-1中可瞭解，不同生命週期手足互動型態，從兒童期、青少年期的緊密，以至成年前期到老年期由緊密漸轉疏離而又轉緊密；在發展任務方面，友伴與情感支持、協助與直接服務兩項，呈現在全生命發展任務

之中。分享回憶與知覺確認、解決手足衝突則是老年期手足關係，較鮮明的發展任務。

🦉 第四節　老年的友誼關係

「去找新朋友，保持老朋友；前者是銀，後者是金。」親密的友誼是社會支持要項，也是迎接老年期來臨時，取得自己與人際、社會間聯繫，創造人際關係無形資產，不可或缺者。

一、從支誼中獲得社會支持，有助老年生活幸福感提升

教育老人學（educational gerontology）指出，高齡者需求的重要性將從成就需求轉變為歸屬需求；前者係指完成某項特定目標的需求，後者則為豐富人際關係的需求（堀薰夫、陳黛芬譯，2006）。一項「全國老年生活幸福感調查研究」（黃富順，2011），針對全臺55歲以上人口，計1,068人進行抽樣調查，在「使生活快樂的方式與對象之分析」項下，

表8-1　不同生命週期手足關係之發展任務

生命週期	互動型態	發展任務
兒童期 青少年期	緊密	1.友伴與情感支持。 2.照顧年幼的手足。（較不重要） 3. 協助與直接服務。（較不重要）
成年前期 成年中期	緊密漸轉疏離	1.友伴與情感支持。（緊密度較低） 2.合作照顧年老父母。 3.協助與提供直接服務。
成年晚期 老年期	疏離漸轉緊密	1.友伴與情感支持。 2.分享回憶及知覺確認。 3.解決手足衝突。 4.協助與直接服務。

資料來源：Goetting, 1986。

「喜歡相處的對象」以「家人」者居多，占56.62%，其次為「朋友」，占31.16%，顯示，朋友對高齡生涯幸福的重要性。許多研究顯示，老年人若有良好的社會支持，較易適應生活型態的改變。一項有關友誼與晚年生活安適感的研究中發現，友誼的支持能幫助老年人調適壓力環境並達到自我認同感（Nan & Tilburg, 2000）。呂寶靜（2000）在探討老年人接受友誼的社會支持研究中發現，老年友誼以提供情感性支持為主，而情感性支持與老年人幸福感具正向相關性。羅凱南（2001）研究社會支持影響老年人心理滿足感，發現不管是情緒支持、訊息支持、實質支持或社會整合，都和心理滿足感成顯著正相關，其中以情緒支持為最明顯。

可見，從親密友誼所獲得的社會支持越高，將可促進較佳的老年生活品質或健康，在生活幸福感呈現正向相關。

二、親密友誼是老年面臨特定情況的緩衝器

當平均餘命逐漸增長，意謂著老年期將用更多的時間，去面對層出不窮的特定情況。諸如生理功能退化、因疾病導致生活功能的缺損、喪偶、社會參與萎縮的角色失落、經濟壓力、家庭關係重組、生活型態與社會關係的改變、退休、親密關係的延續，當然，還包括「可支配的時間變多」之後，究竟要如何面對？

此時，親密友誼儼然成為一個重要出口與支柱。朋友通常是親密的重要來源，尤其是在一個重要角色轉換的過渡期。當一個人對其他網絡的倚靠逐漸遠離時，以年齡為基礎而組成的友誼團體，將會漸形重要（Kincade et al., 1996）。親密的友誼是一個有效的「緩衝器」，可以預防老人因三種主要社會的喪失：喪偶、退休、社會參與萎縮所產生的士氣消沉。人到老年期會更加孤立，但是具有親密友誼的老人，其士氣就跟具有高度社會參與者相同（傅家雄，1991）。波特羅斯基（M. Petrowsky）發現老年人如果有很好的朋友圈，則其精神狀態會較好；如果與其成年子女相比，則朋友比有成年子女更為重要（蔡文輝、徐麗君，1985）。

更準確地說，朋友是立基於共同的生活經驗與興趣，或共同嗜好活動、或同時擔負著扶養與教育子女的責任而建立的連帶、或住在同一地區或附近、或因就學與就業等因素而形成的友誼關係。通常是年齡相近，並處於相同的生命週期階段，且具有相同的教育和社會地位的人，較易成為朋友。

三、要到哪裡去建立友誼網絡呢？

老年人生活圈裡，不可或缺的一個重要資源，就是他的交友圈。對大多數的老年人來講，朋友關係不僅可以輔助家庭親屬關係的不足，而且有時候超過家庭親屬關係（蔡文輝、徐麗君，1985）。問題是要如何結交新朋友，極可能是大多數長者首先要問的。

基本上，老年人宜建立穩固的社會支持系統，除與親人、子女維持密切的往來與相互的依存外，自宜結交經歷相近、年齡相仿、話題相投的老友，以減輕孤獨寂寞，增添晚年生活的情趣。

(一)持續退休前既有工作場域舊識的互動關係

離開職場並不是全然的撤退一切關係。經由多年工作環境中所建立的工作夥伴，既是同事，也是朋友。彼此在長年累月凝聚的共識與瞭解，並不會因離退而立即割斷。若能避除偏狹認知，誤認扮演工作角色的離開，就是一切關係的停止；積極的態度是，轉而主動去參加退休人員聚會活動，持續人際互動，則是較易建立社會友持系統的捷徑，也是維繫老友關係的溫床。

(二)適當地參與社會活動，搭築自己與人際、社會的聯繫

馬克拉斯基（H. Y. McClusky）在1971年的白宮老化會議（White House Conference Aging）中發表〈教育的背景和問題〉（Background and Issue on Education）乙文，提出高齡者參與學習的五類需求，包括應付的

需求、表現的需求、貢獻的需求、影響的需求、超越的需求（McClusky, 1971）。其中，超越的需求對老年人特別有意義，乃是重視在生命漸趨終點時，從事內省式的思考，力求自我生命的統整與超越。此時，若能適當地參與社會活動，例如參與志願服務工作，不但能散發長者貢獻需求與影響需求，將自己的專長、興趣、宗教信仰、生活習慣，適度地投入社會，脫除「殘餘人口」、「依賴人口」的刻板歧視，成為「生產者」、「社會資產」；並進而在活動過程中，取得自己與社會的聯繫，創造新的人際關係，獲得友誼之手的召喚與溫馨安適的擁抱。

(三)運用終身學習機構介面，掌握建立新朋友網絡的資源

　　教育程度較高是戰後嬰兒潮銀髮族的特徵之一。許多研究顯示，新銀髮族偏愛從事學習活動；參與學習活動有助成功老化。終身學習機構正是提供有組織有意義的教學組織，藉由參與相關機構的學習課程與活動，實是建立新朋友網絡的有利途徑。日本於2005年9月針對大阪府老人大學畢業生進行一項調查研究。其中，「對老人大學功能的評價」，比率最高項目是「建立新人際關係的地方（如：朋友）」占85.2%；其次是「在畢業後的繼續人際關係的地方」占78.6%（堀薰夫、陳黛芬譯，2006）。另外一項針對臺灣地區老人教育推動現況與需求調查研究顯示，參與動機為「能結交新朋友」，占總人數的44.7%（魏惠娟等，2007）。臺灣地區可供長者終身學習管道，包括長青學苑、老人大學、社區大學、大學推廣課程、社區土風舞或歌唱班，以及教育部積極推動的樂齡大學、樂齡學習中心、社區多功能學習中心等。這些機構寓含豐富的人際社交資源，可供運用。近年來，兼富教育、休閒和旅遊的高齡旅遊學習風潮興起，更將觸角延伸至世界各地，交友圈擴及全球每個角落，賦予長者友誼關係嶄新的意義與視界，令人印象深刻，是開拓老年友誼關係的亮點，正等著你我的投入。

結語

莎士比亞著名喜劇《皆大歡喜》：「整個世界是個舞臺。所有的人都是演員，人人都有登場與退場休息的時刻，每一個人同時扮演著不同的角色。」現代老年人際關係深受社會環境因素影響，成年子女忙於工作，孫子女忙於學校作業、補習，彼此互動時間與機會減少，可能又得面對老伴、老友的凋零，加上可支配的時間突然變長，生活自由度增加。有人說，這是老年人際關係的危機。

其實，與其說是危機，毋寧說是轉機的時刻。退休前，為生活打拼或是為家庭事業，那種被時間盲目往前推的歲月，感少能真正停下腳，品嘗悠閒時光，看一下周遭親友的點滴。從家庭中與親子女、兒孫的代間關係，到兄弟姊妹的手足之情，以至多年來的好友，甚或重新調整至親、手足、好友關係，以及結交新朋友，建立嶄新的社會人際支持系統。誰說老年期不是人際關係最圓融的黃金階段呢！

智慧小語

- 海明威：「年輕人要有老年人的特質；老年人應有年輕人的精神。」
- 黃格曼（K. Fingerman）：「老年期是人際關係最圓融的黃金階段。」
- 莎士比亞：「整個世界是個舞台。所有的人都是演員，人人都有登場與退場休息的時刻，每一個人同時扮演著不同的角色。」

動動大腦

☺**活動名稱**：「打開阿公阿嬤的記憶相簿」
☺**活動對象**：大專校院學生
☺**記憶相簿內容**：生平記事、精采人生（最驕傲的事、最有成就
　感的事、最有意義的事……）、傳家格言、生活哲學、退休規
　劃、未竟之事、對生命的期待等。

動動大腦

☺**活動名稱**：1.「重陽節——我想向自己說的一句話」。
　　　　　　　2.「祖父母節——我想向阿公阿嬤說的一句話」。
☺**活動對象**：1. 55歲以上長者。
　　　　　　　2. 大專校院學生。
☺**活動目的**：1.「重陽節——我想向自己說的一句話」：表達對
　　　　　　　　自己的期許與祈願。
　　　　　　　2.「祖父母節——我想向阿公阿嬤說的一句話」：
　　　　　　　　表達對阿公阿嬤的感謝與祝福。
☺**範例**：

1.重陽節——我想向自己說的一句話
活到老、愛到老、不苦老、永不老。
永保青春、健康、快樂，微笑對人。「微笑是最祥和的語言。」
永遠平安、喜樂的心，給自己健康的身體過快樂的晚年。
雖然年齡越來越多，希望活力越來越強。
充實的活，安樂的死。
2.祖父母節——我想向阿公阿嬤說的一句話
這輩子的我是您的孫，下輩子的我也要當您的孫，阿公阿媽我愛您！
奶奶，有您真好，我的快樂因您而打轉。
辛苦前半世，幸福一輩子，願您們無煩惱，永享兒孫福。
阿公阿嬤：謝謝您們把爸爸、媽媽生下來，才有了我，能夠做您們的孫女很幸運也很幸福！
阿公阿嬤：「恁係咱少年人熊珍貴ㄟ寶！！！」

延伸閱讀

高道原（2012）。**愛，要及時：父母在世時你可以做的45件事**。臺北市：橡實文化。

高詹燦（譯）（2012）。孝行執行委員會著。**別以為還有20年，你跟父母相處的時間其實只剩下55天**。臺北市：漫遊者。

張月霞（譯）（1997）。H. Kendig, A. Hashimoto & L. C. Coppard著。**老年人的家庭支持**（*Family Support for the Elderly*）。臺北市：五南。

黃芳田（譯）（2000）。M. Pipher著。**可以這樣老去：航向老年國度，兩代結伴同行**。臺北市：遠流。

聯廣圖書公司編輯部（譯）（1998）。長谷川知夫著。**和老年人相處的方法**。臺北市：聯廣。

簡靜惠（2012）。**寬勉人生：國際牌阿嬤給我的十堂課**。臺北市：遠流。

第 9 章

生命臨終規劃——
活到老，無憾到老

「我漸漸地老了，最美好的已將來臨；那是生命的終點，
以前漫長的生命，都是為它的來臨而準備的。」

～布郎寧

前言

有關生死探究乃是人生終極大哉問；孔子曰：「不知生，焉知死。」通常，得以善終，了脫塵緣，實是最美好的意象與祝福。佛教講：人的一生，有「成住壞空四劫循環，生老病死無常流轉」四階段；人類發展學家常以四季或旅程來作比喻，認為整個成年期如同四季的變化，青年期是春天，中年期是收穫的季節（夏天），老年期則為冬天。一個人在一生中大都相同地要經歷這些時期。泰戈爾：「生時像夏花般璀璨，死時像秋葉般靜美。」

問題是，當我們度過「生時像夏花般璀璨」，逐步邁向生命休止的過程中，身體該去哪裡？如何能安然迎向「死時像秋葉般靜美」？做到樂活到老，無憾到老。這種良美境界得從理解生命休止與老年臨終導入，透過有意的臨終規劃的預設，當生命攀至剎復，自然臻於圓滿永恆，有如秋葉般靜美、優雅，令人欣賞、感動。

第一節　生命休止

生命現象的限期，是人人首先應認識的事實。這種認知具體投射在全人生，在青少年時期能把握光陰，定位人生目標，全力以赴，厚積生命存量；在中壯年時期能發揮成熟經驗、能力與價值觀，促進社會發展；在老年期，則展現宏觀多元視野，散播慈愛，廣被子孫，嘉益社會。處於老年期的長者，推動生命光譜的進程，當大限來臨，更應有正向的理解。

有人將人生旅程譬喻為音樂的樂章，終有休止的時刻。2011年如星辰般殞落的蘋果電腦創辦人賈伯斯（Steven Paul Jobs）：「死亡是我們共有的目的地，沒有人逃得過。這是注定的，因為死亡簡直就是生命中最棒的發明。」「如果今天是我人生的最後一天，我會想做我今天要做的事嗎？」「提醒自己快死了，是我做重大決定時最重要的工具。幾乎每件事，所有外界期望、所有名譽、所有對困窘或失敗的恐懼，在面對死

亡時，全消失了，只有最重要的東西才會留下。」句句震攝人心，格外發人深省。美國革命之父富蘭克林嘗言：「稅與死是人無法避免的兩件事。」令人莞爾。德國哲學家海德格云：「人生是向死的存在。」從一生下來，就命定了向死亡一步步逼近。

有趣的是，研究發現老年人常會想到或談論死亡，卻少於重視身體的問題。面對不可逆轉的人生週期，並預期生命終點的降臨時，穿入思緒的，常是孤獨、老邁、殘寂、衰退與死亡等悲涼景況與對生命寂靜無聲，驟然消逝的恐懼。無怪乎鬼才導演伍迪艾倫說：「並不是我怕死，只是不希望它發生在我身上。」臺灣第一位樞機主教單國璽發現罹患肺腺癌，「我一開始也問天主：為什麼是我？禱告15分鐘後，我反問：為什麼不是我？」的確，一般人懼怕面對死亡，死亡就像惡魔般，籠罩一層神秘幽閉的面紗。但佛家講六道輪迴，唯有「徹底了知生死，方能生死自在」。其實，死亡的夥伴比死亡本身更可怕，例如難捨的親朋、未盡的享受、數算不清的財產或未了的恩怨；還有，對死亡本身的否定、掙扎、憂疑、恐懼、無知或孤單。

「死」何所指？一般泛指生物失去其生命，是一種生物學的現象。有關死亡類別，可概分為自然死亡與社會死亡。通常，自然死亡有二種：善死與非善死，前者是指在睡眠中死亡，後者如癌症末期的死亡；社會的死亡，則泛指天災、人禍，如自殺、凶殺、車禍、墮胎、行刑、安樂死等。一般來說，死亡有四種定義：(1)即靈魂從身體離開；(2)體液永遠靜止或心肺功能喪失；(3)腦死；(4)大腦皮質死亡，後三者是醫事科技的觀點所做的研究（徐立忠，1997）。至於死亡可概分為四種層次（Pattison, 1978; Cockerham, 1982；引自廖榮利，1992）：(1)社會面的死亡（Socialogical death）：一個病人從人群中退縮與隔離，並在短時間（數日或數月）內死亡，此一層次的死又叫做「被拋棄等死」（left alone to die）；(2)心靈上的死亡（psychic death）：一個病人他本身已完全接受且認定自己已經死亡，此種心靈上之死亡，由於其身體極度病弱，而失去生存之意識；(3)生物上的死亡（biological death）：一個病人已失去一個

活人應有的知覺、他就像處於永遠無法清醒的昏迷狀態；其心、肺等或許可能藉著人工而尚會運作，但其心智軀體卻早已死亡；(4)生理上的死亡（physical death）：一個病人完全的死亡狀態、包括其重要器官如心、腦、肺等，均已被現代科學醫技證實為不再運作者。透過對此四個層面觀察人的死亡現象，予人更深刻的體悟。

第二節　老年臨終的相關研究

老人之死亡態度，可梳整為三種取向：(1)聽天命——死亡是生命過程，是一種自然現象；(2)對死後未知的憧憬——雖然對死後的去處不確定，但仍有盼望；(3)盡力而活（高淑芬等，1997；戴玉慈，1998）。Wong、Reker和Gesser（1994）將死亡態度分為四項：(1)害怕死亡、瀕死的死亡態度，對死亡或瀕死的過程有負向的想法及情感，對生活持較負向的態度；(2)趨向導向的死亡態度，將死亡視為通向快樂來生的道路、對生活較樂觀、正向的展望態度；(3)逃離導向的死亡態度，將死亡視為解脫痛苦的途徑，對生活亦持較負向的態度，甚至可能有自殺的意念；(4)接受死亡自然性的死亡態度，既不歡迎死亡，也不會感到害怕，只是視為一項事實，若已知覺生命的短暫性，則設法使生活過得更為充實及更有意義。

面對終將到來的死亡時刻，中西方的死亡觀，囿於環境差異，文化元素不同，以及社會文化過程的影響，也產生出大異其趣的看法。在傳統中華民族，源遠流長，由於所處時代互異，有豐富而多元的主張。儒家倡慎終追遠，避談神鬼，「敬鬼神而遠之」，不相信人死後仍有生命；莊子「萬物一府，死生同狀」，「人之生，氣之聚也；聚則為生，散則為死」，故同於儒家觀點；至於提倡鬼神之說，相信來生的則屬墨子，並批判儒家既主張祭祀，已是相信鬼神。待基督教、佛教傳入，有關死後生命的看法，更趨多元發展，佛教之因果業報，強調轉世輪迴，唯有摒除私欲，達到涅盤，不再遁六道，升至西方極樂之境；基督教則力主死後的最

終審判，得進入天國，享無窮幸福。至於西方人的死亡觀而言，相信死亡後有生命占較多數，古希臘羅馬民族相信死後尚有第二世界；斯多噶學派（stoic school）主張神之內在，而以神即宇宙，死亡是「通往自由之路」，可無憂無懼，皆為其例。

毋庸諱言，對死亡的恐懼與無助，是人類自古以來即存在的。晚近以來的研究發現，亦提供吾人對死亡新的體認。Bengeston、Cuellar和Ragan在1977年所做的調查中，發現隨年齡的增加，會減低對死亡的恐懼，尤其是70～74歲的人，對死亡的恐懼與焦慮最低。為什麼老年人比年輕人較不害怕死亡，其中有四種解釋：(1)老年人較篤性宗教，會從宗教（靈性）中找尋安慰；(2)老年人較能接受自己的生活及所做的選擇；(3)老年人對死亡有較多的準備，也較常想到死亡的情形；(4)已面對過其他各種不同的喪失，例如：朋友與家人的死亡、身體功能的衰退、喪失重要的角色關係等（黃中天，1988；戴玉慈，1998）。不同的死亡態度，的確會影響個人對死亡的焦慮。研究證實：經常想到死亡的老人、認為臨終過程很痛苦的老人，以及害怕面對死亡的老人，有較高的死亡焦慮；對於死亡的焦慮，以性別言，女性比男性有較多的焦慮感，大部分是因為女性表達了對死亡的痛苦與肉體腐敗的害怕；從個性方面，較具幽默感的老年人，對其死亡焦慮程度也較少；以年齡言，年輕人的死亡多死於突發性與急性的意外事故，而老年人則死於長期慢性疾病的居多。瀕死的過程常包含身體的疼痛、苦惱和悲傷。當老年即將瀕臨死亡時，會與家人和朋友分離，而他們正害怕此種孤獨和寂寞（黃中天，1988）。上揭相關研究結果，一方面支持長者需要對死亡應有正向的態度與深入的理解；另方面亦突顯邁入老年期宜採取臨終規劃措施，俾便了然面對生命休止的來臨。

第三節　臨終規劃的重要內涵

「身後事」，是多數是老人與子女都難以啟齒的話題。臺中市書香關懷協會針對臺中市240名，65～89歲老人進行問卷調查，發現高達五成六

的老人從未跟孩子或晚輩討論過身後事，主要是因不知如何談論、害怕談論與忌諱談論；協會也針對20～50歲的362名民眾問卷調查，也有六成六的子女從未跟父母談論過身後事問題，因不知如何談、怕惹父母生氣、害怕面對，還有認為父母還年輕、這個問題不重要等（曾雪蒨，2009）。對於人生的最後，上野千鶴子《一個人的老後》乙書，提出如何能以不憂不懼的心來面對身後事：(1)預立遺囑，並且有個能確實代為執行的人，有效活用身後遺款；(2)無須害怕獨自面對死亡，但必須做好能讓別人及早發現並方便處理的準備；(3)要用去某個遙遠國度旅行的愉悅心情，愉快地準備身後事（楊明綺譯，2009）。徐立忠（1997）認為老年人生涯規劃，包含三大主題，一是老年再社會化活動，二是個人靈性修持，三是未來善終計畫。善終計畫即是老年晚期面對死亡時的一項規劃。謹梳理相關理論與研究結果，歸納臨終規劃六項具體內涵，分述如下。

一、預立遺囑，為生命劃下句點

人生舞臺謝幕的方式與下台的背影，由自己決定。「生預囑」（living will）正是屆時的關鍵媒介物，「遺囑」（will）主要是交代遺物、遺產等物質項目，待死後始生效；而「生預囑」則是交代自己願意的醫療照顧，立囑人在世時便已生效。

「預立醫囑」（advance care planning）是病患諮詢醫護人員、家庭成員及其他重要人士等意見，對自己將來接受的醫療照護方式，預作決定。例如簽署者可以請求「不要做心肺復甦術」，亦即DNR（Do Not Resuscitate），在病情惡化，不樂觀時，事先聲明到某一個程度，不要再作急救。這類文件具法律效力，醫師得據以不為末期病人急救，其在國外已推行多年。美國加州率先在1976年通過「自然死法案」，推行「生預囑」，至今幾乎已擴展到全美國及加拿大。「生預囑」或「生前預囑」，又稱「預立指示」、「預立醫囑」，包括臨終照顧場所、希望受到什麼樣的醫療照顧，還有醫療代理人的預先選擇，即「預立安寧緩和醫療

意願書」、「預立不施行心肺復甦術意願書」，還可以「預立醫療委任代理人委任書」。不止如此，「生預囑」裡的內容還可以更多，如要不要捐出器官，交代財產、寵物、創作作品等如何處理，還有自己的遺願、遺體處理方式，希望火葬、樹葬或灑在海裡等，告別式如何進行、後人紀念方式等，都可以清楚交代。例如美國非營利組織「尊嚴老去」（Aging With Dignity）機構曾推廣「五個願望」的活遺囑，包括：樂音必須播放不輟直到最後一刻；在病床旁張貼心愛人的相片；讓家庭成員曉得他們被原諒了；在疼痛難熬時即時給予止痛藥；若成植物人時，請拔掉生命維繫器等。並鼓勵簽署者選擇「健康照應代理人」，以防個人無法作醫療決定時，有可資信賴的專人代勞。

「預立醫囑」在臺灣亦逐漸受到重視。依2000年6月7日公布的「安寧緩和醫療條例」第4條：「末期病人得立意願書選擇安寧緩和醫療。」第3條：「安寧緩和醫療：指為減輕或免除末期病人之痛苦，施予緩解性、支持性之醫療照護，或不施行心肺復甦術。」預立醫囑具有「尊重自主」的精神，並且有法律的規範為基礎，有助患者無法在親身參與治療方式的決定時，確保「病人意見」受到尊重。美國聯邦政府在1991年制定「病人自決法案」，要求所有參與國家醫療保險之醫院，必須以書面告知成年病患此項醫療自決權益，讓病人自行決定要不要立下「生預囑」（陳榮基，2002）。截至2011年9月，臺灣已有87,000人簽署「預立選擇安寧緩和醫療意願書」，並註記於健保IC卡上，其中50～55歲占最多。

二、計畫葬禮，告別說再見

日本喪禮上曾流行放一首《千之風》的歌，歌詞寫著：「如果我死的時候，請不要在我的墓前悲傷，因為我已經不在了，我化成了千之風，飛越了山巔自由自在……」。

根據哀傷輔導理論，當親人好友過世後，一個說再見的告別機會對尚存者是重要的，喪禮是最典型的儀式，如此尚存者較易承受日後哀慟時

期的艱難。生死是人生大事，中外皆然，儘管各國習俗禮儀不同，但各式葬禮都能讓人充分感受到對死者的尊重及對家屬的體諒。例如，日本人辦喪事，大多是用火葬，然後將骨灰裝罈，葬在家族墳墓；在德國，死者家屬必須申辦死亡證明書，據此證明書才能向各地墓園或殯儀社要求辦理葬禮。再則，不同宗教亦見解不一，佛教主張火葬，「生不帶來，死不帶去」，火化為塵土；道教主張土葬，「慎終追遠、立墓立碑」，還能庇蔭後世。近來宗教大師提倡禮儀環保的觀念，亦有人採海葬、花葬、灑葬、樹葬及壁葬等方式。例如，法鼓山創辦人聖嚴法師生前早已預立遺囑，將身後遺體化為灰燼，融入大地，遁入「十方三世」無限的時空之中，他以自身推廣「植葬」，將骨灰分散植存大地，破除「據洞為親」的觀念，示範如何放下我執；天主教樞機主教單國璽在生前則誓願蒙主寵召後，「將臭皮囊化成有機肥料，回歸大地，如同看待一片落葉終由樹梢掉落，那樣自然與美好。」他的遺囑載明：「用最薄的棺材，鮮花、輓聯一概婉拒，只要在棺上放本聖經就好了；我連講道都準備好了，怕別人歌功頌德，不會替我請求別人原諒，所以我自己來！我都錄好音了，到時放一放就可以了！」一切都如微風般的輕盈滑過，17分鐘預錄講道詞：「功名榮華，萬事皆虛」，留給世人無限的追思。。

近年來政商名流「六星級」精品喪禮市場，完全打破傳統的喪禮非黑即白的印象與形式，配合個性化喪禮多元化發展，喪禮也可以像婚禮、Party或作品發表會等蔚為流行趨勢，生前契約更是蔚為風潮。作家曹又方的「快樂生前告別式」轟動一時，「辦桌」告別式為親友記憶溫馨的時光長廊；廣告教父孫大偉的「人生畢業典禮」，猶如他精采創意的人生寫照。作家吳東權《行前準備：銀髮族畢業手冊》乙書，從哲學觀涉及遺囑信託、皮囊處理、立遺囑、遺物處理，並自寫訃聞「我已畢業雲遊去也」，就像準備人生最後一場的「畢業旅行」。另有業者推出的「禮體淨身服務」、「追思回憶錄」等，皆可依自身特質、喜好、需要、宗教信仰等量身打造，使個人對自我生命更有掌控感。

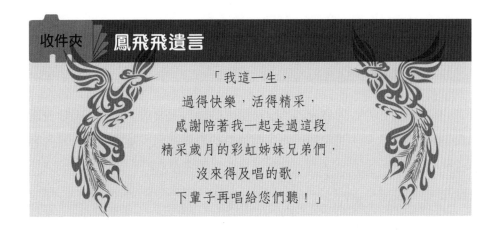

收件夾　鳳飛飛遺言

> 「我這一生，
> 過得快樂，活得精采，
> 感謝陪著我一起走過這段
> 精采歲月的彩虹姊妹兄弟們，
> 沒來得及唱的歌，
> 下輩子再唱給您們聽！」

三、臨終照顧，宜妥適安排

面臨生命終點的悄然乍到，首需面臨「誰來照顧自己」的問題。雖然現代社會照顧系統日趨完善，但無論是選擇社區照顧、機構照顧或在宅照顧，甚或臨終照護地點的選擇，例如醫院安寧病房、居家臨終或「連續性照護退休社區」（Continuing Care Retirement Community, CCRCs）等，仍需視自己的健康、體能、財務、喜好、家庭支持系統等審慎評估考量。

接受照護，意謂被動與依賴，需要無比的勇氣與智慧。上野千鶴子認為人之所以害怕年老，是因為擔心沒有辦法靠自己的力量活下去，接受照護時，最困擾的就是無謂的客氣和羞恥心，特別提出受照護者應具備的十大素養（楊明綺譯，2009）：

(一)誠實且敏感地面對自己的身體和心理。

(二)補強失去的能力，活用剩餘的能力。

(三)無須刻意忍耐、過分客氣。

(四)確實傳達自己的感受。

(五)用對方能接受的方式表達。

(六)不吝表達喜悅，不忘讚美他人。

(七)委婉而誠實地表達自己的意見。

(八)接受照護最忌公私不分。

(九)照護服務沒有小費與送禮文化。

(十)保持幽默與感恩的心。

Barbus（1977）所發表的「臨終病患的權利與要求」條例，充分表達了臨終患者的心聲，可為臨終病患照護時的倫理準則或基本理念。其內容如下：

1.我有權要求被以活人待之，直至死亡。

2.我有權對生命擁有希望，並可適時改變此希望。

3.我有權要求能維持我生存希望者的照護，亦可視情況改變此權利。

4.我有權以自己的方式表達臨終前的感受與情緒反應。

5.我有權參與有關我的照護的決定。

6.我有權期望持續性的療護，即使療護目標由「治癒」改為「舒適」時，仍能繼續被照護。

7.我有權避免孤獨而終。

8.我有權避免疼痛之苦。

9.我有權要求誠實的回答我的疑慮。

10.我有權不被遺棄。

11.我有權接受幫助，或藉家人的協助，以接受我的死亡。

12.我有權死於安詳與尊嚴。

13.我有權保有我的個別性，並不因我異於他人的決定而遭受批判。

14.我有權討論及宣揚我的宗教信仰。

15.我有權要求我生時的身體或死後的遺體，均受到尊重。

16.我有權要求那些細心、有愛心及知識的專業人員的照護。

要求符合己意的臨終照顧，是長者的權利，也是生者的責任。

四、寫自傳或回憶錄，探索生命意義

布特勒（R. N. Butler）於1963年提出「生命回顧」（life review），用以探討老人喜愛回憶來作臨終關懷之治療；協助老人從懊悔、不滿意的生活經驗中，轉從正向的角度去詮釋舊經驗，重新再出發。生命回顧通常有四項功能：(1)重整秩序；(2)發現或重新詮釋「意義」；(3)釋放衝突或不滿；(4)放下。一般而言，生命回顧是在回憶過程中，重整生活經驗並找到生存意義，把過去的經驗、現在的狀況，以及未來的展望連接起來，如此可以協助病人及家屬在面對生命的結束時，將死亡視為一個生命的完成。Butler（1963）指出，老人在晚年會從心理層面產生回顧過往與追憶的現象，與親友、晚輩談論往事、懷念童年的家鄉情景與生活、或對於身體老化而改變的樣貌產生感慨，以及撰寫回憶錄，這是老年期的一種自我實現的階段。在這懷念往事的過程當中，發現生命是由許多不同的階段所串連起來，且有不同的發展目標。

對老年人而言，維持生活的價值感與意義感，是非常重要的，也是支持老人生存與生活下去的關鍵因素。新維也納學派的心理分析大師佛蘭克（Viktor Frankle）認為人內心深處渴望尋得自己生命的意義，並循著這意義，來實現自我。由於死亡的迫近，使老年人在審視生命歷程時無所逃遁。美國心理學者艾瑞克森（Erikson, 1980）的心理社會發展理論（Psychological social theory of development），即將人生全程分為八個階段，並認為人生的最後一個階段應用來完成「自我整合」（self integrity），老人必須評價、總結與接納他們的生命，以便接受死亡的迫近（張慧芝譯，2002）。當老年人能面對自己的過去，接受生命中所遭遇的任何成功或失敗事件，能賦予這些事件意義，並能泰然處之則生命有意義，如此，老人則屬統合良好的境界；藉由寫回憶錄、自傳或生命故事書的方式，自我評鑑得失，藉此檢驗一生。例如，美國老人亦盛行簽署活遺囑，並視為對抗老化或死亡恐懼的一種心理治療法，使生命因為預立遺囑時的思考，而有「回顧」、「反省」與「重整」的效果；敘述咖啡

館（Erzaehl-Cafe）是一種以學習者（高齡者）為本位的學習型態，以參與者的生活事件、生活體驗及生活現況為探討核心。在輕鬆愉快的氣氛中，探討及分享彼此的生活經驗與生活史，以期滿足並促進高齡者的社會參與。若能在統整中達到平衡，就會導致超越感，對一生感到心平氣和、無怨無悔，並無憂無懼的面對死亡。

五、信仰宗教，追求精神超脫聖境

在各式各樣團體參與的選擇中，老人間最普遍的情形，就是加入宗教的組織。研究發現，有宗教信仰的人較能顯出生命意義，而且宗教信仰能幫助個人尋找其生命意義（Soderstorm & Wright, 1977）。無論任何宗教，信仰虔誠者通常比較不會恐懼死亡，也比較能堅強面對慢性疾病的長期煎熬，而且較少感到沮喪和寂寞（Leifer, 1996）。再者，當死亡接近時，精神超脫對於面對疾病、傷殘和痛苦，越顯重要（Burke, 1999）。許多傳統信仰都強調，靜默在體驗精神超脫上的重要性，並以靜坐或祈禱來幫助精神超脫的達成。故而，老人從宗教信仰的活動，去探尋生命意義的價值，進而透過精神超脫，臻於心靈的恬適平靜。至此，了悟生死，豁然開朗，登入天人合一、物我一體的境界，為人生旅程寫下完美的註腳。參與宗教信仰活動，自是老年期臨終規劃的重要內涵之一。

六、規劃剩餘生活，盤點此生欲圓之事

生死教育論及死亡，並非只是談「如何辦後事」，更重視的是「如何讓剩下的時間過得更好」。單國璽樞機主教2006年發現罹患肺腺癌，把病當成是「小天使」，提醒自己：「賽跑要到終點了，你要衝刺，分秒都用來幫助人超越死亡。」他說：「得病到現在，我現在最幸福！」一旦面臨死神的召喚，許多人都在恐懼中苟延殘喘，他以自己為證，展開「生命告別之旅」全臺巡迴演講200餘場，直至2012年8月22日辭世，向大眾傳播

愛的種子，克服死亡幽懼陰影，堪為生命典範。

上野千鶴子提出往生前可以做的準備（楊明綺譯，2009）：

(一)為了往生後能立即被發現，平常就要多與人接觸，建立良好人際關係。

(二)儘早處理掉不能留下的物品。

(三)關於遺體、遺骨的處理，最好選擇不會讓生者感到困擾的處理方式，並且讓生者充分瞭解自己的意思。

(四)雖然全權交由他人處理，難免會造成對方的困擾，但若是提出太過無理的要求，而讓別人傷神，還不如委由別人全權決定，選擇最方便的作法。

(五)準備好一切身後事費用及謝禮，千萬別認為別人的幫助是出於義務，是理所當然。

臺北榮總曾針對30位癌末病人接受美育治療後做統計，最愛的顏色是藍色，其次是綠色；欣賞內容以風景最多，顯示大自然常是人生走到盡頭最嚮往的情景。電影《帶一片風景走》即是記錄基隆市民黃智勇推著輪椅，帶罹患小腦萎縮症的妻子蔡秀明環島，病逝妻子託夢給他，很高興看了臺灣那麼多美麗風景，有那麼多美好回憶，他倆真愛故事被寫成《百萬步的愛》乙書。規劃剩餘生活，既是個人心願的延續，亦為安慰親人的最好方式。具體而言，可仔細盤點生命中的未竟之事，例如：想看誰？想去那些地方？想吃些什麼？想做些什麼事？也可利用錄音（影）機，把想和家人說的話錄下來或寫下來，盤點此生欲圓之事，積極且合宜的規劃剩餘生活質量，在臨終規劃具體內涵時，是重要的。

收件夾　死前會後悔的25件事

1.不重視健康	2.沒有戒菸	3.沒有表明自己的生前預囑
4.看不清治療的真義	5.沒有去做自己想做的事	6.沒有實現夢想
7.曾經為非作歹	8.一輩子受到感情操縱	9.沒能對他人體貼
10.深信自己是做好的	11.沒有決定如何處理遺產	12.沒有計畫自己的葬禮
13.沒有回故鄉	14.沒有吃好吃的東西	15.全心工作，沒有時間培養興趣
16.沒有到想去的地方旅行	17.沒能見到想見的人	18.沒有談過刻骨銘心的戀愛
19.沒有結婚	20.沒有生孩子	21.沒讓孩子結婚
22.沒有留下自己活過的證據	23.無法超脫生死的問題	24.不知神佛教誨
25.沒有對所愛的人說「謝謝」		

資料來源：詹慕如（譯）（2010）。

 第四節　特殊議題探討

議題一：共伴寵物身後事

　　全球寵物市場需求迅速增長，最主要原因是人口高齡化和生活獨立性的增強，使人們對寵物的需求不斷增加，形成市場需求，寵物的衣食住行、生老病死，每個環節都隱含著商機。根據農委會的調查，目前臺灣寵物犬總數量百萬隻以上，寵物貓數量也近30萬隻，一年可以吃掉將近3,000萬元台幣，還不包括其他相關產業及美容、保健等方面的消費，寵物市場榮景可期（揭陽，2005）。值得重視的是，在少子化趨勢下，銀髮族心靈的慰藉，多轉由犬貓等寵物代替，寵物儼然成為家庭的主要成員。許多飼主將寵物視為親人，古早的狩獵、看家、除害，犬貓的飼養，到今天成為「伴侶犬」或「同伴犬」新觀念。寵物的身後事也成一大商機。全臺家戶飼養寵物的比例約二成，其中以狗、貓最多，大臺北地區有十餘家寵物殯葬業，搶食寵物黑色商機（何醒邦，2010）。國外有

「人畜合葬」的公墓，不少人會將自己的墓地留出一塊給寵物。許多空巢老年人或膝下無子者，平時與寵物相依為命，視如己出，當寵物離世，會大手筆購買塔位，比照人的規格辦理。這種「共伴寵物」身後事的安排，在高齡社會是事實，也是需求，值得進一步探討。

議題二：靈性健康是臨終規劃新亮點

「老的快」呈現在高齡人口數量的激增。老年人如何面對漫長的退休歲月，活著究竟為什麼？這些問題直接反應在高齡者的人際互動網絡、情緒的抒發，以及相關壓力的調適，觸及生理、心理、社會與智能健康的關注。當平均餘命逐漸增長，尋找與發現生命意義，顯得特別重要。靈性健康（spiritual well-being）是人的核心，對高齡者的重要性具體表現在有助達成成功老化的目標，增進高齡者對壓力的因應能力，促進高齡正向心理，達到自我統整，以及可以提升高齡者的人際關係（林雅音、鄭諭澤，2011）。Banks、Poehler和Russell（1984）指出，靈性健康是一種自我、他人與至高無上力量之間的締結，也是一種穩固的價值與信念系統。一般而言，靈性健康是透過教育與學習的方式加以獲得，包括：生命敘事、藝術繪畫創作、律動與舞蹈的呈現、戲劇的即興創作、音樂欣賞、冥想等六項（羅瑋茹，2011）。職是，針對不同生命階段的高齡者，規劃並供給妥適的靈性健康學習方案，實是高齡教育產業開拓發展的重要項目，不但隱含巨大商機，抑且攸關老年生活品質的良窳，此議題極為重要，將是高齡社會的新亮點。

議題三：回歸大自然的新選擇──綠色葬禮

死者為大。有關人往生之後，大體處理的方式，受到傳統觀念的忌諱，或社會文化背景的習俗，以及不同宗教信仰約束，因之產生大異其趣的葬禮。

　　土葬，是傳統採行的喪葬方式。但是，在土葬過程中，製作棺木的鋼材、木料、墓穴的混凝土、運送時的碳足跡、棺木上的含毒塗料、黏合劑，以及維護墓園的使用水、殺蟲劑、草皮等，使得土葬方式的永續性，受到許多的討論。火葬，則是現今多數採行的喪葬方式。通常，每火化一具遺體，約會排放400公斤二氧化碳（沈意卿，2012）。據統計，臺灣地區2011年有152,915人死亡，其中有138,826人採火葬方式，火化率為90.79%，所造成的二氧化碳達55,530,400公斤，約需5,553,040棵綠樹才能吸收火葬產生的溫室氣體。可見，火葬不但消耗能源、產生空氣污染，且對環境造成很大傷害，值得再深入探討。此外，某些因宗教信仰所採取的葬禮，多具有其特殊的歷史文化習慣，以及地理環境使然。例如：源自中亞至今在藏區仍實行的天葬，也稱鷹葬；無鷹區的水葬；得道高僧的塔葬等，皆與該地區人們宗教信仰、地理因素有關，應予理解與尊重。

　　綠色葬禮——是殯葬文化與環保意識兩者完美結合下的產物，頗值推介。這種葬禮代表的是以最合乎自然、保護環境的方式回歸大地。不用任何化學防腐劑或消毒水，只用冷藏和乾冰方式保存，讓大體下葬之後，可以自然方式和速度分解——這是綠色葬禮的「自然土葬」，較為普遍的是美國、英國、加拿大和澳洲，單國璽樞機主教喪葬即採此方式。另一種則是火化後的自然葬法，臺灣的「環保葬」即是處理骨灰的不同方法，例如將骨灰放入可分解材質的骨灰罈，在特定環保葬區的植葬、樹葬、花葬，或沉入海底的海葬。美國最大的火葬公司海王星（The Neptune Society）特別在邁阿密近海闢建16畝人造珊瑚礁生態園，將逝者骨灰製成貝殼形狀，貼上銅製名片，置入生態園，並可供家人潛水掃墓；瑞士Algordanza公司則提供高科技，從骨灰中提煉鑽石，做成不同紀念首飾隨身佩戴；瑞典發明「冷凍葬」，用乾冰凍結遺體後，採震動方式將大體化為粉末，過濾出有毒物質再下葬（沈意卿，2012），這些不同喪葬方式，皆是綠色葬禮概念的體現。

　　是的，綠色葬禮的確是一種環保的殯葬方式，不破壞自然環境，不再占用土地資源。聖嚴法師、單國璽、孫大偉、柏楊、羅曼菲等名人選擇

綠色葬禮，令人印象深刻。也許，屬於形而上的靈魂，在人死後要去哪裡，尚不可知；但是，咱們使用一生的軀體要如何回歸大地，這是我們可自己決定的。請挺身而出，做出改變，做自己身體的主人。

🦉 結語

　　義大利作家卡爾維諾：「死亡就是我加上這個世界，然後再減去我。」當我們離開人世時，可曾給這個世界留下一些光彩與溫暖。曾野綾子在《晚年的美學》乙書中提及：「無論生命在何時結束，人在死亡以前，總應該反省兩件事：第一件是自己有多麼愛別人，以及有多麼被別人所愛？另一件則是自己擁有多少有趣的體驗？如果自認比一般人還要豐富，那麼，就能算不虛此生了。」（姚巧梅譯，2007）的確，當我們理解生命的意義，並進一步擬定生命終止前的規劃與安排，就是邁向整全「善終、善別、善生」的美境。在臨終規劃具體內涵方面，包括：(1)預立遺囑，為生命劃下句點；(2)計畫葬禮，告別說再見；(3)臨終照顧，宜妥適安排；(4)寫自傳或回憶錄，探索生命意義；(5)信仰宗教，追求精神超脫聖境；(6)規劃剩餘生活，盤點此生欲圓之事六項，可供參採。同時，邁近亦有一些特殊議題，攸關退休後熟年者的生活質量，例如共伴寵物身後事、靈性健康是臨終規劃新亮點，以及結合殯葬文化與環保意識的綠色葬禮等，皆值得持續觀察。

智慧小語

- 布郎寧：「我漸漸地老了，最美好的已將來臨；那是生命的終點，以前漫長的生命，都是為它的來臨而準備的。」
- 泰戈爾：「生時像夏花般璀璨，死時像秋葉般靜美。」
- 富蘭克林：「稅與死是人無法避免的兩件事。」
- 海德格：「人生是向死的存在。」
- 伍迪艾倫：「並不是我怕死，只是不希望它發生在我身上。」
- 卡爾維諾：「死亡就是我加上這個世界，然後再減去我。」
- 曾野綾子：「無論生命在何時結束，人在死亡以前，總應該反省兩件事：第一件是自己有多麼愛別人，以及有多麼被別人所愛？另一件則是自己擁有多少有趣的體驗？如果自認比一般人還要豐富，那麼，就能算不虛此生了。」

動動大腦

◎活動名稱：「大聲說出來——願望樹」的告白
◎適用對象：55歲以上長者
◎活動目的：幫助長者用正向的心情面對身後事，坦然面對生命終了的那一刻，讓人生舞臺——美麗謝幕。
◎活動程序：
1. 準備一棵大「願望樹」，及蘋果造型的便利貼。
2. 邀請長者將藏在心中已久的願望、難以啟齒的話題，必須正視的人生課題等寫在蘋果便利貼上，相互分享再貼上願望樹。

動動大腦

☺**活動名稱**：「請尊重我的選擇——個性化喪禮」

☺**適用對象**：55歲以上長者或大專校院學生

☺**活動目的**：跳脫國人傳統哀痛哭泣的喪禮型式，配合個性化喪
禮多元化趨勢，激發學生多元創意。

☺**活動程序**：

1.依班級團體人數分組進行，建議至少5～10人一組。

2.討論議題：最後一段路，你想怎麼走？

3.創意點子列舉：個性化喪禮形式（「辦桌」告別式、婚禮、
Party、作品發表會、人生畢業典禮）、「為自己的Happy
Ending所準備的相片」、預立活遺囑、撰寫墓誌銘、訃聞、
回禮用品等。

延伸閱讀

吳東權（2008）。**行前準備：銀髮族畢業手冊**。臺北市：爾雅。

張樸著（2001）。**凡事有準備，即使死亡也不怕**。臺北市：快活堂。

黃瓊仙（譯）（2012）。大津秀一著。**人生必修的10堂生死課**。臺北市：采實。

楊明綺（譯）。上野千鶴子著（2009）。**一個人的老後**。臺北市：時報。

楊明綺、王俞惠（譯）（2010）。上野千鶴子著。**一個人的老後【男人版】**。臺北市：時報。

間奏曲

管窺生死 —— 生死雙美・生死一如

長者須建立正確的「人生觀」，尤須要有妥切的「人死觀」。

「貪生怕死」自遠古以來，已成為人的通性。「上天雖有好生之德」，古今中外，甚至從地球上有人類開始，就沒有人「不死」。

但是，國人對「死」，尤其是上了年紀的人更是忌諱談死、避免言死，認為「死」之一字是不吉的、不祥的，因而對「死」，產生了許多的恐懼、隱憂和無知。

人之所以如此，要而言之，可歸納為「四不一沒有」。

四不：

捨不得：人活著的時候，可以吃喝玩樂，雖說「生即是苦」，但還是不捨遽爾放下那份「樂」。

放不下：親情、友情、愛情，一別千古，再加上盡畢生之力辛苦賺來的錢財，哪裡能說放就放。

不服氣：認為自己一生奉公守法，規矩做人，為何就此一命嗚呼。

不甘心：平生積德行善，樂善好施，為何天不假年，而讓自己撒手人寰。

一沒有：

「沒有」關心死的事：對於死亡的真相以及議題，從不關心、從不正視，以為今晚睡下去，明晨必然會醒過來。從來沒有留意像佛教的教主釋迦牟尼佛說的：「生死事大，無常迅速」、「一口氣不來，就是隔世啦！」

孔老夫子說：「不知生，焉知死。」個人以為人生在世，對於「死亡的問題」，要多去瞭解、探索、認知，當吾人明白了死是一件

很自然的事，法爾如是，有「人生」，就有「人死」，不要一旦「死到臨頭」，驚惶失措、恐懼不已。

對於「生」，我們必須建立正確的「人生觀」，生龍活虎快快樂樂的過一生。對於「死」，我們更要確切的知悉死的真實與究竟，「凡事豫則立，不豫則廢」。

以平常心面對死亡，把握當下，作美好的「生涯規劃」，並且周洽的作「死亡準備」。

歐洲中世紀名著《死亡的技巧》有一句話說：「學習如何死，你才會學習如何生。沒有學會如何死，就無法學會生。」

如果「連死你都不怕」，你還怕什麼？

做一個老人能知生知死，自然活得自在，自然死得泰然。

印度的大詩人泰戈爾說：「生，燦如夏花；死，美如秋楓。」

讓我們做一個生死達人，享有生死雙美。

作者簡介：**張忠江**，曾任職新聞界、出版界、教育界40餘年，國史館收錄訪問稿並譽其為臺灣佛教出版的先驅者。

Part 3

養生篇

　　養生是頤養生命，常保體健；希冀透過合宜的
方式，促進個體「身、心、靈」皆達安適狀態。

　　本篇主要係植基【退休生涯經營】的總體思
維，企圖揭露追求體健長青的可欲；藉由優質的生
活方式與飲食攝取的改變，避除心理、生理的疾
病，全面啟動抗老防衰「綠色養生」行動，確保健
康長壽成為可能。

第 **10** 章

康樂延年——
揭開健康長壽之謎

「充滿病痛的晚年是最殘酷的懲罰；擁有健康的晚年
是最美的禮物。」

　　　　　　　　　～芳賀脩光、大野秀樹、大谷克彌

前言

老年人口朝向更高壽傾斜，跨越百歲的人瑞數量增多，推衍出研究「超老」（the super old）主題廣受關注。

「超老」一詞，以形容百歲以上的人瑞，有別於以往「初老」（the young old，65～74歲）；中老（the middle old，75～84歲）；「老老」（the old old，85歲以上）等對老齡人口的區分。據統計，美國現有百歲人瑞逾8萬人，2050年將達百萬人；中國大陸2011年7月止，百歲人瑞人口有48,921人；臺灣地區2000年至2010年「老老」人口的增加逾136%，從11萬增至24萬，是成長最快速的年齡層；更值得注意的是，「超老」人口2012年7月止有2,420人，相較2002年1,298人增加1,122人（內政部統計處，2012d），推估未來增長的趨勢明顯。「超老」群體的崛起，引發極富挑戰性的討論，即是：人類的壽命有極限嗎？誰能一圓秦始皇的長生夢？長壽人瑞是如何擁有青春長駐勝境？他們是採用哪些養生之術？更直接的問題是，我們要如何做，才能同登長壽體健呢？

的確，當人們平均壽命從1950年代的「人生五十年」轉換到1990年代的「人生七十年」，甚至是2000年的「人生八十年」時代，亟需揭開健康長壽之謎。當「老」在不知不覺悄然降臨之前，借鏡「超老」們的養生之術，開展導入健康長壽的有效策略，一步步修正自己的想法與行為，毋寧是咱們最重要的實踐行動，邀您預約「超老」入場券，當閱讀本章內容，您已預約成功。

第一節　人類壽命極限與突破

「他們即將走入一個沒有老年期的社會」，美國人如是說。這種說法主要是在揭明，美國社會人民整體身體健康的狀況，人的法律年齡雖然已達老年期，可是生理狀況卻仍然停留在中壯期，健康情形良好，活躍有力。

一、人類存活壽命與細胞分裂次數有關

　　「老」，醫學上定義是各種器官機能衰退現象，以至逐步邁向死亡；對「老」的恐懼，幾乎是大多數人的夢魘。正向面對老化現象，「長壽」不等於「不老」，雖然人類的平均壽命與預期餘歲數不斷延長，但是人類壽命的極限到底為何？現代醫學顯示：動物存活壽命和細胞分裂次數成正比，將生物的細胞分裂能量乘以2.4倍即其最高壽限，由於人類細胞分裂約50～55次，據此推估，人的最高壽限是120～125歲。目前文獻上記載活得最久的人是法國的卡兒門（Jeanne Louise Calmet, 1875-1997）女士，活到122歲。2000年6月26日由美、英、法、德、日等18個國家組成的「人類基因組計畫」的科學家，投入近十年在基因研究，終於發現人類「基因圖譜」，不久的將來，人類預估可以活到1,200歲。人類是否能因基因的醫療革命進而延年益壽，更是所有人關切的話題。

二、長壽基因的研究，喚起人類抗老防衰新希望

　　英國牛津大學和陽明大學針對「長壽基因」提出研究發現。牛津的研究以果蠅做實驗，發表在《老化細胞》（*Aging Cell*）期刊上；陽明大學的研究則在老鼠身上實驗。「長壽基因」，顧名思義，就是有這基因，或被植入這基因者，可以長生不老，或者比別人更長壽。陽明大學發表在《基因與發育》（*Genes & Development*）期刊的研究結果，以小鼠為實驗對象，其實找到的是「CISD2基因」。研究結果顯示，若缺乏CISD2基因，小鼠在4週以上大小，約相當於人類15～25歲時，即會開始出現早衰等一系列老化現象。這就是「長壽基因」在老化過程中所扮演的主要功能。另外，2010年科學家發現「馬修薩拉」（Methuselah）基因組，擁有這組基因的幸運兒，即便過著不健康生活，活到100歲的機率仍比一般人高 （張耀懋，2012）。一項看法值得注意，人體細胞的壽命決定於染色體末端的「端粒」（telomere）長度。每次細胞分裂，端粒就會

變短，短到一個限度，細胞即死亡。當一定數目的細胞死亡，組織器官就壞死，夠多的器官衰竭，人就死亡；這是目前科學家提出「壽命假說」（張耀懋，2012）。換言之，祇要能加長端粒的長度，人類長壽即有可能。研究顯示，日常生活吃綜合維他命的人，體內端粒較長；肥胖、吸菸女性端粒較短。由此可知，營養均衡，少吸菸，或少吃導致肥胖的食物，都有助保持青春（施靜茹，2009）。

三、人類壽命有其極限；每個人都有可能成為「超老」族

令人玩味的是，回顧科學文獻，沒有任何一篇研究能直接證明與「長生不老」有關。當所謂「長壽基因」發表後，「說不定人可以長生不老了！」只是一個「說不定」。更具體地說，無論根據上揭那種壽命假說，目前都沒有一個基因，能證明有關，包括「馬修薩拉」（Methuselah）基因。陽明大學或牛津大學所發現的「長壽基因」，被證實可以加長端粒的長度；但是，充其量，只是可減緩變短的速度而已。「老化基因」的功能主要是，人類若缺乏這種基因，會老得比較快；並非擁有此基因，就會活得比原來更長壽、更久。是以，人類壽命自有其極限。但是，千萬別氣餒，無論是「老化基因」、「長壽基因」，或「基因圖譜」等的研究成果，事實上，在降低疾病、細胞損耗等方面，的確已做出更有意義的建議與預防之道，預測2012年出生的嬰兒，多數將可能成為百歲人瑞。人人成為「超老」族，為期不遠。

近年來，整形美容大行其道，對抗「容貌」上的衰老，蔚為主流。不過，我們要誠懇地指出，心態上的抗老化，擁有良好的心理與情緒調適，乃是長壽人瑞的基本條件，不容偏廢。

🦉 第二節　健康長壽的相關研究

　　所謂見賢思齊；前車之轍，後車之鑑。本節主要在彙整重要預防醫學機構有關健康長壽的相關研究成果；一方面借鏡實證成果，增強良性因子，使得健康長壽成為可欲；另方面避除生活環境與自身的有害因子，降低罹患疾病的風險，使得延緩老化成為可能。

一、有關長壽的大型縱貫性研究

(一)美國喬治亞大學：百歲人瑞的生存活力因素

　　美國喬治亞大學的老年學研究中心，從1988年起開始長達20年的研究，主要在探討百歲人瑞的生存活力因素。具體的研究發現，可以從六個層面來歸結（魏惠娟，2008）：

1. 健康與健康習慣：人瑞群體皆有一些共同的健康習慣，例如很少有抽菸、肥胖、或過多酒精攝取的現象；此發現與Alameda County Study、The Harvard College Alumni Study等的研究結果相同。當比較百歲人瑞與60～80歲的人時，百歲人瑞在晚年，較少感染慢性疾病。

2. 飲食習慣：從食物中，攝取多於20％～30％的紅色與黃色的色素（例如：紅蘿蔔與南瓜）以及維他命A。人瑞都正常吃早餐、避免減重飲食，以及體重的急遽變化；吃比較多的全脂牛奶及優酪乳，同時避免膽固醇。

3. 認知與智慧：比較人瑞與60～80歲一群人的智慧活力，除了對於日常生活中的問題解決之外，發現他們在多數的認知功能上的表現，都比較差。年齡的差距在晶質智力上比較小，但是在流質智力上比較大。研究發現「教育」有正向的影響，教育減緩樣本之間，成就表現水準的差異，特別是人瑞組。很有趣的一項發現是，人瑞在日常生活中解決問題的表現，與較年輕的一群相同。

4.人格與應對：人瑞和稍年輕的老人相較，比較具支配性的、懷疑的、更實際的以及能放鬆。在因應事情的策略上，人瑞比較少採取積極主動的行為來因應，比較多使用認知行為，且更容易察覺問題，但是不傾向尋求社會支持策略來處理問題。

5.支持系統：住在社區內的人瑞，不常有潛在的訪客或電話聊天。他們不喜歡自己的配偶是照顧者，比較喜歡由孩子來照顧，由家人或朋友提供食物；人瑞與60～80歲的人一樣，喜歡有知己、每天有訪客，假如生病或行動不便時，希望能有人照顧他們。

6.心理健康：人瑞有更多身體上的但不是情感上的症狀。在老年憂鬱量表的評估中，顯示有更高的沮喪。研究發現，住在社區的人瑞，並無臨床上的憂鬱。

(二)美國塔夫茲大學：長壽四項指標

美國塔夫茲大學（Tufts University）老人營養研究所，提出四個指標與老年人的壽命相關（汪曉琪，2008）。

1.肌肉量與體脂率：很多老年人的體重雖然是在標準範圍之內，但是，問題出在身體的肌肉量太少，體脂肪含量卻太高。這可能與活動量減少、飲食與老化等等的因素有關；因為肌肉量降低，會影響活動能力、體力與基礎代謝率。

2.基礎代謝率：基礎代謝率表示人體在休息的狀態下，為了維持呼吸、血液循環、體溫等生命現象所需的能量。年紀越大，基礎代謝率會逐漸降低，意即不活動時所需的熱量會逐漸減少；若65歲時仍按照30歲時的吃法，體重自然會增加，除非增加運動量，否則易有肥胖或是體脂率過高的問題。

3.血糖、血脂、血壓：老年人對血糖、血脂、血壓的控制能力會逐漸降低，有時候並沒有明顯的徵兆，這也是老年人常見的慢性病。血膽固醇有好有壞之分，好的稱為高密度脂蛋白膽固醇（HDL），壞的稱為低密度脂蛋白膽固醇（LDL）；研究指出，HDL是一個

長壽指標，HDL增加有助膽固醇的代謝，可以預防心血管疾病的發生。然而，年老時，HDL值通常不會有太大的變化，而LDL卻會提高。

4.骨質密度：年老時，骨骼內的鈣、鎂等礦物質會逐漸流失，平均每年骨質密度減少1%，尤其是長期臥床的老年人，在二週內損失的骨質相當於一年所流失的量；因此，罹患骨質疏鬆症的老人，一旦發生骨折，將極為嚴重。

綜言之，「改變飲食，增加運動量」是協助老年人達成長壽指標最有效的方法。適度的運動有助於增加肌肉量與基礎代謝率，並可降低體脂肪率，對預防骨質流失、增加HDL，以及血糖與血壓的控制都有正面的幫助。

(三)美國檀香山太平洋衛生研究所：健康存活80歲以上的九項因素

本項研究從1965年開始進行，針對5,820名住在夏威夷州的日裔美籍男性為調查對象，平均年齡54歲。研究時間長達40年，結果顯示，中年男子想健康活過80歲以上，取決於九項因素：不過重、血壓低、血糖低、不良膽固醇低、喝酒不過量、不吸菸、握力大、受過良好教育和已婚。追蹤結果有2,451人，約42%，活到85歲，其中有655人，約11%，活到85歲時，完全沒有諸如心臟病、癌症、糖尿病等重大疾病。

(四)美國伊利諾大學：青春不老者的五大特徵

根據美國伊利諾大學（University of Illinois）在《美國醫學會》期刊（JAMA）發表的一項長期研究，針對超過367,000人長達20年的追蹤，研究人員發現，長壽族有五大特徵，符合者的平均壽命，會比一般人多9.5年以上：

1.血壓低於120/80。
2.血液總膽固醇量低於200 mg/dl。

3.沒有糖尿病。

4.不抽菸。

5.沒有心血管疾病或中風病史。

(五)美國波士頓大學醫學院：人瑞的共同特質

美國波士頓大學（Boston University）醫學院以800位人瑞，及其約700位手足與子女為對象，進行研究發現，人瑞有幾項重要的共同特質，包括血壓低於平均值、幾乎一直保持精瘦等，且多數從不吸菸，有吸菸習慣者，平均也都在年近60時戒除，不過有少數仍然每天要抽兩包。受訪的人瑞打破越老健康越差的刻板印象，活得越久顯示體質越好。

(六)Vaillant和Mukamal：提出預測長壽和健康的因子

Vaillant和Mukamal（2001）的成功老化研究，針對兩大樣本進行縱貫研究，每5年對受試者進行完整的身體檢查、每2年進行心理測驗，直到其60歲或死亡。提出在50歲以前即可預測長壽和健康的因子，包括雙親的社會階層、家庭和諧、重度憂鬱症、祖先的壽命、兒童時期的性格、50歲時的健康狀況。另外，沒有酒精濫用、菸癮、當時的婚姻或人際關係的穩定度、運動、正常的體脂肪指數（BMI）、正向的因應策略，和投入繼續教育等七項，以及個人對身體、情緒控制相關的變項，同樣與長壽和健康生活有關（引自周鉦翔等譯，2011）。

(七)美國加州大學洛杉磯分校（UCLA）老化研究中心：長壽八要素

該中心2006年出版《長壽聖經》報告，其中，有關健康長壽研究（healthy longevity study）指出一個人長壽的原因，三分之一靠基因，三分之二靠個人的生活型態。顯然健康長壽是可以學習的，該書指出下列的長壽八要素（引自魏惠娟，2008），包括：(1)磨練腦力；(2)正面思考；(3)培養健康與親密關係；(4)促進無壓力的生活；(5)熟悉環境；(6)鍛鍊體

適能 （擁有看起來年輕的體態）；(7)長壽飲食；(8)現代醫藥 （能使自己感覺年輕或看起來年輕）。

二、長壽計算公式和抗衰老秘方

(一)英國劍橋大學：延長壽命的計算公式

根據英國「衛報網站」報導，英國劍橋大學醫療研究人員公布一個延長壽命簡單的計算公式：戒菸多加5年壽命，適度規律的運動加3年，每天吃5份不同的疏菜、水果，再加3年，合計可多活11年，直接指出戒菸、運動及食用不同蔬果與長壽有關。

(二)多活10年的三項必備條件

美國一項針對366,000多人的大規模研究報告指出，只要能達到下列三個簡單的條件，就可以比別人多活10年，這三個條件是不吸菸、血壓維持在正常範圍內 （亦即收縮壓小於120毫米汞柱，舒張壓小於80毫米汞柱），以及維持每100CC.血液中膽固醇含量小於200毫克。

(三)少活12年的四種壞習慣

《內科醫學誌》 （*Archives of Internal Medicine*）2010年4月26日刊出挪威奧斯陸大學的研究報告指出，同時具備「吸菸、酗酒、不運動和蔬果攝取不足」四大不良生活習慣者，跟沒有任何這四種不良習慣的人相比，罹患癌症與心臟病的死亡率是後者3倍，其他病因的死亡率是後者4倍，可能會少活12年。這四種不良生活方式的界定為：吸菸成癮；男性每天攝入酒精超過168克、女性超過112克；每週運動少於3小時；每天吃水果和蔬菜不到3次。

(四)人瑞性格特質：個性外向、社交活躍

好性格與健康長壽有關，獲得證實。依據英國《每日郵報》（*Mail*

Daily）報導，科學家發現，那些活到100歲以上的人瑞，傾向帶著陽光般的好性格 （張詠晴譯，2012）。該項研究調查243名95歲以上民眾發現，這些銀髮族具備非常開朗、熱愛交際、不厭世等正向的個性特質。人瑞有其共通的性格特質，個性外向、樂觀和隨和，而根植於基因的個性層面，可能在健康和長壽上扮演關鍵角色，個性決定壽命。

(五)百歲人瑞長壽三大秘方

臺灣大學社會工作學系楊培珊的一項研究，從2008年至2011年計訪問100位超過百歲人瑞，結果顯示，能活過百歲者的三大特徵是 （吳和懋，2011）： (1)飲食節制，因為吃多喝多都是體力的消耗； (2)日常生活中多勞動；(3)凡事隨緣，淡薄名利欲望。

令人欣喜的是，一項針對百歲以上人瑞的健康與生活，進行的全球最大規模研究預測，百歲以上人口將出現爆炸性成長。這是一場人口統計學上的革命，勢將迫使人們重新定義老年與平均餘命。綜觀上述，無論是相關機構大型研究的成果，以及百歲人瑞的個案調查，在長壽的健康因子，或避除不良生活習慣，均呈現高度的類同，值得深思。進一步觀察，根據百歲人瑞的研究顯示，並非靠特定食物、保健食品或仙丹妙藥長壽，而是不發胖、不抽菸、飲食均衡、持續運動、保持樂觀開朗的心境等生活習慣。整體來說，百歲人瑞呈現出的特徵是，保持樂觀、活力熱情，擁有靈性健康，生活習慣良好，富進取心且對生活感覺幸福滿意。

🦉 第三節　中外著名養生術舉隅

「養生」一詞，最早見於先秦戰國時期《黃帝內經・靈樞・本神》：「故智者之養生也，必須四時而適寒暑，和喜怒而安居處，節陰陽而調剛柔，如是則僻邪不至，長生久視。」《荀子・儒效》：「以養生為己至道，是民德也。」其實，養生即是重視預防保健，保護生命，老而不衰，延年益壽。

養生保健不僅是在追求長壽，更重要的是，持續優化生活的質量。自二十世紀70年代以降，高齡人口數持續增多，衍生諸多社會問題，老年醫療長期照護成為政府財政重大負擔，引發國內外對養生及預防醫學的重視與研究，希冀提升高齡人口的健康狀況，降低醫療資源的支出。一般而言，國外發展的重點在於相關理論研究及實驗，探討衰老的成因、機制原理，包括生物內在的決定因素和生物生存過程中的有害因子等；我國則是從彙整傳統理論入手，企圖尋出對抗衰老的具體方法。茲將較具代表性者，舉隅如后。

一、中國傳統養生保健

(一)基本觀點——順時養生

所謂「順時」就是順應四季變化而調適寒暑。我國傳統養生流派可概為精神、動形、固精、調氣、食養、藥餌等六大學派。各派養生自成體系，兼有所長，形成獨特養生保健方法。養生保健大致包括四季中的生活起居、飲食調養、身體鍛鍊、精神養護、克服不良習慣、注意生活節制等面向。諸如推拿按摩、拔罐、食療、針灸、五禽戲、太極拳、氣功等，除針灸外，其他方式都可由個人操作，亟為方便。

(二)名人養生保健舉隅

◆慈禧養生之道

1. 生活規律：清晨6時起床，三餐定時定量，飯後「溜彎兒」（即散步），午休一會兒，按時就寢。
2. 工作努力：執掌朝政48年，勤奮從公。下朝後，玩樂如常，即「工作時工作，玩樂時玩樂」。
3. 戶外活動：平日喜歡做輕微的勞動，都天都要外出活動。
4. 不離珠奶：平時常用珍珠粉擦面，每天由五個奶媽為她擠奶擦身，臨睡前喝一杯糖水。

5.睡陰陽枕：睡覺的枕頭稱「陰陽枕」，枕內裝有茶葉、菊花、決明子、桑葉、夏枯草、防風、鶴血籐、冰片、烏藥、草烏、桂枝、葛根等中藥。據說：常用此枕，可明目、清火。

◆ 陳立夫先生——活到103歲的秘訣

陳立夫先生養生保健有道，躋身「超老」百歲人瑞之列。他提出養心宜靜、養身要動、飲食有節三項，並寫下人生48字訣。

1.養心宜靜：立公為人淡泊明志，不與人爭，不發脾氣，所以心靜易睡。「心靜能睡」是消除疲勞恢復體力的最好方法。

2.養身要動：推崇古哲所云：「戶樞不蠹，流水不腐，以其常動故也。」每天5：30即起，作全身自我按摩之運動，且練「內八段錦」，三餐飯後略作休息後，走500～600步，上午6：30～7：30練書法，寫字功夫持之以恆，故體健身強。

3.飲食有節：飲食養生原則：「多食果菜，少食肉類，物熟始食，水沸始飲」。

4.人生48字訣：

「養生在動、養心在靜，飲食有節，起居有時。
物熟始食，水沸始飲，多食果菜，少食肉類。
頭部宜冷，足部宜熱，知足常樂，無求常安。」

◆ 大陸百歲人瑞長壽養生六法

依據大陸老年學學會統計，截至2011年7月1日，大陸地區健在的百歲人瑞已達48,921人。2009年大陸普查全中國（不含港、澳、臺）百歲以上人瑞共達40,592人，調查選出十大壽星排行。其中十大壽星最年輕者116歲，最年長者122歲。歸納長壽的秘訣主要有六項（大陸新聞中心，2009）。

1.飲食節制、不嗜菸酒。

2.起居規律、早睡早起。

3.心胸寬闊、待人厚道。

4.勤勞好動、一生勞動。

5.家庭和睦、子女孝順。

6.遺傳基因，家族長壽。

◆中國中共領導者養生法則與食譜

　　領導者多長壽，平均餘命居世界前茅，是中共領導班子的特色。例如：享壽91歲的元老陳雲，每天都要吃13粒花生、散步13分鐘，會客只3分鐘。中共領導者養生法則與一天食譜，可供參考。

1.多吃粗糧，少食多餐、科學飲食方式，是中共領導人平均壽命居世界前列的主因。

2.養身的基本法則，每天吃夠25種食物。

3.多吃健腦、養心食物，如豆類、杏仁、芝麻、核桃、葡萄酒等。

4.不管何種烹飪方法，低鹽、低脂、高膳食纖維，是領導食譜必須遵守的原則。

5.領導一天的食譜。

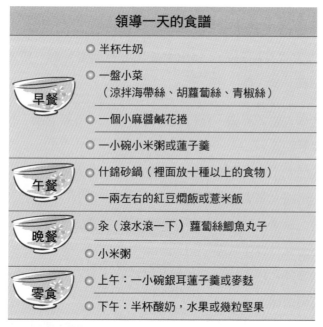

領導一天的食譜	
早餐	○ 半杯牛奶
	○ 一盤小菜（涼拌海帶絲、胡蘿蔔絲、青椒絲）
	○ 一個小麻醬鹹花捲
	○ 一小碗小米粥或蓮子羹
午餐	○ 什錦砂鍋（裡面放十種以上的食物）
	○ 一兩左右的紅豆燜飯或薏米飯
晚餐	○ 汆（滾水滾一下）蘿蔔絲鯽魚丸子
	○ 小米粥
零食	○ 上午：一小碗銀耳蓮子羹或麥麩
	○ 下午：半杯酸奶，水果或幾粒堅果

＊正餐吃七成飽

＊零食時間：上午10點、下午3點

◆臺灣長壽鄉百歲人瑞養生法

《健康兩點靈》雜誌根據內政部2011年6月底,最新臺灣鄉鎮市區人口統計資料,據以分析百歲及90歲以上長者最多的鄉鎮,並經長達半年調查採訪顯示,離島的金門縣金湖鎮及金寧鄉、北部的新北市雙溪區、中部的苗栗縣獅潭鄉、南部的臺南市將軍區、東部的花蓮縣鳳林鎮,可稱為臺灣六大長壽鄉鎮。

調查六大鄉鎮的百歲人瑞及90歲以上長者發現,他們健康長壽的特性是(黃妙雲,2011):當地的環境好,不僅有好山好水,而且空氣好、水質好、食物沒有污染,長者的煩惱也少、無欲無求、心情愉悅,平常多粗茶淡飯、愛吃地瓜、蔬食、魚及當地當令食物,睡得好,與親友往來密切,他們都是長期勞動的人。

二、西方養生保健舉隅

(一)德國醫學專家養生保健七字訣

德國醫學專家經長期研究,指出中老年人想健康長壽,要遵守七字守則:保、活、轉、參、睡、調、聽。

1.保:中老年人要多用腦,保持大腦的活力,如持續閱讀、繪畫、下棋、學習活動等。
2.活:經常活動手指,做兩手交替運動,可刺激大腦兩半球,有助大腦益智、延緩大腦衰老的作用。
3.轉:避免大腦過分勞累,要經常轉換不同性質的活動,使大腦神經鬆弛,腦力保持較佳狀態。
4.參:主動參加各種不同社會活動,維持社會人際支持網絡,擁有愉悅的心情與情緒。
5.睡:起居坐息有規律,充足的睡眠,老年人一天要有10小時左右的睡眠時間。

6.調：注重多種類飲食交叉混雜食用方式，葷素搭配，蔬果、穀類、堅果、牛奶等，多攝取維生素和礦物質。

7.聽：聆聽令人快樂優美動聽的歌曲旋律，有助調節中樞神經系統功能，使人心曠神怡，幸福感提升。

(二)薩丁尼亞人的七大長壽秘方

薩丁尼亞位於義大利半島西方120哩外的小島，是個著名的度假島，同時也是世界有名的長壽島。

國家地理探險家兼作家丹·布特尼（Dan Buettner）著作的《藍色寶地——解開長壽真相，延續美好人生》一書中，綜合薩丁尼亞人的七大長壽秘方，包括維持少油、少肉、植物主食、家庭優先、喝山羊奶、散步、每天一兩杯紅酒、與朋友相聚歡笑等，特有的基因則為他們帶來長壽的先天優勢；義大利的研究則指出，勤奮的工作態度、苦中作樂的務實人生、富含強力護心多酚的葡萄酒，是造就長壽人瑞的重要原因，其中葡萄酒（紅酒）和務實人生是共同的判斷（郭敏政、王萱萱，2011）。

(三)日本沖繩島居民長壽秘笈：餐餐粗食八分飽，輕鬆過生活

沖繩又稱長壽島，島上多南極仙翁。只吃「八分飽」的傳統飲食習慣，是他們長壽秘訣之一。地瓜、綠色葉菜和穀類是主食，並佐以魚、米、少量豬肉與豆類製品為輔，可謂是「粗茶淡飯」，卻具備低脂、低鹽，多吃含纖維質和抗氧化蔬果的飲食要求（郭敏政、王萱萱，2011）。另外，人瑞心理狀態的安適，以個人長壽和充滿使命感為榮；每日笑口常開，社交關係活絡，有社區感、歸屬感，低壓力的輕鬆過生活，正與健康飲食習慣，相輔相成，相得益彰。

(四)世界七大長壽鄉的長壽秘訣

以百歲人瑞眾多而聞名世界的世界七大長壽鄉，包括厄瓜多爾的維爾卡旺巴、原名香格里拉的西藏洪札區、俄羅斯高加索西南方的拘卓

爾村、巴基斯坦的罕薩、格魯吉爾的阿布哈吉亞、新疆的阿克蘇與和田區、廣西巴馬等。這些地區的居民，長壽的主要因素除了多吃長壽食物（高纖維、低熱量、低動物脂肪和低蛋白的天然食物）、食不過飽、飲食清淡、多吃蔬果、喝未受污染的水等之外，清新的生活環境和積極的人生態度，也有益於身心靈的健康（孫安迪、吳靜美，2011）。

根據科學家的研究，長壽村的長壽秘訣是：

1. 高山上空氣清新，樹木多，有負離子及芬多精，具深山靈氣。
2. 山頂冰雪溶化後成為天然山泉水，水質清澈，含有鎂、鉻、矽、鈣礦物質，喝起來甘甜順口。
3. 主食為全穀粗糧，根莖堅果類，如馬鈴薯、蕎麥、小麥、玉米、杏仁、黑麥、核桃。
4. 食不過飽，八分飽。
5. 三餐清淡，少鹽、少油、少糖、少油炸。
6. 多菜少肉，均衡攝取根、莖、芽、苗、豆、蔬、果、草。
7. 在長壽村的桃花源民眾與世無爭，心情平和，不勾心鬥角。
8. 在高山上，溫度低，寒冷可降低身體代謝率。
9. 在世外桃花源看不到洋芋片、可樂、炸雞等垃圾食品。
10. 適度的長時間緩和有氧運動，如慢跑、快走、太極。

第四節　健康長壽的有效策略

容或人類平均餘命持續增長，如何能擁有健康長壽的晚年，不但是活得老，更要活得好、活得精彩！我們的體認與理解應是，人類壽命是有其極限的，相關預防醫學的研究成果，燃起抗老防衰的亮點；百歲人瑞「超老」群體的崛起，揭露健康長壽的可欲與可能。職是，爰就前三節的分析，總計歸納出十四要項，以資共組一套揭露健康長壽勝境的執行策略。所謂眾聲喧譁，依據互異條件，擇別取捨，會觀其全。

一、活腦保鮮心智開

千萬別讓大腦領退休金。有人到老一直耳聰目明，實是取決於大腦本身腦力存款（brain reserve）和知能存款（cognitive reserve）的儲存量。根據老年學的理論，積極參與工作及繼續使用肌肉和腦力，是防止老化，維持健康與長壽的必要條件。「麥克阿瑟研究」是研究健康老化（healthy aging）極著名的縱貫性追蹤調查結果發現，持續保持心智活躍的人（經常接觸猜謎、閱讀、玩牌或是其他遊戲），呈現生活品質更好，平均餘命更長（陳雅汝譯，2008）。如果還採行其他優質長壽策略，會讓自己更快樂、機能運作更順暢，通常也活得更久。

二、優質環境要慎選

一些侵害健康的環境因素如鉛、汞、鋁、砷等，皆被認為與老化過程有關。長期暴露在輻射線（例如：紫外線）也會引發細胞突變，而加速老化。紫外線會使皮膚受損（破壞皮膚的膠原蛋白，造成皺紋、乾燥和斑點），提早老化，或引起白內障，抑制免疫功能；長時間曬太陽可能會引起黑色素細胞瘤；其他如防腐劑、菸、酒、藥癮、毒癮等亦是。抽菸不僅會提高罹患癌症、中風和心臟病的風險，甚至會讓人看起來比實際年齡老5歲以上。長期大量飲酒會導致肝硬化，更甚而影響維生素B1的吸收致缺乏而導致韋科氏症（Wernicke-korsakoff）（徐俊冕譯，1997）。此外，細菌、黴菌、病毒及其他有機體等感染，皆被認為導致老化過程中某些特定的生理變化。顯然，環境所帶來對健康的影響，至深且廣，慎選優質環境與能否健康長壽有關。

三、飲食攝取宜均衡

要健康長壽，首要從飲食著手。根據衛生署飲食指南，「六大類食物」包括全穀根莖、豆魚肉蛋、蔬果、水果、低脂乳品，以及油脂與堅果

種子類，宜均衡攝取。所謂：「細嚼慢嚥，益壽延年」，老年人消化系統較退化，為求消化良好，應細嚼慢嚥，讓食物在口中咀嚼時充分和唾液混合。恆河猴實驗研究發現，限制熱量但富營養的飲食可以延長壽命，並降低罹患與老化有關疾病的風險，包括癌症在內。俗云：「飲食七分飽，健康活到老。」再者，脂肪、鹽分、甜食和熱量會有肥胖、高血壓、心臟病、性無能等種種後遺症。地中海的飲食習慣咸被視為較健康，主要的飲食內涵是多蔬果，多纖維，多吃肥魚，用橄欖油及適量的飲酒習慣；日本的沖繩島亦多人瑞，其長壽除與生活方式、態度有關外，飲食習慣至為重要。該島居民吃低鹽、低脂飲食，魚、豆腐和海藻為其主要特色。要吃得健康，吃出長壽，除遵守「低脂」、「低糖」、「低鹽」等三大原則外，亦要講究吃的文化，即「細嚼慢嚥」、「飲食節度，不要過分飽食」方能益壽延年。

四、情緒愉悅常開展

語云：「有三歲之翁，有百歲之童。」老子在《道德經》中，亦首先提出「順乎自然」的養生觀，以及「恬淡虛無」、「知足常樂」、「少私寡欲」的心理養生法。一個人的性格、情緒、心理與長壽有密切關係。負面情緒不但影響健康，還會減少壽命。一項調查180位修女的研究，分析她們在年輕時所寫的自傳，其中表達最多正向情緒的修女，有80%活到80歲以上；而表達最多負面情緒的人，僅46%活到80歲（藍青，2009）。梅約醫學中心（Mayo Clinic）一項研究發現，在「明尼蘇達多向人格測驗」（Minnesota Multiphasic Personality Inventory, MMPI）的樂觀子測驗中，分數比較高的人能夠多活30年的機會，比悲觀的人多了50%。樂觀的人生理和情緒方面問題較少，比較不會痛苦，有活力且較為幸福、性情平和（陳雅汝譯，2008）。醫學研究證實，樂觀者腦部分泌的神經化學物質，具有刺激細胞生長發育的功能，本身的免疫系統也間接受到強化，對外來細菌、病毒的抵抗力增加。悲觀者的作用機制則相反，體

內細胞凋零速度快，且易因此生病或讓既有症狀惡化。精神官能免疫學亦證實，情緒與免疫系統有關連性，悲傷抑鬱的情緒會釋放壓力荷爾蒙，降低免疫細胞的活性；開懷大笑，情緒開朗則會增強免疫力，提升免疫系統功能。因此，一個人應經常笑口常開，保持歡愉暢快的心境，並以正面思考看待萬事萬物，不為負面的想法而鑽牛角尖，以營造喜悅、知足、健康的人生。

五、正面態度是依靠

正面態度是誠實面對事物的體現，尤其是有關老化的理解。生、老、病、死是人的宿命，沒有一個人能逃得過，每一個人都得面對它。擁有正確心態的人，比較能坦然面對它（陳肇男，2001）。研究顯示，對老化抱持正面態度的人比抱負面態度的人活得久。耶魯大學的貝卡·李維（Becca Levy）醫生一項研究，持續20年以上追蹤超過700個人發現，用正面的態度來看待老化，比把老化視為負面經驗的人，多活7年半（陳雅汝譯，2008）。另一項關於老年人的研究結果顯示，對未來持積極態度的人，無論他們參與研究時的健康狀況如何，在往後10年中的死亡率，都低於悲觀者。此外，抱持積極正面態度的人，更容易對自己的人生感到滿意，「自我滿意」（self-satisfaction）也能延長一個人的平均餘命。芬蘭科學家研究幸福安樂對長壽的影響，他們發現，對自己滿意的人多活20年的機會，是對自己不滿意的人的2倍（陳雅汝譯，2008）。同時，態度正面積極的人，血壓較低、病痛較少、體內膽固醇較少，對大部分的傳染病也有較強的抵抗力。積極的人就算生病，也較能快速康復。常抱積極正面的態度，去面對老年生活，自是健康長壽的依靠。

六、面對劣壓必消解

所謂優壓促成長，劣壓令人老。長期的情緒緊張會讓人生病及早衰；一項針對母親照顧慢性病子女所做的小型研究發現，長期壓力會加速

細胞內染色體尖端枯萎，縮短細胞生命週期、加速老化。2004年12月美國國家科學協會發表一篇報告：〈壓力使人老！〉長期處於心理壓力過高的狀態下，老化加速9至17年；一個月內的短期急性壓力，也可以使人老化8歲之多。研究顯示，壓力會抑制免疫系統的功能，增加患病的機率（Zegans, 1982）。當我們處在高壓下，身體就會發動能量，釋放壓力荷爾蒙，像是皮質醇（cortisol）。皮質醇和其他壓力荷爾蒙值增加一段時間後，的確會使我們大腦的記憶中樞縮小，增加罹患阿茲海默症的風險。不間斷的壓力也會增加罹患高血壓、心律不整及某些癌症的風險（陳雅汝譯，2008）。如何有效從容妥適的舒緩壓力，首先，在設定生活目標時，目標必須是合理、適當且是能力可及的範圍，切忌好高騖遠，不求實際；第二，不要抱著求全主義的心態，希望萬事完美無缺，無懈可及，有時「留一些缺點，其實是給完美更大的伸縮空間」；第三，增加自己對處理壓力的因應策略，增進問題解決的技能與情緒管理的能力，良好的社交技能與擁有社會支持系統，亦有助於排解壓力，獲得有益的社會支援；第四，遭受壓力時，可藉由打坐冥想、深呼吸或鬆弛訓練等舒緩壓力。

七、規律運動要持恆

世界衛生組織指出，人類健康有三害：為吸菸、不健康食物及運動不足。許多研究顯示，體力活動與壽命長短關係密切。例行性運動應涵蓋「長壽體適能」的三個基本領域：(1)心肺功能訓練；(2)平衡感和柔軟度訓練；(3)肌力訓練。適度的運動有益於身心的健康，延緩老化，保持體適能的良好狀態，在實驗上已獲得支持（Bortz, 1982）。規律的運動在生理上可改善心肺功能，增強肌力和關節彈性，調適神經的功能，防止骨質疏鬆症，減少動脈硬化、高血壓的罹患率；在心理上，則可維持較佳的情緒、自信、認知功能和舒緩壓力、積極的態度。運動，可降低血液中膽固醇及三酸甘油酯的含量，提高免疫力，降低感染腫瘤的機會。反之，不運動，將導致身體組織系統與機能的快速衰退，增強罹病

的機率，影響生活品質甚鉅（朱芬郁，2008a）。美國國立衛生研究院（National Institutes of Health, NIH）於2011年啟動——Go4Life「為活而動」，並指出：增加體力活動和運動水平，「你永遠不會太老」，包括患有慢性疾病者。希冀老年族群藉由運動，或規律性體能活動，更有效的維護健康和增進生活。

八、社會互動不可少

社交活動，能增加生活品質並延年益壽。社交活動多的老人，比活動少的長壽；若是寂寞無依，則會使人衰老。常與人群接觸也是養生要訣。哈佛大學的湯瑪斯‧葛雷斯（Thomas Glass）醫生費時10年，研究大約3,000名美國老人發現，與他人共度歡樂時光，確實能夠延長一個人的壽命；「花蝴蝶更長壽」：使用較多時間社交的老人（例如：玩遊戲、參加運動會、上館子），相較很少跟別人來往或根本不跟別人來往的人，長壽的可能性多20%（陳雅汝譯，2008）。研究發現，高頻率逛街購物，能讓老人更長壽，而且，對男性的益處比女人更大。臺灣國家衛生研究院醫療保健研究組，針對1,841位65歲以上老人，追蹤10年，瞭解逛街購物能否減少老人死亡風險。結果發現，比起每週逛街少於一次的老人，每天逛街購物老人的死亡風險降低了27%。逛街主要是上街走路，可增加活動量，和人群接觸則有益心理健康，若在過程中選購食品，能獲得新的營養訊息（陳惠惠，2011）。因此，脫離工作上的社會聯結之後，退休老年人可藉由參加各類的社區服務、公益活動，或加入義工、宗教團體等社會網絡，與社會保持接觸，亦可參與由各地的老人會、社區活動中心、老人俱樂部、民間老人團體所舉辦的休閒活動，以擴展社交生活，重建適切的社會關係，獲得社會歸屬感。

九、親密關係得聯結

心理學上有很多的實驗都顯示，「社會支持」（social support）是

人在逆境時，度過難關最重要的因素，它對健康有直接的關係（洪蘭，2008）；Rowe和Kahn指出，良好社會人際關係能延年益壽，社會支持是這些關係中的核心，社會支持在人老化過程中，扮演的角色更為重要（張嘉倩譯，1999）。我們對親密關係、情感聯結，以及社會支持的需求，始於嬰兒期且持續一生。這種禍福共享、患難相助的感覺，最能激發大腦中，與正向心情有關的多巴胺等神經傳導物質及激乳素等荷爾蒙。相關實驗亦發現，「社會支持」可減少心臟血管方面疾病，快樂的人較長壽。要抵抗憂鬱症、老人失智症等慢性疾病，「社會支持」是最有效、最節省社會成本的方式（洪蘭，2008）。柏克萊大學與耶魯大學的研究發現，社會孤立者（包括：較少朋友、缺乏婚姻與家庭關係、較少參與教會或社會團體之活動者）較容易罹患癌症、呼吸系統疾病、循環系統疾病、心臟血管疾病，也較容易發生意外。良好的人際關係對生理健康有所助益。與別人保持親密聯結，透過交談、觸摸，以及和關心的人維持真誠的關係，是不可或缺的。因此，培養健康的親密關係，有助健康長壽的促進。

十、漫妙性事常營造

「古井不該生波」、「臨老入花叢」，社會上存有許多迷思、偏見與無知，忽略銀髮族對愛情、對性的需求。影響所及，壓抑、掩飾、隱藏性需求，使老年人的性活動在堪用期間即提早結束。性在人類發展史上占有極重要的地位。由於性是終生的活動，透過各種多樣化的表現方式，並與身心健康、長壽有相關（朱芬郁，2008a）。事實上，保持性生活活躍讓人延年益壽，同時可降低心臟病發作的機率，此與男人達到性高潮時，會釋放出DHEA（脫氫表雄酮）的荷爾蒙有關。睪固酮（testosterone）荷爾蒙在男女身上都有，能夠刺激性驅力，也被發現能降低罹患心臟病發作的風險。此外，性活動會燃燒熱量和脂肪，有助於維持良好的體能；也能增強免疫功能，對抗病菌的感染，並釋放腦內啡

（endorphins）和其他荷爾蒙，能夠減輕慢性背痛、焦慮和頭痛，紓解緊張，讓我們睡得更好；美妙的性經驗通常能提升一個人的自尊，許多的宗教和文化，將性表達視為靈性開拓的工具（陳雅汝譯，2008）。是以，不分男女，性生活持恆的老人，死亡風險越低，尤其是死於中風的風險，顯示合宜的性愛有益健康，能提升生活品質，延年益壽。

十一、維持精瘦不發福

老化和血液循環息息相關。胖的人血管中性脂肪多，膽固醇高，影響代謝功能，心臟也必須花更大力量運送血液。老一輩的人喜稱肥胖為「發福」；其實肥胖一點都不福氣，根據統計，有40%肥胖者其存活壽命是正常體重者的一半。肥胖是一種常被忽略的慢性疾病，也是心臟病、高血壓、糖尿病、痛風及若干癌症形成的主要因子，大胖子活到80、90歲相當罕見。然而體重低亦是死亡的強烈先兆，因體重過低者容易發生意外，增加死亡機率，尤其在老人家最易發生的意外傷害——跌倒時，因無身體脂肪提供緩衝憑障作用，導致容易造成脊椎與臀部股骨斷裂。此外，體重過低意謂生活無人照料，容易營養不良及缺乏社會支援等，間接增加死亡風險（朱芬郁，2001）。國內首份本土長期追蹤報告顯示，身體質量指數（即BMI值）介於18.5～23的老人家，死亡風險最低；太胖的老人，BMI值高於27，較容易死於心血管、糖尿病，還有大腸癌、乳癌、子宮頸癌等癌症（黃惠惠，2009）。唯有保持適度正常的體重，方為長壽之道。

十二、宗教信仰寓深意

當平均餘命逐漸增長，尋找與發現生命意義，顯得特別重要。Banks、Poehler和Russell（1984）指出，靈性健康（spiritual well-being）是一種自我、他人與至高無上力量之間的締結，也是一種穩固的價值與信

念系統。杜克大學醫學中心一項「祈禱者活得長」的研究，從1986～1992年，針對4,000名65歲以上基督教老人所做調查。結果發現，甚少或從未祈禱者在受訪的6年期間，死亡的機率較常祈禱者高出50%。該校的另一項研究亦驗證出，經常赴教堂、寺廟者亦有較高的活存率。其實，冥想靜思能減壓，降低對身體無益的腎上腺素分泌，此與壓力荷爾蒙量的降低，有助強化免疫，減低疾病上身的理論不謀而合（陳雅汝譯，2008）。從古至今，各種精神信仰和宗教，乃是人們保持積極正面，尋找生命深層意義的一個重要憑藉。

十三、笑口常開好處多

俗曰：「笑顏常開，長年百壽」、「笑一笑，十年少；愁一愁，白了頭」。研究發現，笑有減少體內壓力激素的分泌，增強免疫力，緩解疼痛、降低血壓、增加攝氧量與肺活量等好處，對促進心理健康，俾益良多；還會啟動腦內啡（endorphins）的分泌，減少疼痛，讓人感受幸福感。根據美國專家研究指出，每天捧腹大笑，有助抵抗冠狀動脈等心臟病；而鎮日愁眉不展或動輒發怒的人，罹患心臟病的風險較高。研究發現，忿怒與孤獨對心臟有不好的影響，而笑聲有助心臟健康。笑口常開有六好：(1)大腦會分泌腦內啡，使人感到愉悅；(2)情緒導向好的方向、產生快樂情緒，身體放鬆，器官功能能得到平衡；(3)細胞可自由自在地工作、沒有壓力、自癒能力發揮得較好；(4)大笑時肩膀會聳動、胸膛搖擺、橫膈膜震盪，血液含氧量於呼吸加速時增加；(5)腎上腺素分泌增多；(6)培養樂觀精神。例如「笑笑功」是藉由大笑來抒發壓力，是一種融合笑與氣功的功法（黃妙雲，2011）。在日本沖繩島，老人家相信服用「維他命S」——每日一笑，可延年益壽（郭敏政、王萱萱，2011）。古諺云：「笑是最佳良藥」，請你也哈哈大笑。

十四、獨立自主多自在

　　獨立自主權對健康亟為重要。對生活的控制感與獨立感，是個體賴以生存、生活下去的重要力量。尤其是老年人，生理系統老化，使得行動、反應功能的衰退，若再罹患慢性疾病，對他人依賴程度明顯升高。生活失去控制感與獨立感後，老年人常有消極悲觀的情緒出現，戕害活下去的意志。其關鍵即在主控權影響生理使然（詳收件夾——主控權影響生理之經典實驗）。在日常生活中，老年人應主動提出對生活上的想法與看法，爭取表現獨立行為的機會，以維護自主與獨立的需求。越有主控權的人，患病的機率越低，人必須覺得自己是情境的主人，對生活情境有操作權，而不是聽命於情境，身體才會健康、心情才會愉快（朱芬郁，2011）。擁有獨立自主與健康長壽有關。

收件夾　主控權影響生理

　　有一個經典實驗是去一個老人院，跟東廂房的老人說：這裡有一盆花，你搬回去房間養，養死了要賠；你每天早晨有一個蛋可吃，你可以選擇要煎蛋還是煮蛋；每週有兩次電影可看，你可以自由選擇看愛情片還是西部片。

　　實驗者跟西廂房的老人說：這裡有一盆花，請搬回房間去欣賞，你不必照顧它，護士會每周來澆水；你每天早晨有一個蛋，一、三、五是煎蛋，二、四、六是煮蛋；每週有兩次電影可看，星期三是愛情片，星期六是西部片。

　　一年以後，實驗者回來看老人的健康情況，發現西廂房的死亡率高於東廂房。這兩個廂房生活飲食、條件都相同，唯一的差別是東廂房的老人有主控權而西廂房的沒有。這是第一個實驗顯示心理上的主控感覺對生理的影響。

資料來源：洪蘭（2008）。

結語

　　「每個人都渴望長壽，但沒有人願意老。」此語道出人的矛盾：盼望「長生」，但是「不老」。人人都怕衰老，許多研究報告顯示，年老者不一定體衰，只要懂得養生之道，健健康康的活到100歲，並不困難。Fries（1983）的研究指出，良好的生活型態與醫學的進步，可協助減緩老化的程度。要健康長壽，主要因素在於生活方式：吃什麼，是否常運動，是否常動腦，是否常與外界接觸，此外，應避免不良的生活習慣，例如熬夜、吸煙、酗酒等。對照《黃帝內經》第一篇——上古百歲人瑞之長壽秘訣：「法於陰陽（適應自然變化），和於術數（適當進行鍛鍊），食飲有節（講究飲食科學），起居有常（遵守作息制度），不妄作勞（勞逸適度），以恬愉為務（開朗樂觀）」，若合符節。名醫歧伯指出，做到這些就能「形與神俱，而盡終其天年」。的確，現代人在追求松齡鶴壽，臻至耄耋的同時，更應注重生活品質，遠避老來疾病纏身、開刀之苦或久臥病榻，苟延殘喘的度日。本章提出十四項健康長壽的有效策略供參。活得長壽、健康且兼顧生命品質，才是我們應戮力以赴追尋的勝境。

智 慧 小語

- 芳賀脩光、大野秀樹、大谷克彌：「充滿病痛的晚年是最殘酷的懲罰，擁有健康的晚年是最美的禮物。」
- 「細嚼慢嚥，益壽延年。」
- 「飲食七分飽，健康活到老。」
- 「有三歲之翁，有百歲之童。」
- 「笑顏常開，長年百壽。」
- 「笑一笑，十年少；愁一愁，白了頭。」

動動大腦

☺**活動名稱**：「壽命測驗表」

☺**活動對象**：55歲以上長者

☺**活動目的**：瞭解影響壽命的因素並預測壽命長度

☺**活動內容**：如附表

☺**計分方式**：壽命測驗表「平均壽命」欄位分數相互加減後，男性的壽命：76＋(－)得分；女性的壽命：82＋(－)得分。

壽命測驗表

	左右壽命的因子	平均壽命
遺傳因子	1.祖父母兩人都活到80歲以上	＋2
	2.祖父母4人都活到80歲以上	＋4
	3.家族中有50歲以下患心臟病、腦中風死去	－4
	4.家族有癌、心臟病、糖尿病例	－2
生活方式	5.住在200萬人以上的都市	－1
	6.住在1萬人以下之鄉鎮	＋1
	7.職業係辦公為主（靜態）	－2
	8.職業以肉體勞動為主（動態）	＋2
	9.家中有同居者	＋4
	10.一人獨居	－2
	11.專心開車	＋1
	12.每年收到違反交通法規紅單1張	－1
	13.60歲以上還在工作	＋3

影響健康因素	14.抽菸量（一天）40支以上		−8
	20～40支		−6
	20支以下		−3
	15.體重肥胖＋10%～20%		−2
	＋20%以上		−4
	16.每週運動3次以上		＋3
	17.定期健檢		＋4
	18.睡足9小時以上		−4
態度因素	19.熱情的、開朗的		＋3
	20.攻擊型、易怒的		−3
	21.過著不幸生活		−3
	22.過著幸福生活		＋3
	23.常常談情說愛		＋4

資料來源：東京醫學大學伊藤健次郎。

延伸閱讀

吳東權（2008）。**越長壽越快樂**。臺北市：高寶。

陳韋利（譯）（2009）。芳賀脩光、大野秀樹、大谷克彌等著。**健康長壽力**。臺北市：捷徑。

達人養成學院（2006）。**中老年樂活養生176招**。新北市：達觀。

第 11 章

正向面對——
疾病預防與健康促進

「一少貪甜鹹，多吃鮮魚蔬果；二少沾菸酒，多喝茶水
果汁；三少耍心機，多用腦筋體力；四少管子女，多交
新朋好友；五少蹲家裡，多做戶外活動。」

～吳東權——『五少五多防癡呆』

前言

　　迴異於成年中期身體健康改變，屬漸次性的不易察覺；邁入老年期後，各種慢性疾病逐漸明顯，尤其是呈現在心理健康的失眠、憂鬱症、失智症，實是道道地地的高齡化疾病，攸關老年生活品質。

　　本章特別關注的是老年心理健康問題。老年期的多重壓力迎面而至：源自退休後收入減少衍生的經濟壓力；社會角色地位喪失及人際互動減少，造成的人際與精神的壓力；身體老化導出健康壓力；空閒時間增多與家屬間相處摩擦衝突的壓力；親友的相繼去世感受死亡迫近與孤獨無助的壓力；上述壓力加速老人心理的老化，甚或產生疾病。例如，日本出現一種「新老人」群體，他們脫離常軌、隨意怒罵，看似無害的年長者，不斷透過暴力行徑與周遭人、事產生摩擦，是一群任性自私的老人；從社會角度來看，他們的行為另類，屬於難以理解的世代，也就是所謂的「暴走新老人」（黃薇嬪譯，2011）。

　　高齡社會是以老年族群為主體的社會型態，高齡化疾病的理解預防，有助老年健康促進，與長者個體生涯、家人生活型態，以及社會整體發展有關。「年老就怕病來磨」，退休老年的健康照顧，應及早正視，將疾病消滅在萌芽階段。

第一節　老年期健康的重要主題

　　面對老年期身心的改變，有許多潛在衰退的徵兆，是不爭的事實，其與生存環境的諸多複雜因素，以及個人生活習性有所關聯，不可小覷。

一、重視養生保健是老年的基本功

　　老年期所要面對的第一個問題，就是身體器官和生理機能的衰退。健康狀態的好壞，影響老年生活品質甚鉅。根據「2009年老人狀況調查結

果」，55～64歲國民「對老年生活擔心的問題」，前三項依序為「自己的健康問題」（40.37%）、「經濟來源問題」（22.44%）、「自己生病的照顧問題」（17.73%）；65歲以上老人「對老年生活擔心的問題」，前三項依序為「自己的健康問題」（34.45%）、「經濟來源問題」（16.67%）、「自己生病的照顧問題」（16.42%）（內政部統計處，2011），這項研究顯示，老年人對自身健康問題的覺知強烈。

　　許多研究均指出，高齡者的學習需求與動機，在促進個人的健康，而學習的內容，則以有關養生保健的相關課程為主。日本大阪府老人大學2005年針對畢業生，進行「老年人對需求的偏好」調查研究（回收的有效樣本數為997位，受試者平均年齡為70.8歲），比例最高的題項是「健康」（91.9%），其次是「運動或身體活動」（80.9%）（堀薫夫、陳黛芬譯，2006）。Lamdin和Fugate（1997）曾針對參與各類型學習活動的860位高齡者（55～96歲）進行調查研究，發現他們修習的課程屬於健康與營養者有307位，占35.7%（引自黃富順，2009a）。就臺灣地區的相關研究觀察，一項針對「我國屆齡退休及高齡者學習需求、意向的調查」指出：高齡者的學習需求，包括養生保健、家庭與人際關係、社會政治、退休規劃與適應、自我實現與生命意義、及休閒娛樂等六大層面，其中以養生保健的需求最為強烈；在高齡者想參加學習活動的理由中亦發現，高齡者想參與學習的十大理由，「身體健康」（21.9%）排名第一（黃富順、林麗惠、梁芷瑄，2008）。相關實證調查皆顯示，老年期首先應重視個體的養生保健基本功。

　　是以，老年養生基本功的三大進路是：評估自己的體能、興趣與健康狀況，擬訂適合自己的運動計畫或從事規律的養身活動；適當的飲食、均衡的營養、充分的睡眠、規律的作息；定期健康檢查，作好預防保健，以維護及促進身心健康。

二、常見的老年五項疾病：高血壓、白內障、心臟病、胃病、關節炎

瞭解有哪些疾病可能悄悄降臨年長者的深層意義，在於防微杜漸，消滅或降低罹患相關疾病的風險，擁有健康的老年生活。

有趣的是，調查研究結果顯示，老年最擔心的健康問題，正與老年常罹疾病的實證研究相符。2008年行政院國家科學發展委員會高齡社會整合性計畫團隊，針對2,000多名65歲以上的高齡者，及45～64歲中高齡者所進行的全國性調查發現，39.5%高齡者覺得健康狀況不太好或很不好，至於中高齡者則為16.1%。困擾他們最深的前五種疾病，依序是老花眼、高血壓、風濕症或關節炎、心臟病、糖尿病（林進修，2008）。2011年工研院產業經濟與趨勢研究所（IEK）針對北京、上海、成都、廣州、大臺北與高雄等兩岸六大城市，2,400位年齡50～75歲銀髮族的消費行為調查，調查結果指出，兩岸銀髮族最擔憂的健康問題是「眼睛老花」，其次為三高等慢性病（陳俐君，2011）。一般而言，35～54歲間的死亡主因是：癌症、心臟病、意外；而55～64歲間的死亡主因是：癌症、心臟病和中風（USDHHS, 1990）。此與相關調查結果，若合符節。

再者，臺灣地區的大型調查研究，有助長者瞭解老年期名列前茅的重大疾病項目。2007年「臺灣中老年身心社會生活狀況長期追蹤調查」顯示，65歲以上老人自述曾經醫師診斷罹患慢性病項目數，一項占88.7%，二項占71.7%，三項占51.3%。研究發現，長者最常見的慢性病前五項分別為：高血壓（46.67%）、白內障（42.53%）、心臟病（23.90%）、胃潰瘍或胃病（21.17%），關節炎或風濕症（21.11%）等。以性別比較，高血壓、白內障皆為男、女性之第一、二位外；骨質疏鬆、關節炎或風濕症、心臟病分列女性排序的第三、四、五位；心臟病、胃潰瘍或胃病、糖尿病分占男性的第三、四、五位（行政院衛生署國民健康局，2009）。這些調查結果，可供長者進一步瞭解老年罹患重大疾病情形。

三、心理健康是老年健康促進的重要構面

老年人面對許多改變，包括生理變化、健康衰退、經濟收入減少、社會地位喪失、家人和社會的疏離、親友病痛及配偶死亡，因而導致老人呈現出容易有害怕、恐懼、無助感、憤怒、愧咎感、失落感及悲傷反應，覺得提不起勁來做任何事，心情鬱悶，胃口難開。重大生活事件通常較有可能發生在老年期。這些重大生活事件，如本書【概念篇】第三章的梳整，可概分為健康改變、社會適應改變、經濟能力改變、休閒活動改變，以及心理情緒改變等五項。

這五項重大改變，程度容有差別，彼此卻相互影響，互為因果。其中，心理情緒改變所導致健康、智能、社會聯繫、經濟獨立的喪失，甚或更嚴重的是，誘發老年人對生命意義、活著為什麼的失落感與消極感，凡此，皆具體反應在老年罹患失智症、憂鬱症、自殺率攀升的顯現。這些現象已是現今老年預防醫學亟其關注的主題。有關心理健康問題，在老年健康促進工作的重要性，日益突顯。

世界衛生組織（WHO）於1978年國防基層健康照護會議宣言，以及1986年第一屆國防健康促進大會提出「健康促進」（healthy promotion）概念，強調全民健康是世界各國的共同目標（WHO, 1986）。歐盟並且提出《健康老化：歐洲的挑戰》報告書（*healthy ageing: A challenge for Europe*），其目的是希望維持健康的個體，降低其社會經濟的負擔，同時增加個人與國家社會的生產力（European Commission, 2007a）。其中健康促進（healthy promotion）的焦點，在於促進健康生活的延長與健康老化，以及提升高齡者的生產力與勞動參與；健康系統（healthy systems）則是包含所有以促進、恢復與維持健康為主要目標的行動（European Commission, 2007b）。Green和Kreuter（1991）認為健康促進是結合教育、環境、支持等影響因素，以幫助健康生活，其目的在於使人們對自己的健康能獲得更好的控制。Palank（1991）則指出健康促進係對自己的健康能獲得更好的控制力，增進個人或團體的至高安適狀態（optimal well-being）、自我實現（self-actualization）及個人期望（personal-fulfillment），開啟老年健康促進新觀念。經濟合作暨發展組織（OECD）2009年以「健康老化」（healthy aging）政策為主題發表研究報告，揭示健康老化是生理、心理及社會面向的最適化（行政院經建會，2009）。

綜括而言，積極正向投入養生保健，迎向健康老化，實是面對老化的第一堂基本功；在理解老年期常見的高血壓、白內障、心臟病、胃病，及關節炎、風溼症或糖尿病的同時，不可忽視源於心理情緒的失調，因之所罹患的失眠、憂鬱症、失智症等疾病，嚴重影響老年生活品質與獨立自主。

🦉 第二節　老人的失眠與健康促進

「人老了，累的時候多，睡的時候少。」老人家常這樣說。在人一生中，不同年齡的睡眠時間有明顯的差異。由於睡眠生理會受到荷爾蒙影響，年紀越大荷爾蒙的分泌減少，睡眠的時間也越少，睡眠週期也會變短。然而，睡眠不足會導致新陳代謝及內分泌腺發生明顯變化，危害心智運作，並可能使老年有關的疾病如糖尿病、中風或心臟疾病等加速發生，出現老化特徵。鑑於睡眠具有協助個人恢復體力、消除疲勞、紓解白天的情緒，蘊蓄活力的功能（朱芬郁，2001）。是以，針對老年睡眠障礙成因的深入探討，並加以有效的控制管理，顯得相當重要。

一、逾四成以上的老人有睡眠障礙問題

一般而言，年齡越大者，睡眠時間有減少的趨勢。根據美國國家睡眠基金會建議，10歲以下兒童及嬰幼兒，每天所需睡眠時數應超過10小時，尤其是嬰兒時期，睡眠時數更達14～18小時；年滿10歲的青少年階段，每天建議睡眠8.5～9.25小時，成年之後則需7～9小時睡眠。老年人除了比年輕人有更多的慢性疾病和情緒障礙外，睡不好的問題也會隨著年紀

的增長而逐步增加。

　　根據一項研究調查顯示，臺灣地區42%～47%的老人，有各種不同的睡眠障礙。失眠顯現在自覺睡不飽，或睡眠品質不佳。老人失眠的主要症狀有：很難入眠或不易維持睡眠，例如半夜常常醒來，甚至半夜醒來就再也睡不著，太早起及白天打瞌睡（劉鎮嘉，2010）。再者，一項「睡眠、健康與社會」研究計畫，刊載於《睡眠》（*SLEEP*）期刊，探討睡眠與死亡的關係，檢視以往的十六項研究、150萬名案例，研究範圍包括英國、美國、歐洲和東亞國家。研究發現，睡眠不足與早死有明顯且直接的相關，每天睡不到6小時的人，25年內死亡的機率比每天睡6到8小時的人高出12%。這項研究雖未發現每天睡超過9小時的人與早死有關，但指出「睡眠時間的增加，通常伴隨健康狀況的惡化而發生」，而每天睡眠6到8小時對健康最好。換言之，增加睡眠時間不一定就能保證長壽，但是每天睡眠時間不到5小時，對健康絕對有害（莊蕙嘉編譯，2010）。

　　失眠，會引起記憶力減退、疲勞、易怒和其他五花八門的問題。長期失眠會導致日夜生活混亂、身體機能退化，和增加罹患憂鬱症的機會，而嚴重影響生活品質，如何改善睡眠是老年重要課題之一。

二、老人睡眠障礙的六大成因

　　一個亟嚴重的謬論有待揭露，那就是誤認老人動得少，生理代謝遲緩等，因此少少的睡眠就足以恢復所需，這是對老年失眠病症不瞭解所導致。通常，老年失眠障礙的原因有以下六項：

(一)老化導致老人的睡眠結構改變

　　造成老年睡眠障礙成因之一是老化所引起。由於老化所產生的睡眠生理變化，會造成老年人經常入睡困難、熟睡時間變少，使得老人的睡眠結構因之改變。其次，老化使得大腦的神經核尺寸減小與功能退化，加上褪黑激素分泌減少和核心體溫降低，因而影響睡眠清醒週期。研究發

現,睡眠時間隨年紀增加而縮短,約每10年減少10分鐘;而老年人較少經歷反映沉睡的慢波睡眠(聯合報編譯組,2012)。老年人(尤其是女性)睡眠清醒週期提前,晚餐後約7、8點就想睡覺,凌晨3、4點就起床無法再入睡。由於老化所導致的睡眠障礙,是面對老年期睡眠問題時,首先要有的認知。

(二)各種身體慢性疾病的影響

老年身體器官的衰老,常帶許多病痛與不適,以致造成長者睡眠問題。50、60歲的人常伴隨有失眠或睡眠呼吸中止等現象,這些皆與健康問題有關,例如:風濕性關節炎的疼痛、中風和糖尿病、心血管疾病的不適、男性攝護腺肥大的夜間頻尿等,這些疾病將影響老年睡與醒之間的規律,自不殆言。

(三)長期使用某些治療性藥物與物質的副作用

某些慢性疾病的長期服用藥物,亟易造成睡眠障礙。某些老年人因罹患多種慢性疾病而多重用藥,如類固醇、支氣管擴張劑等藥物,以及高血壓、慢性阻塞性肺病、消化性潰瘍用藥,所引起的次發性失眠障礙,容易影響睡眠。研究發現,食用過量的鹽,會干擾正常睡眠。另外,酒精會影響睡眠品質,睡前小酌雖可縮短入睡時間,但當血中酒精濃度下降時,會抑制睡眠。

(四)神經精神科疾病影響頗大

老人失眠常會伴隨出現神經衰弱、焦慮、憂鬱、記憶減退、夜尿多、心悸、多汗、頭痛、頭暈、易怒、恐懼等症狀。通常,中風或失智老人,有可能因為控制生理時鐘節律性的腦組織,及睡眠中樞發生病變或退化,造成生理時鐘變混亂,產生睡眠週期日夜顛倒(劉鎮嘉,2010)。老人憂鬱症與老年失智症,是引起老年人睡眠異常,最嚴重而普遍的原因。

(五)活動量少，新陳代謝遲緩

睡眠的功能主要是恢復白天消耗的體力與腦力。許多老人或因失去自主生活能力，活動不便，家人又工作忙碌，無法陪伴，只能鎮日待在家裡，生活型態單一，無適當的生活節律與日照刺激，造成睡眠週期的錯亂。老人活動量降低，新陳代謝趨緩，使得所需睡眠相對減少。

(六)身體組成改變的因素

肥胖者呼吸道及口咽部組織增厚，容易發生睡眠呼吸中止症候群，進而影響睡眠。有趣的是，睡眠障礙與肥胖兩者之間的弔詭，因為睡眠同時會影響食慾。用餐後，身體會製造一種產生飽足感的荷爾蒙，如果我們睡不夠，身體就會製造不足，缺乏睡眠會使我們胃口大開，體重增加（陳雅汝譯，2008）。肥胖所造成身體組成的改變，亦是睡眠障礙的原因之一。

三、老年的睡眠管理

睡眠之於老年健康良窳，大矣。在探討老年睡眠障礙六大成因後，如何提升睡眠品質，做好老年睡眠管理，至為重要。由於造成睡眠障礙的原因各異。茲提出綱領式條列如下，俾供參考。

(一)放下擔憂，恬然安歇

俗語說：「先臥心，再臥眼。」擁有豐富的經驗與智慧，是老年的瑰寶與冠冕。所謂「兒孫自有兒孫福，勿為兒孫做馬牛」。睡覺前，最好心無雜念：不要躺在床上想東想西。睡不著時，不要焦慮，焦慮會更無法放鬆，更睡不著。放鬆從容入睡，恬然安眠。

(二)生活規律，晨起暗寢

因應老化對老年睡眠時間的影響，早睡早起應是最佳選擇，也是促

成生活規律的良方。切記,老年人過多或過少的睡眠時間,皆是屬睡眠障礙。找出最適合自己的睡眠時數,睡眠時間依每人體質而有所不同,通常6至8小時的睡眠時間,較為合適。

(三)調整作息,營造環境

可支配的時間變多,是退休後的生活寫照。當然,也意謂著要填補的空白時間增多,空虛疏離與不安增強。宜從調整生活作息,積極從事社會參與活動,培養良好的睡眠衛生習慣著手,包括:創造舒適的睡眠環境;餐後避免茶、咖啡、抽菸和酒精;睡前洗熱水澡,或聽輕柔舒眠的音樂,可幫助入睡;白天避免午睡或以30分鐘為度。

(四)適度運動,活化精力

調查顯示,76%的沖繩老人有傍晚散步的習慣;日本琉球大學和國立精神神經中心,發展出結合腹式呼吸和伸展的「福壽體操」,有助改善老年人睡眠問題(黃惠如,2006)。運動量不足,將導致新陳代謝遲緩,影響睡眠品質;過量運動,造成老年體能超負荷,不利健康。每天定量的運動,以有氧運動及適量肌肉訓練為佳。晚上沐浴後,以手掌畫圈的方式按摩腹部,有助於放鬆入睡。

(五)飲食療法,快意入眠

俗諺有云:「藥補不如食補,食補不如覺補。」所謂吃出健康與好眠。在日常飲食方面,可以多攝取一些具有降心火、補腎氣作用的黑芝麻、核桃、蛋黃等食物;葵花瓜子、蜂蜜和大棗等,也有安眠功效。睡前喝杯熱牛奶,有誘導助眠色氨酸的效果(何佩琪,2011),達到促進睡眠的效果。

(六)光照療法,調整機理

白天多照日光,但宜避開強烈光線刺激時段,有助於協調大腦皮質功能。光線透過眼睛進入腦部,可以幫助建立日夜生理時鐘,改善睡眠,這

對行動不便的老人，特別有意義。傍晚時分照光，對晚上早睡清晨易醒的失眠者有益，易使生理時鐘慢下來，將睡眠時段後移，規律睡眠。

(七)診斷肇因，專業治療

老人心理諮商快速崛起，受到醫學界重視。老年有睡眠障礙問題，若不單是老化現象所引起，應找出病因診治。可以將目前服用的藥物、較完整病史，至家庭醫學科、老年醫學科或精神科門診，接受專業醫師完整的評估與治療。若屬心理因素造成的失眠，宜採心理治療方式處理。

(八)藥物治療，謹慎服用

服用助眠藥物要謹慎小心，因之導致的副作用，影響頗大。隨著年紀漸長，褪黑激素（melatonin）[1]的分泌量越來越少，有些老人會自行購買，然長期使用褪黑激素，也會讓內分泌失調；至於安眠藥，基本的用藥原則就是不要超過三個月（何佩琪，2011）。常見的藥物不良反應，有譫妄、跌倒、影響呼吸等。使用藥物助睡，一定要尋求合格醫師診斷、處方，絕不可擅自服用，避免造成憾事。

無論是看著天花板，等待黎明的到來；數羊數到眼睛抽筋；或是拿著搖控器，翻轉到無聊看購物台的失眠日子，在理解失眠的成因，並進一步採取睡眠的管理行動，那些障礙將離你遠去，請迎接優化的睡眠品質蒞臨吧！

🦉 第三節　老年憂鬱症與健康促進

老年憂鬱症涉及心理健康問題。調查顯示，一成三的男性老人覺得憂鬱，女性則超過一成七。老年憂鬱症盛行率高，但卻常被低估或治療不

---

[1]褪黑激素（melatonin）：是一種身體在夜間會自然產生的荷爾蒙，能提示大腦神經元，讓生理時鐘規律化，並且不會像安眠藥般產生依賴性。歐美常見使用褪黑激素來克服時差。

完整，尤其是獨居老人更嚴重（行政院衛生署國民健康局，2009）。問題是，老年人歷經漫長人生旅程，何以退離職場，卻會憂鬱症悄然上身呢？

臨床上的憂鬱症是指低落的情緒持續一段時間，且影響到日常生活功能，他們會有不正確的罪惡感、覺得自己沒有價值、缺乏生理及心理上的動力去完成日常的事物，嚴重者甚至有自殺的計畫與自殺的想法（葉在庭、鐘聖校譯，2008）。Wallis（2000）認為老年人可能透過身體抱怨來表達情緒，像是失眠、飲食疾患及消化道問題。他們可能會表現出嗜睡症狀、缺乏動機去參加其憂鬱以前喜歡參加的活動；當他們否定其情緒憂鬱時，其實可能正因憂鬱症狀而感到困擾。因外在環境事件所引起的輕度或短暫的憂鬱，通常可以及時自行解決，但是中度憂鬱可能會妨礙日常活動，而且可能導致社會退縮或孤立。重度憂鬱則可能會出現精神症狀，包括幻覺及失去現實感（引自周鉦翔等譯，2011）。不爭的事實是，影響晚年生活的殺手之一，就是憂鬱症；且老年憂鬱症常「偽裝」成身體病痛出現，往往被誤認為老化的正常現象，延誤就醫，不可不慎。

一、老年憂鬱症的成因：與生活型態改變、衰老罹病有關

老年憂鬱症的最大的危險因子，就是身體疾病。據統計，年長者的憂鬱症發生率，低於其他年齡層，但是其短暫的憂鬱情緒卻很多，這可能是因為他們經歷較多的親人死亡事件、身體病痛等（葉在庭、鐘聖校譯2008）。Wallis（2000）指出，老年人罹患憂鬱的機率為6%，將近三分之二為女性。因為喪偶、健康問題及孤單無力的生活等緣故，因而更容易罹患憂鬱，75%住在長期照護機構中的老人受輕度或中度憂鬱症狀所擾（引自周鉦翔等譯，2011）。同時，老年憂鬱症常會與生理疾病惡性循環，痛苦異常。由於藥物問題併發憂鬱症後，中樞神經受到影響，導致生理上的疾病更趨嚴重（如：血糖突然變高、血壓不穩定等）；而病痛的加遽又使老人更為憂鬱。

具體而言，老年族群罹患憂鬱症的成因，約可概分為社會、心理、生物疾病三個面向，加以說明。

(一)社會面向

社會支持系統在退休後弱化或崩解，造成長者人際互動減少，失落感、孤寂感湧現，長者的影響力與貢獻需求失去依靠、表現；若未積極開拓人際支持、互動網絡，可能衍生憂鬱的因子，包括：(1)社會人際互動弱化；(2)孤單和寡居、缺乏人際支持；(3)獨立自主、經濟能力明顯降低；(4)面對同儕逐漸死亡的壓力，觸景傷情。

(二)心理面向

老年的心理、情緒調適，日顯重要。面對迥異於以往的諸多改變，尤其是老化的事實，亟需正向態度適應。調適不良，呈現出對外界事物提不起勁，缺乏參與動機，經常還合併對身體症狀的抱怨，像是頭痛、沒胃口、沒氣力、全身痠痛等。包括：(1)老化使得自尊及自信的喪失；(2)忍受孤單寂寞機會大增，而能力大減；(3)生活上缺乏目標感。

(三)生物疾病面向

老化帶來生理上的衰退，各種慢性疾病逐漸降臨，尤其是罹患與血管病變相關的疾病，例如高血壓、糖尿病、中風、心臟病、周邊血管病變等的老年人，更易得到老年憂鬱症，包括：(1)疾病的直接影響：如中風、癌症、失智症等，造成沒有明天的感覺；(2)整體活動力下降：營養失衡，衍生諸多身體上的病痛、失能現象等；(3)同時服用多重藥物：老年人服用許多藥品，彼此之間重複影響，形成憂鬱症的潛在因素。

二、老年憂鬱症的徵狀

(一)老年憂鬱症與成人憂鬱症不同

研究資料顯示，國內65歲以上老年人得憂鬱症的比率高達12%～20%；老年憂鬱症比成人憂鬱症有較多的身體症狀跟抱怨，還經常同時有認知障礙及較高的自殺率（陳惠惠，2009）。大體而言，老年憂鬱症與一般成人憂鬱症的不同在於：

1. 兩者呈現症徵不同：一般成人憂鬱症常因重大事件、感情挫折、個性問題等引起；老年憂鬱症狀隱微且緩慢出現。症狀不典型，多以身體症狀、體能改變等來表現，而心情起伏不一定大。

2. 兩者情緒表現互異：一般成人憂鬱症多以暴躁、心情煩悶為主；老年憂鬱症患者出現焦慮的比例很高，且三分之二以上合併有焦慮症狀，容易緊張、胡思亂想、怕寂寞等。

3. 老年憂鬱以身體病痛為主訴：老年憂鬱症患者，多以身體症狀為主訴，較常抱怨身體的不舒服，並有更多的焦慮情緒。有些表現出嚴重的精神運動遲滯，以及記憶力和生活功能的低落，容易被誤認為失智症。

(二)老年憂鬱症與老年失智症

值得特別注意的是，老年失智症與憂鬱症有時不易區分，而憂鬱症卻常是失智症的早期症狀，或是未來罹患失智的危險因子。除了各種慢性病，憂鬱症及失智症實是老人重大的健康問題，罹患憂鬱症若未積極治療，易引發或導致失智症、內科疾病更加惡化，使得免疫力降低及併發感染症。

(三)老年憂鬱症基本症狀

老年憂鬱症通常出現不太明顯的憂鬱情緒，而是抱怨記憶力差、疲倦、無力、吃不下、失眠的現象等。在情緒表現出呆滯、喪失生活的興趣

或退縮，甚至出現想死的念頭（李淑花，2005）。一般而言，長者開始變得精神越來越不好，不常笑，嚴重健忘，或經常失眠，請勿誤認是「年紀關係」或「痴呆緣故」而置之不理，可能因一時疏忽而造成不必要的遺憾。老年精神科醫師黃正平指出罹患憂鬱症的徵兆：(1)45歲以後發病的焦慮、慮病症；(2)超過一年的哀傷反應；(3)明顯無助、無望、無用感；(4)有自殺意念或企圖；(5)老年酒癮或藥癮患者；(6)某些疾病如中風及癌症等。

收件夾　老人憂鬱量表

是	否	
□	○	1.你對生活大致還感到滿意嗎？
○	□	2.你本來感興趣的事情，最近都不想去做嗎？
○	□	3.你會覺得人生很空虛嗎？
○	□	4.你會常常覺得無聊嗎？
□	○	5.你大部分的時間都很快樂嗎？
○	□	6.你會覺得有什麼壞事情，將會發生嗎？
□	○	7.你大部分的時間都很快樂嗎？
○	□	8.你會覺得每件事情都很無助嗎？
○	□	9.你寧願留在家裡也不想出去做點事嗎？
○	□	10.你覺得最近記憶力比較不好嗎？
□	○	11.你覺得能夠活著是一件很好的事情嗎？
○	□	12.你覺得活著沒什麼價值嗎？
□	○	13.你覺得自己很有活力嗎？
○	□	14.你覺得現在沒什麼希望嗎？
○	□	15.你覺得別人都比你好嗎？

在加圈處「○」得分者予以計1分，大於5分表示有憂鬱症狀，大於10分表示已達憂鬱症之診斷。

資料來源：老人福利推動聯盟。

三、老年憂鬱與自殺

通常，老人的心理健康，以自殺率及憂鬱症罹患率兩項指標來表示。臺灣老人自殺死亡人數，隨著老人人口比例逐年上升，與其他國家相較，臺灣老人自殺死亡率仍遠高於美國、德國、英國、義大利；在亞洲國家方面，亦高於日本、新加坡及澳洲，僅低於韓國。精神疾病為自殺之主要危險因子，從開發中及已開發國家的研究顯示，自殺身亡案例中，其精神疾病盛行率約為80%～100%，估計患有情感性精神病（主要為憂鬱症）之終身自殺危險率為6%～15%（行政院衛生署國民健康局，2009）。

全球每年約有100萬人死於自殺，相較於其他族群，老年人呈現較高的自殺死亡率。研究顯示，一般人每二十次自殺嘗試中，有一次自殺死亡的情況；65歲以上，每四次自殺會有一次自殺死亡（Beeler, 2004）。2005年疾病管制局（Centers for Disease Control, CDC）的一份研究報告顯示，65歲以上老人每10萬人口有14.3人死於自殺，遠高於一般族群的每10萬人口有11人的比率。Casey（1994）在一個研究報告中發現，65歲以上老人的自殺死亡率比一般人的自殺死亡率還要高出2倍以上，而且相較於一般人自殺死亡比率為百分之一，老年人的自殺死亡比率約為四分之一，報告中也發現相較於哭訴求助，老年人傾向將自殺當作最後的解決手段。自殺死亡的老人常常因為重度憂鬱症、酒癮、嚴重的醫療問題及社會孤立而感到痛苦（引自周鉦翔等譯，2011），因而採取用結束生命解決痛苦。

更精確地說，老人高自殺死亡率主因之一是，他們的憂鬱症比一般年齡層更容易被忽略，甚至被誤認老人對生命感到無力、無望是通病，因而疏於關注。令人擔憂的是，患者一旦尋死，手段相當決絕，令人遺憾與扼腕。

四、老年憂鬱症的健康照護

針對確診的老年憂鬱症患者，囿於不易治療，療程較緩慢或加大其用藥量，伴隨患者較不願就醫，配合度較低，常成為老人快樂晚年的殺手，並可能很快就慢性化，甚為棘手。相關健康工作，需要極大的耐心與愛心，且要抱持長期奮戰的決心。提出以下幾點作法，俾供參考。

(一)藥物治療

治療上須選擇安全性高、副作用少的藥物，全程需由醫師仔細評估用藥反應、劑量、期程，掌握其副作用與具體療效。近年來因持續有新一代抗憂鬱藥物問世，副作用低，情狀獲得改善。通常，一般完整治療一個月後，約有三分之二病患症狀緩解；尚需家人的支持及適當的心理諮商治療。

(二)整合性治療

老年人會呈現較高合併精神病症狀的機率，例如：被偷、被害妄想、聽幻覺等；個別心理治療、團體治療與家庭治療等輔助機制，則是採用藥物治療之外，不可或缺的；將患者留院，選擇另一種整合性治療憂鬱症的方式，得經醫師評估轉介，並需審慎為之。

(三)飲食療法

西班牙拉斯帕馬斯大學（University of Las Palmas）與納瓦拉大學（University of Navarra）一項飲食調查研究，以橄欖油、蔬果為主的地中海飲食，有助預防憂鬱症，罹患機率降低至少30%（聯合新聞網，2009）。

(四)運動療法

美國《流行病學》期刊於2011年10月刊出的研究顯示，每天運動90分鐘的婦女，比運動10分鐘以內者，憂鬱症罹病風險低20%；每天花3小

時或更長時間看電視者，比較少看電視的人，憂鬱症風險高出13%（陳俐君，2012）。

(五)園藝治療

研究顯示，接受園藝治療的老人，下肢肌力、心肺耐力、手指抓握精細度、走路步態穩定，及身體敏捷性均大幅改善，且憂鬱程度降低，自我感受社會及家人支持增加，對人生未來感到希望。但無園藝治療組則無變化，顯示治療性園藝活動，有助老人身心健康（張嘉芳，2012）。

(六)社會支持

社會的支持及鼓勵參與社會活動，對患者是有意義的。由家人、朋友經常陪伴患者走出戶外，接觸自然環境是改善病情非常有效的方法。晚輩的傾聽、陪伴、關心、情緒支持與尊重，永遠是老年人最需要、最寶貴的。

事實上，老年憂鬱的成因，源自社會、心理及生物疾病等多面向所促成，非常複雜，並非單一因素可解釋。文中特別提出六項憂鬱症健康照護的理念與作法，希冀長者能理解老年憂鬱症的主訴徵狀，自我診斷或尋求專業醫師協助，一方面避除不利因子，獲致心理健康；另方面及早確診，開啟走出憂鬱，迎向陽光的具體行動。

🦉 第四節　老年失智症與健康促進

國際失智症大會於2012年3月初在倫敦舉行，主題是「Science Fact Fiction」。以「Fiction」作為主題之一，主要是澄清與事實不符的說法，揭露不少人對失智症存有：老了就會這樣、癡呆、精神有問題、失去社會功能等負面印象。因為不瞭解，以致周遭的人對患者和其照顧者產生疏離、排擠、甚至貶低他們的人格與尊嚴（巫瑩慧，2012）。的確，幾個名人罹患老年失智症的案例，令人印象深刻。1994年，美國前總統雷

根先生親筆寫信告訴大家他罹患阿茲海默症：「我的人生之旅將開始進入黃昏……」；他在2004年病逝後，女兒出版《最長的告別》（*The Long Goodbye*），紀錄雷根和失智症奮戰的過程。英國前首相柴契爾夫人的女兒卡蘿在回憶錄《金魚缸裡游個不停》中，指出她看到母親罹患失智症情形：「過去，任何事情你根本不需要對她說兩遍，因為她已經將事情在她那驚人的記憶庫裡歸檔；母親後來開始不斷重複問相同的問題，不知道她正在做這件事。」臺灣音樂大師李泰祥在與帕金森氏症奮鬥多年之後，儘管協調能力不如往昔，仍可以邊彈鋼琴、一邊高歌自己作品，寫出動人的音樂曲譜，令人激賞。

是的，老年失智症有待積極揭露不符事實的誤謬，並協力給予更強度的支持、耐心、愛心和鼓勵。

收件夾 ▌ 當我老了

當我老了，不再是原來的我。
請理解我，對我有一點耐心。

當我把菜湯灑到自己的衣服上時，當我忘記怎樣繫鞋帶時，
請想一想當初我是如何手把手地教你。

當我一遍又一遍地重複你早已聽膩的話語，
請耐心地聽我說，不要打斷我。
你小的時候，我不得不重複那個講過千百遍的故事，直到你進入夢鄉。

當我需要你幫我洗澡時，
請不要責備我。
還記得小時候我千方百計哄你洗澡的情形嗎？

當我對新科技和新事物不知所措時，
請不要嘲笑我。
想一想當初我怎樣耐心地回答你的每一個「為什麼」。

當我由於雙腿疲勞而無法行走時，
請伸出你年輕有力的手攙扶我。
就像你小時候學習走路時，我扶你那樣。

當我忽然忘記我們談話的主題，
請給我一些時間讓我回想。
其實對我來說，談論什麼並不重要，只要你能在一旁聽我說，我就很
滿足。

當你看著老去的我，請不要悲傷。
理解我，支持我，就像你剛才開始學習如何生活時我對你那樣。

當初我引導你走上人生路，如今請陪伴我走完最後的路。
給我你的愛和耐心，我會抱以感激的微笑，這微笑中凝結著我對你無
限的愛。

資料來源：楊恆均（大陸人，定居澳洲）；該文原題為「母親珍藏的報紙」。

一、「漫長的告別」：面對罹患老年失智症患風險的事實

　　失智症（Dementia）被稱為「漫長的告別」（The long goodbye）。
病人會從遺忘、猜疑、憂鬱、焦慮、遊走、幻聽，以致退化到失去所有行
為能力，最終常因併發症而死亡。過去得病後約8至10年內會致命，現在
延長到10至15年。失智風險與年齡成正比，80歲以上老人失智症盛行率超
過20%。無論那個社會，65歲以上約有5%的人失智，每多5歲倍增，是一

個道道地地的高齡化疾病。

失智症是一種疾病現象而不是正常的老化。主訴多起因於腦部發生持續性的生理、神經方面的損害，導致腦部功能的損失。老年失智症屬於腦質性腦部症候群（Organic Brain Syndrome）或慢性腦部症候群（Chronic Brain Syndrome）（彭駕騂，2008）。臺灣失智症協會（2012）指出失智症不是單一項疾病，而是一群症狀的組合（症候群），它的症狀不單純只有記憶力的減退，還會影響到其他認知功能，包括有語言能力、空間感、計算力、判斷力、抽象思考能力、注意力等各方面的功能退化，同時可能出現干擾行為、個性改變、妄想或幻覺等症狀，這些症狀的嚴重程度，足以影響人際關係與工作能力。

具體而言，失智症乃是由於中央神經系統的退化萎縮，而導致全面性心智功能的下降；表現在記憶、智力及語言功能逐漸下降的疾病，並時常伴隨著人格改變及運動能力的失調，是一種病因（etiologies）未明的疾病。

二、老年失智症患者人數趨勢明顯增加

根據國際失智協會2011年9月資料顯示，全球約有3,600萬失智人口，預估到2050年，患者將超過1億。日本失智老人約169萬人，到2015年推估會達250萬人。由盛行率推估，臺灣失智症總人口已超過18萬人，平均每年增加1萬人，推測到民國145年，失智症人口將達61萬人。

通常，在老年期具有良好的生理狀態、功能性健康、認知，以及情緒安適狀態，通常擁有良好的社會支持與從事創造性活動的老年人，較易達到成功老化（林歐貴英、郭鐘隆譯，2003）。老年失智症卻是在不知不覺中罹患。全球罹患老年失智症人數的增多，已是不爭的事實。由於害怕罹患老年性失智症，各種益智遊戲機及腦力鍛鍊遊戲軟體，內容從簡單的算術、拼圖到腦筋急轉彎都有，如任天堂推出的DS掌上型遊戲機及「NDS Lite」，均甚受歡迎（黃富順，2009b）。任天堂Wii電玩主機的熱

潮,已經燒到美國的老人社區。而在各學習場所(如:社區大學、樂齡學習中心、健康服務中心等)亦開設「活化大腦」、「頭腦體操」等訓練課程。活腦益智遊戲的蓬勃發展,正反應出對老年失智症預防的重視。

三、失智症的不同類型

由於不同的病因,可將失智症區分為不同的類型。基本上,概分為兩類:退化性失智症與血管性失智症(葉在庭、鍾聖校譯,2008;臺灣失智症協會,2012)。

(一)阿茲海默症(Alzheimer's Disease)

1907年由Alois從一位51歲的女士個案,診斷出阿茲海默型失智症(Dementia of the Alzheimer Type, DAT),通常也稱為AD或PDD(Primary Degenerative Dementia,初級退化型失智症)。失智症病因中,阿茲海默型失智症占最大的比率,約40%～80%或更多。部分研究將阿茲海默型失智症的診斷,限定在60歲以後發病,並使用老年性癡呆症(Senile Dementia)作為診斷名詞(葉在庭、鍾聖校譯,2008)。早期病徵最明顯的為記憶力衰退,對時間、地點和人物的辨認出現問題,為兩種以上認知功能障礙,屬進行性退化並具不可逆性;為神經退化性疾病,其腦部神經細胞受到破壞,醫生透過電腦斷層及核磁共振判斷,主要是因為阿茲海默症初期,以侵犯海馬迴為主,往生後腦解剖可發現,異常老年斑及神經纖維糾結,臨床病程約8至10年(臺灣失智症協會,2012)。

(二)血管性失智症(Vascular Dementia)

血管性失智症涵蓋了所有因大腦血管病變而造成的失智症,病變包括血管因阻塞而形成血栓(thrombosis),因栓塞(embolism)造成血管壁剝離及出血(baemorrhage),這些原因造成血管附近大腦組織的受損及死亡,死亡的細胞組織稱為梗塞(infarct)。血管性失智症是失智症

中，第二高的罹患率，與阿茲海默型失智症占所有失智症的90%。近年又將所有的血管性失智症稱為多重性梗塞失智症（Multi-Infarct Dementia, MID）（葉在庭、鍾聖校譯，2008）。

本類型失智症是因腦中風，或慢性腦血管病變，造成腦部血液循環不良，導致腦細胞死亡造成智力減退，是造成失智症的第二大原因。一般有中風後血管性失智症、小血管性失智症。中風之病人若存活下來，約有5%的病人會有失智症狀，追蹤其5年，得失智症的機會約25%。其特性是認知功能突然惡化、有起伏現象、呈階梯狀退化。早期常出現動作緩慢、反應遲緩、步態不穩與精神症狀。常見臨床特徵：(1)情緒及人格變化（憂鬱症）；(2)尿失禁；(3)假延髓性麻痺（吞嚥困難、構音困難、情緒失禁）；(4)步履障礙（失足跌倒）（臺灣失智症協會，2012）。

(三)混合型的失智

一般認為絕大多數的失智症是阿茲海默症；最新研究發現，可能大多數的失智症患者是屬於混合型的失智，也就是合併有阿茲海默與血管性失智的表現。主要是由於年齡老化，同時合併有動脈硬化的現象，而動脈硬化的現象，在全身的血管均會有所表現，導致心血管疾病之外，腦血管的狹窄所造成腦部血流量的降低，也是一個可能的風險，腦細胞若長期處於缺氧的狀態，亦會使得失智的現象提早發生（陳亮恭，2012），不可不慎。

要特別提醒的是，根據研究顯示，通常白種人罹患的老年失智症以退化性的阿茲海默症居多；在東方國家，則是因腦血管疾病引起的血管性失智症，比退化性失智症稍多。前者病情往往會突發性惡化，例如原本可以辨識家人、自理生活，卻在幾天後突然喪失正常功能，讓家屬感到難以接受，而退化性失智症的病情，則是逐步退化（詹建富，2012），處於東方的我國長者，宜加以關注。

四、老年失智症常見早期症狀

失智症病人的發病並不明顯，陷入功能逐漸下降而不自知，如果能發現早期症狀，對於預防相當有幫助。失智症患者的早期症狀，與其過去從事工作，及社會功能有密切關係，具有個別性。容易悲觀、憂鬱或緊張焦慮的人，年長時較易罹患老年失智症。Balsis等人（2005）的長期追蹤發現，人格的改變是失智症的先驅指標。另外，在研究年長者的書寫能力時，發現書寫變得較為潦草及簡短，是發生在失智症之前（葉在庭、鍾聖校譯，2008）。許多國家的研究發現失智症危險群，可供參考，包括：(1)瑞典研究：終身獨居，或離婚後沒有再婚的人，患失智症可能性是有結婚的2～3倍，中年喪偶且選擇獨居者，得病的機率會更高（60歲以上的人如果與配偶、伴侶或家人同住，得失智症的風險會降低一半）；(2)美國醫學研究：大量飲酒與吸菸，外加常吃垃圾食物，會大幅提高罹患阿茲海默症的機率；(3)歐美研究：中年膽固醇高（指數在240以上），晚年罹患阿茲海默症和血管型失智症的風險高。

茲將美國失智症協會提出的失智症十大警訊，臚列如下（臺灣失智症協會，2012）。

(一)記憶減退影響到生活和工作：失智症患者忘記的頻率較高，而且即使經過提醒也無法想起該事件。因此，可能也會使患者常常重複發問。

(二)無法勝任原本熟悉的事務：失智症患者對於原本熟悉的事務常會喪失了既定的步驟，而難以順利完成。

(三)言語表達出現問題：一般人偶爾會想不起某個字眼，但失智症患者想不起來的機會更頻繁，甚至會用其它的說法來替代簡單的用字，例如：「送信的人（郵差）」、「用來寫字的（筆）」等。

(四)喪失對時間、地點的概念：一般人偶爾會忘記今天是幾號，在不熟的地方可能會迷路。但失智患者會搞不清年月、白天或晚上，甚至會在自家周圍迷路而找不到回家的方向。

(五)判斷力變差、警覺性降低：失智症患者常會有不適合氣候溫度的穿著，喪失正確判斷力的結果。

(六)抽象思考出現困難：在言談中對抽象意涵無法理解而有錯誤反應，在日常生活中對於操作電器如微波爐、遙控器、提款機的操作指示說明無法理解。

(七)東西擺放錯亂：一般人偶爾會任意放置物品，但失智症患者卻更頻繁及誇張，將物品放在不合常理或不恰當的位置，例如水果放在衣櫥裡、拖鞋放在被子裡、到處塞衛生紙等。

(八)行為與情緒出現改變：一般人都會有情緒的起伏，但失智患者的情緒轉變較大、易怒或亢奮或憂鬱；另外也可能出現異於平常的行為，例如隨地吐痰、拿店中物品卻未給錢、衣衫不整就外出等。

(九)個性改變：一般人年紀大了，性格也會有些許改變，但失智患者可能會更明顯，例如：疑心病重、口不擇言、過度外向、失去自我克制或沈默寡言、特別畏懼或依賴某個家庭成員等。

(十)活動及開創力喪失：一般人偶爾會不想做家事、不想上班工作，但失智患者會變得更被動，常在電視機前坐好幾個小時，睡眠量比平常大，需要許多催促誘導才會參與事務，而原本的興趣嗜好也不想去做了。

收件夾 失智症警訊

近的記不住，舊的一直講
躺著睡不著，坐著打瞌睡
到處漫遊走，出門就迷路
東西一不見，直覺被偷走
問話重複說，行為反覆做
情緒欠穩定，憂鬱最早現
當面對質問，謾罵攻擊出

資料來源：黃正平醫師（老年精神專科醫師）。

五、老年失智症的預防

失智症不是老化所自然引起的現象，而是一個進行性退化的疾病。病程從輕度時期的輕微症狀，逐漸進入中度、重度、末期症狀，疾病退化的時間不一定，有個別差異。現今預防失智症的研究中，多數以阿茲海默症為主，隨著研究不斷的進展，越來越瞭解有助於預防或延緩失智症的因子。更積極的態度是，在生活中增加大腦保護因子（趨吉），同時減少危險因子（避凶），以降低罹患失智症的風險，甚至預防失智症的發生。茲推介預防老年失智症的相關建議如下：

(一)美國紐約失智症康復中心的十項建議（李德勇、劉玲，1999）

1. 防止動脈硬化。動脈硬化是失智症的主要「敵人」，調整膳食，少吃食鹽，並開展適宜的體育活動，有助於防止動脈硬化。

2. 避免使用鋁製炊具。屍檢發現失智症患者腦神經細胞突觸及基底神經核中鋁含量是一般人的4倍，因此，應儘量避免使用鋁製炊具。

3. 戒除菸酒。香煙中的尼古丁、錫、鉛等有毒物質、酒中的甲醇等雜質會使腦神經纖維發生顆粒空泡樣變化。

4. 補充有益的礦物質及微量元素。缺少必需的微量元素，可致大腦供血不足，引起血管病變，導致失智症的發生。

5. 頻繁活動手指。除整體性全身活動外，儘量活動手指對預防失智症非常重要。

6. 培養興趣保持好奇心理。培養對某些事物的興趣，保持對新鮮事物的好奇心理，可以活躍腦細胞，防止大腦的加速老化。

7. 廣泛接觸各方面和年齡層的人群，特別是多與年輕人接觸，對維護腦力有益。

8. 學習新知識。通過背誦、記憶可強化大腦的思維活動，加快大腦血液循環及腦細胞的新陳代謝活動。

9.經常保持心情愉快、家庭和睦。

10.保持對事業的執著追求。

(二)《聰明活到一百歲》：劉秀枝談失智與老人照護（劉秀枝，2007）

1.多運動：真正的青春之泉在於多運動，以引發自身體內的活力。運動不但可以增進我們的平衡感，使肌肉結實，睡得香甜，而且可以降低高血壓、心臟病、心冠狀動脈疾病、中風、大腸癌、骨質疏鬆、糖尿病、肥胖及憂鬱症的機率。最簡單的運動方法是每天步行30分鐘。

2.低熱量飲食：約20年前就已在動物實驗上發現降低食物攝取量可增加壽命，雖然在人類身上尚未證實，但建議減少熱量的攝取，低鹽少油，七分飽是最適宜的。

3.預防疾病：如有高血壓或糖尿病時要治療，以免產生併發症，如中風或心冠狀動脈症等。

4.終身學習：多動腦，包括受教育、學習、看書報、下棋等等，可促進腦內神經細胞間突觸的發展，增加可塑性，以代償因年齡增加而帶來的記憶減退。

5.增加人際關係：維持人際網路，以紓解壓力，並減少憂鬱。

(三)英國科學家：「喝茶＋喝咖啡＋吃核桃＋常運動＋曬太陽」是防止老年失智症的完美組合

飲食與生活方式的優質化，有助降低老年失智危險。英國《每日郵報》（*Mail Daily*）綜合各國多項有關研究結果，提出「喝茶＋喝咖啡＋吃核桃＋常運動＋曬太陽」，是防止老年失智症的完美組合。

美國波士頓大學醫學院研究發現，高爾夫和慢跑等中等強度運動可使早老年失智危險減少40%，並具體建議，老年人每週5次，每次30分鐘的高爾夫、快走或跑步機運動，可有效防止老年失智症（中廣新聞網，

2010）。《晚年的美學》日本作家曾野綾子認為：「防止老人癡呆最好的
方法是：自己購物、親自做料理。尤其做菜是一種購買食材、記價格、手
指運動、盤算優先順序、還要記冰箱裡有什麼食物的複雜頭腦訓練。」
（姚巧梅譯，2007）。而逛街購物時的人際互動、外界刺激，有助延緩心
智退化。一天一杯咖啡亦良有俾益，咖啡因能有效阻隔血管內的膽固醇
進入大腦，讓膽固醇無從對大腦造成傷害。多食用橄欖油、葵花子、杏
仁、蔬果等，富含天然維他命E的食物，有助預防巴金森氏症。此外，多
補充維生素D，常吃魚類、雞蛋，並且經常適度的曬太陽，有助降低老年
失智風險。

綜括上述，筆者歸納出預防老年失智症的五項重點：

1. 多動腦：寫作、讀書報、打麻將橋牌、繪畫、園藝、烹飪、縫紉、
規劃旅遊、看展覽、聽音樂會、講雙語等。
2. 多運動：走路、爬山、游泳、騎單車、瑜珈、有氧運動、太極拳、
曬太陽、逛街購物等。
3. 採地中海飲食：多攝取蔬果、豆類、堅果、深海魚類、未精製穀
類、用橄欖油等不飽和油脂。
4. 從事社會參與：當志工、參加同學會、公益社團、社區活動、宗教
活動等。

收件夾 ▶ 老當益壯秘訣

活到老　學到老　老友老伴不可少

多動腦　沒煩惱　天天運動不會老

深海魚　橄欖油　蔬果豆穀來顧腦

保護頭　控體重　血壓血糖控制好

不抽菸　不鬱卒　年老失智不來找

資料來源：臺灣失智症協會（2012）。

5.遠離危險因子：避免高血壓、高膽固醇、高血糖、肥胖、抽菸、憂
鬱、頭部外傷等。

結語

　　「千金難買健康軀」、「守得健康寶，老年生活好」。可以確認的
是，老化是一種過程而非疾病。隨著歲月增長，使得身體、生理、心理有
所變化與退化，因之帶來許多病痛和身體的不適，造成老年生活困擾。

　　所謂「預防甚於治療」。一樣變老，有些長者的整體健康狀況，沒
有因歲月而變差，或百病叢生，甚至有些微的進步。其中，在老年心理
健康方面，沒有失眠、憂鬱症、失智症的戕害，居於健康老化的關鍵因
素。本章所陳述的相關疾病的早期症狀與預防方法，有助長者將疾病消
除在萌芽階段，不但告別「數羊」看天花板的夜晚，更跳脫「漫長的告
別」戚苦歲月，悠然擁有老而健的快樂生活。

智慧小語

- 吳東權：「五少五多防癡呆」──「一少貪甜鹹，多吃鮮魚蔬果；二
  少沾菸酒，多喝茶水果汁；三少耍心機，多用腦筋體力；四少管子
  女，多交新朋好友；五少蹲家裡，多做戶外活動。」
- 「人老了，累的時候多，睡的時候少。」
- 「先臥心，再臥眼。」
- 「藥補不如食補，食補不如覺補。」
- 「千金難買健康軀。」
- 「守得健康寶，老年生活好。」

動動大腦

☺**活動名稱**：一分鐘失智測試

☺**活動對象**：55歲以上長者或大學校院學生

☺**活動內容**：你在一分鐘內可以講出多少種動物（或水果）？

☺**活動說明**：英國科學家曾用此測試136名早期失智症患者。結
果發現，早期失智症患者平均可以講出10～15種動
物或水果，但健康的成人通常可以講出20～25種。
而且失智症組通常會講出日常使用的字，而會遺漏
如斑馬等不常使用的字。

資料來源：《康健》雜誌107期。

動動大腦

☺**活動名稱**：「大腦健康度」測驗

☺**活動對象**：55歲以上長者或大學校院學生

☺**活動說明**：1.藉由「大腦健康度測驗」，可瞭解自己的大腦是
否進入「活力程式」。

2.分數越高者，越接近健康有勁、充滿鬥志和活力充
沛的狀態。

3.請詳閱測驗內容，針對最近2～3週的身體狀態做
圈選。

☺**活動內容**：如附表

☺**計分方式**：圈選「是」者得2分；圈選「普通」者得1分；圈選
「否」者得0分。最後將各項分數加總起來，看看自
己得幾分。

「大腦健康度」測驗

2＝是，1＝普通，0＝否

（請圈選符合者）

1 感覺身體輕盈⋯⋯⋯⋯⋯⋯⋯⋯⋯⋯⋯⋯⋯⋯⋯⋯2・1・0
2 不太在意壓力⋯⋯⋯⋯⋯⋯⋯⋯⋯⋯⋯⋯⋯⋯⋯⋯2・1・0
3 真心喜歡自己⋯⋯⋯⋯⋯⋯⋯⋯⋯⋯⋯⋯⋯⋯⋯⋯2・1・0
4 發現喜歡的事物，會努力實現，從中獲得生活價值⋯⋯2・1・0
5 90%以上的笑容是「發自內心的微笑」⋯⋯⋯⋯⋯⋯2・1・0
6 直覺很準⋯⋯⋯⋯⋯⋯⋯⋯⋯⋯⋯⋯⋯⋯⋯⋯⋯⋯2・1・0
7 對每天的生活及工作充滿幹勁⋯⋯⋯⋯⋯⋯⋯⋯⋯⋯2・1・0
8 不是為了三餐而吃，而是開心地享受食物⋯⋯⋯⋯⋯2・1・0
9 消除壓力之餘，還能擁有自得其樂的時間⋯⋯⋯⋯⋯2・1・0
10 經常留意天空雲朵、花苞綻放等周遭事物的變化⋯⋯⋯2・1・0
11 可立即轉換心情⋯⋯⋯⋯⋯⋯⋯⋯⋯⋯⋯⋯⋯⋯⋯2・1・0
12 每天都感到滿足⋯⋯⋯⋯⋯⋯⋯⋯⋯⋯⋯⋯⋯⋯⋯2・1・0
13 自然湧現感謝的心情⋯⋯⋯⋯⋯⋯⋯⋯⋯⋯⋯⋯⋯2・1・0
14 儘管不如意事十常八九，但「對現況的滿意度」

　　高達90%以上⋯⋯⋯⋯⋯⋯⋯⋯⋯⋯⋯⋯⋯⋯⋯2・1・0
15 「被問到『你幸福嗎』？答案是『Yes』」⋯⋯⋯⋯2・1・0

「大腦健康度」⋯⋯⋯⋯⋯合計 ☐ 分

☺**測驗結果說明**：26～30分的人為「活力健康腦」

　　　　　　　　17～25分的人為「接近健康腦」

　　　　　　　　10～16分的人為「大腦即將陷入疲憊程式」

　　　　　　　　0～9分的人「大腦極可能深陷疲憊程式」

資料來源：黃穎凡（譯）（2011）。

延伸閱讀

川島隆太、岸朝子（2008）。**10分鐘活化腦力料理術**。臺北市：八方。

天主教失智老人基金會（2011）。**這樣吃，不失智**。臺北市：時報。

王仁潔、李湘雄（譯）（2001）。M. A. Srnyer & S. H. Qualls。**老化與健康**（*Aging and Mental Health*）。臺北市：弘智。

張正莉（2001）。**銀髮族大件事**。臺北市：聯合文學。

陳希林（譯）（2007）。Andrew Weil著。**老得很健康**（*Healthy Aging*）。新北市：木馬。

陳肇男（2001）。許素華（編）。**快意銀髮族—臺灣老人的生活調查報告**。臺北市：張老師。

程芸（譯）（2006）。H. G. Koenig, D. M. Lawson & M. M. Connell著。**老人當家：二十一世紀的老人—健康與信仰**。新北市：財團法人靈鷲山般若文教基金會。

劉滌昭（譯）（2007）。新谷弘實著。**不生病的生活**。臺北市：如何。

蔡志宏（2007）。**健康老人—銀髮族生理‧心理‧疾病**。臺北市：厚生基金會。

第 **12** 章

青春不老——
轉動生命逆時針刻度

「起得早，睡得好，七分飽，常跑跑，多笑笑，莫煩惱，
天天忙，永不老！」

～張群

前言

亙古以來，人類從未停止追尋青春永駐，長生不老，返老還童的美
夢。

從前，嫦娥偷靈藥的淒美傳說，始皇蓬萊求取長生丹藥，亞歷山大
帝萬里征戰，尋找不老神泉，以至，清盛世發出祈求想要再多活500年的
康熙皇帝；時序拉回現今，凍齡美魔女，日本女性倡議無計齡主義[1]，
以至不斷置入行銷，號稱抗衰老的神奇聖品，諸如：DHEA（脫氫表雄
酮）、高單位維他命E、胎盤素、褪黑激素；甚或中草藥的秘方，摘自
珍奇異獸身上的上好補品等，林林總總，類別之豐，式樣之多，不一而
足，著實令人目不暇給，正為急欲留住青春的現代人，投射無法抗拒的致
命吸引力！

遺憾地是，誠如富蘭克林所言：「稅與死，是人無法避免的兩件
事。」「老」與「死」不時向人們伸出巨靈之掌，凡人皆會死，只要是
「人」，皆逃脫不了死神的召喚與命運的枷鎖。唯以伴隨著醫療科技水準
的提升，衛生保健觀念的進步，復因抗老化的研究成果豐碩，使得人類的
壽命不斷延長，生活品質日益改善，似乎「青春長健」已逐漸浮現新的契
機，逼退老與死的陰暗，綻放希望的曙光。

想要轉動生命逆時針刻度，啟動抗老防衰行動，擁抱青春長健嗎？
在閱讀【規劃篇】之後，請翻閱本章為您準備的新奇、美好安可曲。

---

[1] 日本社會現象觀察文字工作者劉黎兒《新美女主義》，為現代新女性提供另
一種美的詮釋。「無計齡主義」曾為日本最流行的新美女主義。「不計齡」
（ageless）的極致意義其實還是心態、活力的問題，隨時開放五官，凡事好奇，
常常不恥下問，這是一切美麗的來源。

收件夾 青春

「青春」並非生命中的一段歲月，而是心靈的狀態；它無關玫瑰般粉嫩雙頰、紅唇與強健雙膝，而是關乎意志！關乎想像力的質，與情感的豐富；「青春」是生命之泉的飽滿豐盈。

「青春」意謂能夠憑藉著激昂的態勢來克服追求所好的膽怯，以冒險的精神取代對於安逸的喜愛。此現象不常發生在60歲男生身上多過於20歲男孩。沒有任何人是單純由於歲月的更迭而老去。我們多是因為丟棄自身抱持的理念而老邁。

歲月或許會讓皮膚開始有了皺紋，但是放棄了生活的熱情，會使靈魂也起皺摺。擔心、憂懼、自我毀滅讓心落敗，讓精神歸於塵土。

不論是60歲或16歲，每個人的心總會被新奇、美好所吸引，如孩童般永不褪去對於未來事物的好奇以及生活趣味的喜愛。在你我內心中，總有一處無線平臺，總不斷地接收著來自身邊人們（大人、甚至是嬰孩）美好、希望、喜樂、勇敢與力量的訊息，你我因此而感受到年輕朝氣。

當這些天線放下來的時候，而你的靈魂又被消極的雪與悲觀的冰所覆蓋時，你就已老去，即使在20歲的當下；但若你的天線時刻保持在接收的狀態，不斷地去抓住樂觀積極的電波，那麼你就有可能在80歲的時候，年輕地「夭折」。

～山謬·烏爾曼

🦉 第一節 老化是什麼？

人人皆知自己未來會老，卻常對老的意義有所誤解，甚或懼怕、不願接受自己正變老的事實。鮮少有人願意誠實面對老化的來臨，不承認其實老化自人出生即已伴隨相依。常將老化賦予負面的刻板評價或歧視。有

關「老化」（aging）本質究竟是什麼？用何種態度、行為來因應，以迎接正向老化，進而欣賞老化之美？請從理解老化是什麼開始。

一、老化是一種不可逆的持續過程，並非疾病

「老化」此一名詞並不陌生，一般人常有所聞，生命無時無刻皆在進行著老化的協奏曲。然何謂老化？是否有人可逃離老化的命運與枷鎖？其實，老化過程是一種時間性的變遷，每個人從出生到死亡，都要歷經一連串的生長、發育、成熟，最後必將走向老化之途。一旦達到生理機能的高峰之後，每個器官系統在不同的時期，均開始呈現各種不同形貌之老化現象，通常是由細胞的衰變開始，接著組織器官的退化而致整個個體的老化。例如，人類聽力自20幾歲即因增齡而有衰退之跡象，尤以高頻波段為最；肌肉在25歲以後逐漸鬆弛；視力在40歲以後惡化等（謝瀛華，1991）；味覺及嗅覺大約在60歲左右開始退化（李世代，1995）。

從生理層面來看，老化是一連串同時發生的事件與過程，包括各項身體器官與生理機能的衰退，身體內部的調節能力下降，神經衝動傳遞速率降低，對疾病的的感受脆弱度增加及對壓力的反應能力減低等。然而它不僅是生物過程中生理上的變化，同時伴隨個人智能及行為的改變，而死亡則是最終的結果。李世代（1995）即指出老化現象是一種普遍性（universal）、進行性（progressive）、累積性（cumulative）及傷害性（deleterious）之內外因素，所引發之生理衰退。由於生物個體間、不同細胞器官系統間、不同人生階段時期老化步伐及表現不一，所以無法以單一或簡單的模式來加以描述。

綜上所述，老化係指人體結構及功能，隨時間演進而累積的變化，它是一種自然、正常且不可逆轉的持續性過程，並非疾病；它始於器官組織成熟的階段，而終於死亡；可以說，一個人在世界上的一生旅程，即是老化的過程。

二、老化的理論基礎

有關老化的研究最先源自於生物學上，有關老化生理層面的理論，至今尚無定論。大體而言，可區分為兩大類：一類是受遺傳因素（gentic factors）的影響；另一是受外在環境因素（environmental factors）的影響。

就遺傳因素而言，學者所提出的理論種類繁多，列述其要者如下（徐麗君、蔡文輝，1987；陳清惠等譯，1990；Beckman & Ames, 1998）。

(一)生理時鐘論（Biological Clock Theory）

正常動物或人類的細胞，只分裂到一定數目的世代便停止，例如壽命僅數年的老鼠細胞最多分裂約15次；人類分裂約55次；長壽的烏龜分裂高達130次。生理學家即認為，人體的細胞內，與生俱來就有一種遺傳特性，即細胞內有如時鐘一般，走到一定時間就會停止，這種由時間控制的細胞（組織）退化理論，說明人類的壽命受到時間的控制。

(二)自動免疫論（Autoimmunity Theory）

人類免疫系統中的「自我辨識」系統，隨著年齡增加而下降、紊亂，甚至發生障礙。由於細胞隨年齡改變，如細胞自體將自己正常細胞看成外來的細胞，於是產生抗體，也就是宿主的自我對抗；同時亦將自體所需的蛋白質，認為是外來之物，而加以攻擊，造成身體細胞、組織和器官的損害，逐漸導致機體的衰老和死亡。

(三)基因論（Genetic Theory）

1.基因決定遺傳及壽命長短：很多研究亦可證明，子女壽命長短與父母壽命有正相關，如患糖尿病、癌症的父母，其子女罹病機率也比較高。

2.基因突變：同生殖細胞一般，體細胞也可能產生自發性的突變，而導致細胞的不正常或失去平衡，而產生病態，促使老化。

3.細胞內的DNA發生突變：人體細胞中的功能是受到遺傳因素DNA的控制，當DNA發生突變時，繼起的細胞分裂會造成更多的細胞突變，使器官中部分細胞發生變化，使細胞喪失應有的功能而器官自然無用與衰退。

(四)自由基理論（Free Radical Theory）

自從1954年美國林肯大學醫學院哈曼（Denham Harman）提出老化的自由基理論以後，有相當多的的證據顯示，自由基在老化的過程中，扮演著相當重要的角色。本理論認為凡是依賴氧氣為生的生物，無可避免的在使用氧氣的過程中，將產生氧自由基，而這些自由基如果不能有效清除，會加大體內氧化壓力的產生，進而毒害細胞，並引起累積的氧化傷害，終致引起細胞的老化與死亡。

(五)磨損論（Wear-and-Tear Theory）

本理論認為人體就像一部機器，由於工作過勞緊張及歲月如流，身體功能長期運作及遭遇各種外來傷害時，身體有如機械般，就會產生磨損，磨損後會使功能減低，例如常見骨關節、膝關節之磨損。

其次，就外在環境因素而論，主要是由於環境的汙染、病菌的感染等造成（江亮演，1990）；此外，影響老化速率的因素，尚有士氣因素、健康因素、環境因素及疾病因素等（黃富順，1995a）。其他諸如營養、健康狀況、生活經歷、環境、活動以及壓力，對個體皆造成特殊且具個別性的影響（陳清惠等譯，1990）。

如何突破海富利克限制（Hayflick limit）[2]（黃富順，1995e），顛覆老化及生命週期的長短都是既定的，來自基因的結構的迷思，是人類共同努力的方向。囿於老化現象非常複雜，而老人異質性頗大，科學家努力去

---

[2]1962年海富利克（Leonard Hayflick）之研究，觀察到人體細胞再製的功能其上限的分裂能力，大約可達到50次細胞之分裂，此種上限之學說稱為海富利克限制（Hayflick limit）。

描繪什麼（what）是老化，卻對為什麼（why）會老化著墨甚少（Lemme, 2002），更遑論如何抗老化（how）。由於老化的過程是非常複雜且是多向度的，雖然這些理論幫助我們瞭解老化，可是卻沒有任何一種理論能夠充分且適當地解釋，為何會造成老化？由於老化是一種多面向的現象，研究顯示，除了生理學、醫學之外，心理學和社會學的途徑是重要的（Birren & Woodruff, 1983）。這些研究正為抗老化開啟新的契機與可能，讓我們一起走進抗衰不老know how的世界。

🦉 第二節　活出年輕健康：倒轉生理時鐘

有一不爭的事實，被世人共同體認，那就是——生活在世的每一個人都會老。問題是，老與死、殘、病之間是否劃上等號？更深刻地追問應是，何以有些老人能夠免於疾病，健康的頤養天年？有些老人卻久臥病榻、殘廢不起？他們之間差異何在？是觀念、態度的歧異？抑或在實際具體行為上、生活習慣上不同造成？是的，這是問題也是答案。

一、抗衰不老商機異軍突起，圓夢凍齡體健長青

減緩老化的程度，降低重病的發生率，進而能保有持續參與社會的活力，正導入銀髮醫療保健商品與服務，衍生潛力無窮而龐大的商機。

一般而言，包括保健食品、養生餐飲、健康器材、運動健身、抗衰老等都是值得開發的市場。我國工研院對於國內銀髮市場規模進行推估，2025年將達新台幣35,937億元，其中，老人用品是最引人矚目的項目之一，包括保健食品、美容、抗衰老等。保健食品泛指一切能對身體機能，或代謝作用有益的食品，可被建立在主觀的認定或客觀的評估上（李政達，2007）。在美國，老人使用任一項保健食品的比率約為52%（Radimer et al., 2004）；日本人使用任一項膳食補充品的比率為57%（Hirayama et al., 2008）；臺灣地區65歲以上服用膳食補品的比率，男性

為30.1%，女性為34.9%（陳師瑩等，2003）。有越來越多的銀髮族，開始重視自己的外貌，不向歲月妥協。一股名為「銀色手術」的整容風，正在英國興起，從事整形者的年齡有十分之一超過61歲。工研院產經中心（IEK）研究，中國大陸「健美商機」竄紅，銷售額成長飛快，經營模式則受「十二五計畫」等影響，往複合式邁進。「健美商機」包括銷售健康食品、藥品、化妝品及保養品的共同商機，近4年來健美商品銷售額穩定成長，從2007年的4,625億元成長到2010年6,256億元，增幅達35%；顯示中國大陸消費者，近年來隨收入增加，開始注重產品品質和消費體驗，因而帶動業績大幅成長。抗衰不老風潮最令人振奮，重點在抓住青春的尾巴，要把自己健康外貌照顧好，消費群體包括中老年客群，估計市場規模逾4,000億，且逐漸增溫，市場規模驚人，吸引極多進入者。抗衰不老產業的快速崛起，為長者活出年輕體健長青，做出鮮明具體的貢獻，充滿無限的可能。

二、轉動生命逆時針，迎接老化軟著陸

另一個抗衰不老的向度，是對老化的根本認知，從改變「老」心態入手，適時適切地倒轉生理時鐘，也就是「逆時針」（counterclockwise）概念。「逆時針」計畫是哈佛大學Ellen J. Langer頗著名的一項心理學研究（吳和懋，2011）。該研究目的，主要在測量只要心態改變，任何人是否都可能倒轉生理時鐘，從小處的挑戰生理機能限制，到跨越年齡的框架，再現青春。

逆時針研究號召一群年近80歲的長者，移往一幢與世隔絕的古修道院，彼此共度一週，一切生活起居、活動皆仿20年前的舊況。研究結果顯示，老人不但記憶力、聽力提升，且多數人變得比較健康、年輕；發現限制老人的，主要是在心理上對於老的恐懼與刻板印象，一旦心態改變，身體也從小處開始，隨之改變。Langer據以提出「逆時針」的關鍵，包括：用心活在當下、擺脫自我限制的心態，以及找回對生活的控制

權。具體而言，用心活在當下，是專注自身細微的差異，不將身體的變化與機能衰退，歸咎於老化或視為理所當然，而把心力集中在手邊的問題，盡力改善、解決，重拾信心；擺脫自我設限，要勇於冒險，不輕易放棄，不把老化做為自我勸服的藉口，建立正向老化的心態；找回生活掌控權，是要建立對生活的控制感，平日生活安排由個人決定並去執行，產生自我信念與期望，掌握生活節奏，變得開朗、健康。Langer逆時針研究的結論是，如果你任由自己受到心態的限制，不再對活動投入心力，有一天，你才會真的「老」到什麼都做不了。這個研究結論與日本最新提出的「創齡」精神，強調積極地開創老年第二人生，前後輝映，令人振奮、神往。

　　「老」是在不知不覺間降臨。活出年輕健康，使老化軟著陸，倒轉生命逆時針，從心態改變，藉由抗老化醫學的研究協助，延緩老化過程，擁有越活越年輕的老年精彩人生，你也做得到。

🦉 第三節　吃出健康長青：抗衰老的飲食

　　真正的抗老化醫學，是增強身體的自癒能力，不使之生病。所謂「病從口入」，吃之於人大矣，尤其是處於成人晚期的長者，顯得至為重要。如何吃出健康，遠離疾病；這樣吃，真的不會老。

一、抗老優活的飲食方法

(一)地中海飲食法：「高纖」、「低脂」及「營養素均衡」

　　本飲食法可降低罹患心血管疾病、癌症及其他慢性疾病的優點。研究發現，地中海沿岸居民主要的飲食內涵是多蔬果，多纖維，多吃肥魚，用橄欖油及適量的飲酒習慣。值得注意的是，這種飲食習慣完全符合「高纖」、「低脂」及「營養素均衡」三大健康飲食的原則。

　　1.高纖：本項飲食效果顯現在預防便秘、高血壓、心臟病，及減少罹

癌的機會。包括穀類、蔬菜、水果和豆類，各式蔬菜及穀類含有豐富的不可溶性膳食纖維，可吸附人體代謝產生的毒素；而水果、燕麥、豆類等則富含水溶性纖維，有助於降低血液中膽固醇濃度。

2.低脂：研究顯示，脂肪在體內容易氧化，產生過氧化物是導致老化和癌化的主因之一。地中海飲食對肉類的攝取極少，尤其是紅肉，將飽和脂肪酸的攝取量減少，降低血液中低密度脂蛋白的濃度，避免膽固醇在血管內堆積而形成動脈硬化。

3.橄欖油：最新研究發現，每日2匙橄欖油，可降低二成罹患心血管疾病。地中海居民主要烹調材料是橄欖油。橄欖油的主要成分是單元不飽和脂肪酸，經過人體消化吸收後，能有效地將膽固醇排出體外，使血膽固醇濃度下降；同時，純橄欖油因還含有豐富的維生素E及其他抗氧化物質，可清除自由基，減少油脂氧化，降低心血管疾病發生的機率，值得適量攝取。

4.葡萄酒：適量的長期飲用葡萄酒，研究顯示與降低心血管疾病有關。由於紅酒含有豐富的天然抗氧化物質，能夠防止動脈內的低密度脂蛋白氧化，減少動脈硬化。

綜觀地中海飲食習慣，高纖、低脂、橄欖油、葡萄酒等的長期均衡攝取，正符應現今「得舒飲食」（DASH）[3]五大原則，分別是選擇全穀根莖類、攝取五蔬五果、多喝低脂乳、紅肉換白肉、吃堅果用好油。地中海飲食法是一真正吃出健康的優質飲食方法。

(二)沖繩人瑞的健康飲食：粗茶淡飯，配合活躍開朗

本飲食習慣有助遠離三大文明病：癌症、心臟疾病、腦血管病變，也被譽為最容易執行的飲食。日本沖繩縣居民是全世界最長壽的島嶼。

---

[3]「得舒飲食」（DASH）是美國國家衛生研究院一項大型臨床研究的簡稱，研究原名是「Dietary Approaches to Stop Hypertension」；其飲食特色為高鉀、高鎂、高鈣、高膳食纖維與降低飽和脂肪酸和膽固醇，可以降血壓、降血脂肪、減低心血管疾病風險，有利於骨質的健康，是一套全方位的飲食方式。

其長壽除與生活方式、態度有關，並與飲食習慣良有因果，低鹽、低脂飲食，魚、豆腐和海藻為其主要特色。沖繩島人瑞的飲食，簡單說就是「粗茶淡飯」。當然，該島上的長者性情開朗活躍、喜好活動，亦為其長壽加分。沖繩人瑞們的飲食項目，可歸納如下。

1. 每餐必備海藻類：得惠沿海的地利之便，沖繩人大量攝取富含膠質的各式海藻，不但增加清潔腸道的食物纖維，也具有抗潰瘍、腫瘤的功效。本項習慣對體內環保，特別有意義。

2. 輕味少鹽：儘量少用鹽調理食物的飲食方法，頗值重視。他們改用昆布燉煮的高湯提升食物的美味。據統計，沖繩人食用鹽的每日攝取量比全國平均值少2公克。研究顯示，重鹹飲食與高血壓有關。

3. 拒吃醃漬食品：得天獨厚的是，沖繩一年四季都生產各種新鮮蔬果，不太需要特別為蔬菜、水果的保存方法加工，減少許多吃醃漬食品的機會。拒吃醃漬食品成為沖繩人普遍的飲食偏好。

4. 喜吃當季蔬果：研究顯示，維生素群可以有效地鬆弛緊張感、消除壓力。位居亞熱帶的沖繩盛產蔬菜、水果，居民唾手可得，攝取豐富維生素的來源，成為補充維生素的最大獲益者。

5. 愛好戶外活動：沖繩有七成以上務農，經常性從事戶外農田耕作，接觸自然環境，養成勤勞開朗，具有生活熱情，唱歌、作曲、裁衣，懂得悠閒度日，避除壓力、抑鬱等文明疾病，保持快樂。

6. 吃去油分的豬肉料理：習慣在烹調過程中，濾去多餘的油分和雜質，是沖繩人吃豬肉料理時的重要步驟。其實，沖繩的豬肉料理種類不勝枚舉，從豬頭、豬耳到豬腳，各個部位都常出現在沖繩人的餐桌上，但是令人佩服的是，吃豬肉食品攝取蛋白質的同時，將油分去除，避免吸收過剩的脂肪，衍生動脈硬化，造成心血管疾病、膽固醇過高的因子。

7. 偏愛具多種微量元素的黑糖：黑糖是沖繩的特產之一。黑糖的傳統製法是將甘蔗榨汁以火加熱濃縮，經過不斷攪拌，冷卻凝固之後而成。在製作過程中，能確保營養成分不流失，是一種最佳營養補充

劑；有助運動後迅速補充體內流失的養分；由於黑糖含有鈣，亦有鎮定神經，避免躁鬱不安的功效。

綜上所述，沖繩人瑞的飲食習慣，日常生活的食物攝取項目，與前述地中海居民對照，有高度的類近。進一步發現，兩地居民皆住在鄰海地區，遠離都市塵囂喧嘩與文明壓力的影響。似乎也揭露出生活環境與健康狀況的相關，而個人正向的生活態度與心理情緒，亦扮演體健長青的重要角色，不容小覷。

(三)歐尼斯飲食：非常低脂，極度高纖

本項飲食方法，榮獲2012年美國新聞與世界報導，票選為飲食排行榜最佳心臟病飲食第一名及最佳糖尿病飲食第三名，倍受重視與推崇。

歐尼斯飲食（Ornish Diet）是非常高纖與非常低脂的飲食，心臟血管疾病患者，值得特別關注、嘗試；且兼具減重效果。本飲食方法是由美國狄恩‧歐尼斯（Dean Ornish）醫師所創，建議避免任何高油脂、高膽固醇，造成增加身體負擔的食物，要多吃蔬菜、水果、豆類，可讓心臟更健康。他提出飲食兩大原則（詹建富，2012）：

1. 非常低脂：這是本飲食法的最大特點。攝取高纖維、極低脂肪的飲食。通常，攝取脂肪的熱量只能占總攝取熱量的一成左右。在肉類方面，以白肉為限，僅能食用魚肉、去皮雞肉，其他紅肉皆不可；在烹調方式上，以用水煮、烤或乾煎為主，絕不可用油煎或炒炸方式烹調食物。

2. 極度高纖：每天攝取纖維質40公克（一般人20～30公克），除了全穀類主食，並多攝取含有纖維質的蔬菜、水果及豆類，藉以減少膽固醇吸收，降低心血管疾病發生率，以及延緩飯後血糖上升的速度。

控制飲食項目，可說是歐尼斯飲食特點。但是，嚴格的限制油脂和

食物項目，因之造成的食而無味，要人們長期執行，似乎有其困難度；不過，為期擁有健康，保護心血管系統，吃出健康，忌口也是一定要得啦！

(四)梅約診所飲食：多元攝取，但低熱量

本項飲食方法，在美國新聞與世界報導2012年飲食排行榜，選為最佳糖尿病、整體最佳飲食第三名，至值參考。

梅約診所（Mayo Clinic），是美國頗富盛名的醫療機構，該診所所設計的飲食，以營養完整性與安全為主，並且在對抗第二型糖尿病上，特別受到好評。本飲食方法的原則在於（劉惠敏，2012）：

1. 選取「低熱量密度」食物：熱量密度是指單位重量食物中，所含的熱量（卡路里）。食物份量多，卻是低熱量，包括水果、蔬菜、全穀類，多吃容易有飽足感，又有高營養，多食有益。衛生署飲食指南依據飲食熱量、營養，以紅綠交通號誌，將食物分類，紅燈區是低營養高熱量食物，宜少吃；綠燈區則是低熱量高營養，可多食用，如糙米飯、新鮮蔬果。

2. 多元攝取不設限：不特別限制攝取某類食物，但強調適量。營養完整性與安全，非常重視，且在安全性的比重加倍。儘可能攝取多元的營養與熱量，並配合持恆的運動，常保體健狀態。

另外，梅約飲食需採兩階段，一是為期2週的減重階段「Lose it」；儘情吃蔬果穀類，禁食蔬果以外零食、糖分，及過多的肉類和全脂乳品。第二係生活階段「Live it」：學會計算熱量，並配合每天運動60分鐘以上。當然，多食用蔬果、全穀類，亦應攝取動植物蛋白。

攝取多元低熱量密度食物，可吃到飽足感，但卻低熱量，計算每日食物熱量，透過減重，將健康飲食方法真正融入實際生活之中。採用本飲食法，需個人身體力行，具體落實，使吃出健康成為生活內容的一部分。

(五)中國廣西巴馬長壽村：飲食堅守「五低二高」

　　廣西巴馬（Bama）長壽村的百歲人瑞多為飲食清淡的素食者，只有逢年過節才會吃肉。各國醫學專家研究巴馬長壽人瑞的飲食結構後發現，在「粗、雜、素、淡、鮮」的飲食中，具有「五低二高」的特點，即「低熱量、低脂肪、低動物蛋白、低鹽、低糖、高纖維素、高維生素」。另外，他們長年食用玉米、紅薯、豆類及大米等粗糧，很少吃葷食，肉類以特產的香豬肉為主，食用油則以火麻仁植物油為主，吃的儘量都是沒有污染的天然綠色食品（郭敏政、王萱萱，2011），這是巴馬人瑞長壽的秘訣。

二、抗老優活飲食的三大規準

　　這樣吃，真的不會老。不但吃出健康，吃出活力，更吃出體健長青的彩色金齡人生。的確，上述五種互異地區人們的飲食習慣，直接投射在長壽健康的獲益。此外，可供參考的是，長壽的飲食八大法則（孫安迪、吳靜美，2011）：(1)控制總熱量的攝取，保持理想體重；(2)蛋白質攝取以優質蛋白質為主，例如奶類、豆類和魚類蛋白；(3)控制脂肪的攝取，脂肪攝取最多只占總熱量的20%；(4)碳水化合物以澱粉為主，尤其是膳食纖維和多醣類的食物；(5)重視鈣、鐵、鋅的補充，食鹽的攝取每天應少於10g；(6)食物多樣化，不吃油炸、煙燻的食物；(7)少量多餐，不暴飲暴食；(8)不抽菸、不吃檳榔、不飲烈酒。

　　從地中海居民、沖繩長壽仙翁島、歐尼斯飲食、梅約診所飲食、廣西巴馬長壽村的飲食方法，以及長壽飲食八大法則，可尋找出足資參考借鏡，甚至仿效身體力行的日常生活飲食規準。

(一)三類食物交叉吃

　　維持體內食物的平衡，也是迎接健康的到來。藉由變換一天三餐中，每一餐的重點食物類別，而使飲食變得多樣且富變化。交叉訓練飲食，可概分為三大類（陳雅汝譯，2008）：

1. 抗氧化蔬果：此類食物富含維生素、礦物質和植物營養素（phytonutrients），美味可口，可提高免疫力，減少疾病發生。

2. 蛋白質、瘦肉和健康的脂肪：此類食物提供必需胺基酸，能夠維護並且修復身體細胞。蛋白質、瘦肉和健康的脂肪，飽足感維持最久。海魚和堅果是Omega-3脂肪的絕佳來源，Omega-3脂肪可有效保護心臟、大腦，特別重要。

3. 全穀類、豆類和其他碳水化合物：此類食物富含纖維和能夠抗癌的營養成分。研究發現，碳水化合物可立即提供能量，使消化系統持續進行，減少罹癌的機會，亟有益處。

(二)四戒原則常遵守

戒除餐餐吃到飽、吃到撐；輕微的飢餓可刺激生長激素釋放，延緩老化；儘可能不食用加工食品、冷凍食品，可避除自由基，破壞細胞；戒除常吃油炸食品，沖繩人吃去油分豬肉，減少產生過氧化脂質，形成自由基；戒除偏食，長期吃同樣食物，亟易造成有害物質殘留體內的機率，不利健康；且一天最好吃20～30種類食物，俾使營養均衡。

(三)五色蔬果保活力

經常食用蔬果是人瑞平日普遍的飲食習慣。研究發現，不同顏色的蔬果，含有不同的元素，若能平衡攝取，有助身體保持健康，五彩飲食包括（朱芷君，2007）：

1. 黃／橘色：紅蘿蔔、甘薯、南瓜、芒果、玉米和甜瓜，其中的類胡蘿蔔素，能降低罹患癌症的風險。

2. 綠色：深綠蔬菜中的葉黃素，能保護眼睛清晰明亮。

3. 藍／紫色：藍莓、黑莓、茄子、葡萄所含的花青素，可預防腫瘤形成，抑制生長。

4. 紅色：番茄、葡萄柚、西瓜、草莓中的茄紅素，可以對抗癌症和心血管疾病。

5.白色：白色花椰菜、大蒜、洋蔥有助抗癌，馬鈴薯富含維生素C。水煮雞肉、海鮮、起司、蛋和豆腐，都是優良蛋白質的來源。

 第四節　長壽體健養生格言

　　1990年代自美國開始發展的抗老化醫學（anti-aging medicine），是將現代醫學結合多方面的科學根據，延續老化的過程；主要在改善生活的品質而非長生不死。大部分的抗老化專家建議，飲食、運動、維他命及微量元素的補充及改善生活方式，並且持續每天的徹底執行，才是長久之道。日本春山茂雄博士強調，「飲食、運動、冥想、醫療、按摩」可消弭未形成的疾病。更明確地說，真正的醫學，是增強身體的自癒能力，不使之生病。

　　是以，令人拍案驚奇，浩嘆不已的是，千百年來，前人的養生經驗積累，老祖宗親身體驗生活實踐的智慧結晶，正與現今醫學研究結果，若合符節，殊途同歸，甚至藏富更深邃的哲理，揭示亙大的想像空間，為諸多科學尚無法突破的瓶頸，燃起希望明燈。茲將前人有關長壽養生格言，以及抗老化醫學的建議，亟具代表性者，加以彙整梳理，俾供參考。

一、十常四勿：十全老人「乾隆皇帝」

　　乾隆皇帝83歲時，口述的長壽十六字訣：「吐納肺腑、活動筋骨、十常四勿、適時進補。」，其中，「十常四勿」指涉如下。

　　所謂十常者，乃「齒常叩、津常咽、耳常彈、鼻常揉、睛常轉、面常搓、足常摩、腹常旋、肢常伸、肛常提。」這是以活動延緩老化的工夫。

　　四勿者：「食勿賬、臥勿語、飲勿醉、色勿迷。」此為節制工夫，生活正常，不貪不亂，自是養生最要。

二、十少十多：老人健康與長壽十要

(一)少言多行：不要整天嘮叨，而是不斷行動。

(二)少欲多施：不要太多慾念，儘量幫助他人。

(三)少怒多笑：不要隨便生氣，何妨笑口常開。

(四)少車多步：不要動輒乘車，應該用腿走路。

(五)少煩多眠：不要自惹煩惱，暫且高枕酣眠。

(六)少衣多浴：不要華服重裘，多作各種沐浴。

(七)少食多齟：不要貪食撐肚，三餐慢嚼細嚥。

(八)少肉多菜：不要專吃肉類，蔬菜營養更佳。

(九)少鹽多醋：不要吃得太鹹，酸醋有益健康。

(十)少糖多果：不要多吃糖分，水果才有益處。

三、起居健身十二宜：福州倉山醫院醫師嚴明森

(一)面宜多搓：兩手搓面，可使面容紅潤，有光澤。

(二)頭宜多梳：用十指梳頭，可以消除疲勞，清醒頭腦。

(三)目宜常轉：閉目雙眼球左旋右轉各4遍，閉目少頃，忽大睜開，可清肝明目。

(四)耳宜常凝：用兩手掩耳，低頭、仰頭各5至7次，頭腦清靜，去除雜念，可除腦旋之疾。

(五)齒宜常叩：每天清晨及臨睡之時，叩齒36遍，可使牙齒堅固。

(六)口宜常閉：每天經常閉口調息，呼吸均勻和緩，可使氣體通暢，津液自生。

(七)津宜常咽：平時口中有津液，應隨時咽下可健脾胃，助消化。

(八)氣宜常提：隨鼻中吸氣經常做提肛動作，稍停，即緩緩呼氣，久做可健康防病。

(九)心宜常靜：經常保持頭腦清靜，排除雜念，常如此可調氣養神。

(十)神宜常存：經常保時神態安寧，情緒安定，不過度思慮，無煩惱憂怨，保持樂觀情緒，可以少生七情之患，使身體健康。

(十一)腹宜常摩：食用脈視為盤繞人體之後可常用手撫摩腹部，可助消化，治療腹脹、便秘。

(十二)皮膚宜常干（乾）沐：兩手搓熱，常擦周身皮膚，狀若沐浴，可使周身氣血通暢，舒筋活血。

四、養生俗諺：老祖宗智慧

(一)要想壽命長，多吃五穀糧；吃飯先喝湯，身體不受傷；飯吃八成飽，到老腸胃好。

(二)喝開水吃熟茶，不拉肚子不受害。

(三)不吸菸、不喝酒，病魔見了繞道走；戒了菸和酒，包你能活九十九；不傷腦筋不刺激，可保長生不受苦。

(四)早起早睡，精神百倍；貪吃貪睡，添病減歲。

(五)晚上洗洗腳，強似吃付藥。腳保暖頭保涼，包你身健康。

(六)若要身體好，堅持做體操；一天舞幾舞，長命九十五。

(七)我勿「涵」菸酒，飯後百步走；淡薄甘蔬「糗」，安步當車久。
（「涵」，指「沉迷於酒」；「糗」，指「乾糧」）

(八)服勞自動手，太極日日走；空氣通窗牖，沐日令顏黝。早起也早休，坦蕩無憂愁。

(九)妙哉養生謠，人人要記牢；若能日日做，身體自然好。大哉養生諺，實用又簡練；若能遵以行，身體康而健。

五、《腦內革命》抗衰老六大秘方：日本春山茂雄博士

春山茂雄《腦內革命》強調真正的醫學是增強身體的自癒能力，不使之生病；並提出「腦內嗎啡」概念，將抗衰老秘方公開。

(一)正面思考：增強有益的腦內嗎啡，透過冥想放鬆、快樂入夢，創造自身免疫力與抗癌能力。

(二)正確飲食：高蛋白質低卡路里的配方，偶爾品嚐美食，無限甜美滋味。

(三)適當運動：保持筋骨活力，聆聽身體最真實的聲音。

(四)多采多姿：計劃生活培養興趣，值得期待的每一天。

(五)信仰歸屬：宗教、交友、聯誼，讓感情有所依。

(六)自我實現：透過終身學習，肯定自我價值，發現人生是有無窮的價值。

六、活到102歲的秘方：歐洲名醫喬治馬惲斯

(一)忘記你的年齡，每天都是春天。

(二)跟你所愛或喜歡的人多些機會相處。

(三)儘量笑，微笑更好，縱聲大笑更妙。

(四)夜間必須酣睡。

(五)不要向壓力低頭，盡可能克服它。

(六)生活有目標，又要有趣。

(七)儘量作健身運動。

(八)定期健康檢查，任何病態出現立即看醫生。

(九)多找機會休息，不要工作過勞。

(十)常去群體活動，活在一堆人中，勿孤獨過活。

七、老年人保健「十項建議」：2001世界老年醫學會

(一)講究飲食衛生：注意營養，少食多餐，不要暴飲暴食；

(二)參加適量體育活動：從簡單的散步到各項體育活動都可以參加，但不要有競爭心理；

(三)不要離群索居：保持與朋友往來，不要獨居一室，與世隔絕；

(四)不要停止工作；參加力所能及的體力勞動，常與別人交談，尋找新的活動，克服年老無用心理；

(五)傾聽他人呼聲：別人，特別是年輕人需要你的經驗和教益，應儘量滿足他們的不同需求；

(六)葉落歸根：年紀老很難適應新環境，此時應該回到您熟悉的天地生活；

(七)切忌閉門不出：不要當配偶附庸，老夫妻倆整日呆在一起，閑得無聊，常會導致莫名其妙的爭吵，因此夫妻雙方都應該保持自己原有的情趣；

(八)積極參加各種文體活動；退休後，可以有時間從事以前因工作需要，而被迫放棄的愛好，如閱讀、聽音樂、繪畫和攝影等；

(九)注意儀容打扮：不放棄對體形、服飾等方面的講究，不要自暴自棄；

(十)留出思考時間：緊張的社會或集體生活，不可能給老人以深刻思考問題的機會，久而久之會導致個性的衰退。因此，進入老年後，要有足夠的時間回首往事。

八、老得很健康的十二要訣：安德魯‧威爾醫生

《老得很健康》作者安德魯‧威爾（Andrew Weil）醫生，融合東西方哲學及醫理，將瑜珈、藥草、膳食作息、吐納呼吸、觀想引導與現代醫學結合，成為「整合醫學」。他認為，人要能越活越健康，不能單靠打針吃藥此等消極的侵入式醫療，而是需要一套健全完整的身心靈保健計畫，才能擁有真正的健康（陳希林譯，2007）。

(一)採用抗發炎食譜。

(二)慎用補充營養品，以支援身體的防禦以及天然療癒能力。

(三)善用預防醫學：瞭解你罹患老年相關疾病的風險，及早接受適當

診斷與篩檢測試及預防接種，狀況發生時（例如：血壓與膽固醇升高）也要早期接受治療。

(四)維持終生適量運動的好習慣。

(五)睡眠與休息要充分。

(六)學習並練習保護自己免受壓力之危害。

(七)鍛鍊身體之外，莫忘了鍛鍊心智。

(八)人生路上，維持社交一個社交圈子，與他人建立知性上的聯結。

(九)身體與心理都要常保彈性：學習適應「失去」的感覺，適時停止已經不符合你年紀的活動。

(十)仔細思量，為自己找出老年能為你帶來何種益處。

(十一)不要否認老之將至，也不要把力氣浪費在阻擋老化之上。讓你在老化過程中汲取的經驗，刺激你的靈性覺醒與成長。

(十二)不斷記錄你的生命心得，不斷記錄你累積下來的智慧與你的價值信念。在人生的關鍵時刻，把這些記錄拿出來反覆閱讀，有時增加，有時變更，並與你關心的人分享這些內容。

 結語

　　越來越多研究顯示，慢性病並非伴隨年老而來的必然現象，生活方式對身體的影響更大。整體來說，百歲人瑞較樂觀、熱情，有強烈宗教信仰，擇善固執，富進取心且對生活很滿意。能瞭解老化的深意，並正向面對老化，積極的從心理、情緒、態度、行為，以及生活型態的改變，妥適因應，正是倒轉生命逆時針的實踐行動。青春長健，怡然自得，享受活躍的第二生涯，你也做得到。

智慧小語

- 張群：「起得早，睡得好，七分飽，常跑跑，多笑笑，莫煩惱，天天忙，永不老！」
- 富蘭克林：「稅與死是人無法避免的兩件事。」

 動動大腦

☺**活動名稱**：「看你有沒有長壽跡象」
☺**活動對象**：55歲以上長者或大專校院學生
☺**活動目的**：瞭解自己有多年輕？多健康？
☺**活動內容**：如附錄

看你有沒有長壽跡象

1. **出生時母親還年輕**。美國芝加哥大學科學家研究發現，一個人出生時母親年齡如果不到25歲，他們活到100歲的機率是出生時母親超過25歲的人的2倍。

2. **愛喝茶**。一項針對4.05萬名日本男女的研究結果顯示，每天喝至少5杯茶的人，他們死於心臟病和中風的幾率最低。

3. **每天步行30分鐘**。一項針對2,603名男女的最新研究結果表明，每天堅持步行30分鐘左右的人，不管其體內脂肪含量有多高，他們的長壽機率是那些每天步行少於30分鐘的人的4倍。

4. **少喝碳酸飲料**。美國科學家發現，每天喝一次以上可樂會使你患心臟病、糖尿病等病的風險加倍。尚若實在想喝幾口碳酸飲料，可以在裡面加入一些果汁。

5. **腿部健壯**。「腿部肌肉力量差預示著步入老年後身體虛

弱。」腿部健壯尤其能預防髖骨骨折，由於髖骨骨折會引發各類並發症，多達20%的患者會在一年內去世。

6.**吃紫色食物**。一項最新研究顯示，紫葡萄、藍莓和紅葡萄酒富含多酚，可降低罹患心臟病的機率，預防老年癡呆症。

7.**青少年時體重正常**。研究人員針對137名美國黑人進行研究，對他們從出生到28歲做了跟蹤調查，結果發現，14歲時體重超重會增加成年時患第二型糖尿病的機率。

8.**少吃紅肉**。美國癌症研究院的一份報告稱，如果每週攝入的紅肉超過510克，會提高患結直腸癌的風險。每天攝入99克經過加工的肉類食品（例如：燻肉和熟食），患結直腸癌風險將提高42%。

9.**上過大學**。哈佛大學醫學院一項研究發現，正規受教育時間超過12年的人，比受教育時間相對較少的人壽命長18個月。

10.**人緣好**。「良好的人際關係是應對緊張的緩衝器。」長期精神緊張會削弱免疫係統並加速細胞老化，最終讓壽命縮短4到8年。

11.**朋友身體健康**。如果好友體重增加，同樣事情發生在你身上的可能性將提高57%。

12.**自制力強**。相對於責任感不強的人來說，那些自認為自我約束能力強、做事有條理的成功人士更加長壽。

13.**不請保姆**。根據一項有302名年齡70、80歲的老年人參加的研究，使用吸塵器、清掃樓梯或擦窗戶的時間在1小時以上，便可讓一般的人燃燒大約285卡路里熱量，同時將死亡的危險降低30%。

14.**性格活躍**。刊登於《心理學家》雜誌的一項研究稱，有大約17%的美國人性格比較活躍，這些人比沉悶的人更為健康。

資料來源：美國《預防》雜誌（2009年3月13日）。

延伸閱讀

陳韋利（譯）（2009）。芳賀脩光、大野秀樹、大谷克彌／著。**健康長壽力**。臺北
　　市：捷徑。
達人養成學院（2006）。**中老年樂活養生176招**。新北市：達觀。

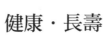

安可曲

健康・長壽

健康、長壽，是大家共同的願望。

健康的人，一定長壽；長壽的人，一定健康。健康長壽，是一體的兩面。我用「愛」、「笑」、「佛」三個字來陳顯，簡單的說明它的涵義。

第一個字是「愛」，博愛的愛，有人愛唱歌，有人愛跳舞，有人愛爬山，有人愛游泳。雖然各人所愛的方式不同，但是，「愛健康」，大家是一致的。

有句話：「民以食為天」，可見，食對健康很重要。有一位年高德劭的長者，對食、睡、學有專精，他為人證婚的致辭：「人生最快樂的兩件事，是食、睡。食、睡是人生最快樂的兩件事，祝福來賓食得快樂，祝福新郎、新娘睡覺快樂！」

根據醫學專家研究，人的體質有兩種：

一、酸性體質（肉食者）：高脂肪、低纖維、免疫力低、易生病。

二、鹼性體質（素食者）：低脂肪、高纖維、免疫力高、健康型。素食的人體力較強、較有耐力，例：

(一)美太空人，登陸月球前，先做素食訓練，因體力較耐久。

(二)奧運馬拉松賽跑（長距離）冠軍，是韓國孫基禎，嚴格素食者。

(三)茹素十餘年教育部次長林聰明到各地演講，推廣素食，並推行校園「每週一素食」政策。

我們生活在這美味的時代，精緻的飲食，滿足了味蕾，卻付出了健康的代價，越是美味的食物，添加了更多的人工化合物，這些化合

物，都會毒害健康。

豬、牛有瘦肉精疑慮，雞、鴨有禽流感威脅，海鮮又擔心膽固醇過高，肉食問題一籮筐。無論節能減碳，或養生、保健，素食是很好的選擇。現在「愛素食」的人越來越多，這是很健康的現象。

第二個字是「笑」。笑，是人類特有的天性。心情好時，覺得花含笑，鳥爭鳴，讓你心曠神怡。

有句話：「一日三大笑，醫生來不了！」

古荊州有位太守，得重病，看過中醫、西醫，吃過中藥、西藥。對病況毫無起色，甚感苦惱。後來，有位路過江湖醫生，聽說很靈驗，太守急叫家人延請到家診治，經醫生詳細診斷後，嘆口氣說：「這是我平生第一次遇到的怪病！」太守緊張急問：「到底什麼怪病？請快說」醫生慢吞吞說：「是……月……經……不調症！」太守一聽，不禁狂笑，我堂堂男子漢，竟得婦科病，越想越好笑，一連大笑三天，奇怪，怪病好了！

記得有一首大笑歌：「一笑煩惱跑，二笑怨恨消，三笑憾事了，四笑病魔逃，五笑永不老，六笑樂逍遙，時常開口笑，壽比彭祖高。」

笑，是心靈的維他命，是生命的長青樹！

第三個字是「佛」。釋迦牟尼佛於2,600年前在印度菩提樹下悟道時，第一句話：「人人皆有佛性。」這是宣告：人人都是佛，只因眾生有妄想、執著，擾亂了本身清淨的佛性。

佛家說：人有六根（眼、耳、鼻、舌、身、意）。根者，能生意，如草、木有根，能生枝幹；外境有六塵（色、聲、香、味、觸、法），塵者，汙染意，會汙染人的心靈。如果，把持不住，不當聽的貪聽，不當看的貪看，人的清淨本性，就會被汙染。

古有位高僧，帶兩弟子，從小在深山修行，為考驗弟子修行道

心，帶兩弟子到繁華市鎮去行腳，弟子見一妙齡女郎，問師父：「那是什麼？」師父：「吃人的老虎！」回山後，師父問弟子，這次下山，什麼最好看？兩弟子不約而同答：「老虎最好看！」這就是六根追逐六塵的錯覺。

佛經：我們的心有十法界，每天都在十法界來回。一念慈悲心起，與「佛」相應，心就是「佛」。「佛」字寫法：「人」與「弗」，「弗」「不」意，（不是人，就是佛。）若有人罵你不是人！要感謝他！

佛，是大慈大悲，予人快樂，拔人痛苦的大聖人。我們去寺廟參訪，經常看到一尊超大肚量，滿面笑容的彌勒佛（歡喜佛）有副對聯：

大肚能容，了卻人間多少事；
滿腔歡喜，笑開天下古今愁。

心無罣礙，沒有煩惱，是我們學習的好榜樣。
笑的歡喜，笑得自在！生命中的每天，都是五彩繽紛的好日子！

作者簡介：**李時羨**，福建省長汀縣人，1924年生，曾任臺灣銀行副主任秘書，專門委員等職。幼喜臨池，曾習各體書法，作品多次入選全省美展。

參考文獻

一、中文部分

丁鳳逸（譯）（2002）。R. Dass著。**歲月的禮物**（*STILL HERE: Embracing Aging, Changing and Dying*）。臺北市：方智。

大陸新聞中心（2007，9月4日）。只睡覺，不結婚 銀髮族瘋走婚。**聯合報，A18**版。

大陸新聞中心（2009，10月27日）。陸人瑞逾4萬 最老122歲。**聯合報，A13**版。

中廣新聞網（2008）。**國內老人自殺死亡率高出常人五倍**。2008年2月26日，取自
http://tw.news.yahoo.com/article/url/d/a/080226/1/u65j.html

中廣新聞網（2010）。**防老年癡呆最佳組合 茶、咖啡、堅果、運動～～**。2012年6月15日，取自
http://www.bcc.com.tw/news/newsview.asp?cde=1166826

內政部統計處（2011）。**民國98年老人狀況調查結果摘要分析**。2011年11月1日，取自
http://sowf.moi.gov.tw/stat/Survey/98old.doc

內政部統計處（2012a）。**100年國人零歲平均餘命初步統計結果**。2012年9月25日，取自
http://sowf.moi.gov.tw/stat/Life/99年生命表提要分析.doc

內政部統計處（2012b）。**戶籍登記現住人口數按三段、六歲年齡組分**。2012年10月15日，取自
http://sowf.moi.gov.tw/stat/month/m1-06.xls

內政部統計處（2012c）。**地方政府社會處（局）所轄志工**。2012年7月1日，取自
http://sowf.moi.gov.tw/stat/year/y04-22.xls

內政部統計處（2012d）。**現住人口數按單齡分**。2012年9月7日，取自
http://sowf.moi.gov.tw/stat/month/m1-11.xls

王仁志（2005）。**代間關係之探討**。2012年6月1日，取自
http://mail.nhu.edu.tw/~society/e-j/46/46-25.htm

王尤敏、吳美美（2010）。公共圖書館老年讀者閱讀行為研究初探。載於「**2010海峽兩案圖書資訊學學術研討會**」論文集B輯。

王瑞興、孫旻暐（2008）。當長日將盡，壓力鍋裏的銀髮歲月。**中國醫訊，60**，37-39。

王蕙玲（1994）。**老人的婚姻與家庭**。臺北市：紅豆。

王麗容（1995）。老年婦女的生理、心理與社會調適需求分析。載於「**第一屆高齡學科際研討會**」論文集，臺北市。

王麗容、詹火生（1993）。銀髮族的生涯規劃理念與方向。**成人教育，12**，12-17。

世界老年醫學會（2001）。老年人保健「十項建議」。**解放軍報，第7版**。

世界衛生組織（2011）。**有關老齡化和生命歷程的10個事實**。2012年2月15日，取自
　　http://www.who.int/features/factfiles/ageing/ageing_facts/zh/index.html

司徒達賢、李仁芳、吳思華（1985）。**企業概論**。新北市：國立空中大學。

田思怡（2006，5月11日）。不結婚 不同居 只做戀人。**聯合報**。

田思怡（編譯）（2011，12月6日）。歐洲人新課題　活到老幹到老。**聯合報，A5版**。

田蘊祥（2003）。**公務人員工作壓力之世代差異研究：以考試院部會機關為例**。私立
　　東吳大學政治學系碩士論文，未出版，臺北市。

交通部觀光局（2010）。**中華民國98年國人旅遊狀況調查**。2010年8月20日，取自
　　http://admin.taiwan.net.tw/statistics/File/200912/98國人中摘.doc

任中原（編譯）（2012，3月31日）。67歲！加國跟進延退潮。**聯合報，A2版**。

朱邦賢（2002，7月31日）。美國老人不婚 流行同居。**聯合報，12版**。

朱芳瑤（2011，4月4日）。想都沒想過，七成老人無夢想。**中國時報，A4版**。

朱芬郁（1998）。**退休老人生涯規畫模式之研究**。國立中正大學成人及繼續教育研究
　　所碩士論文，未出版，嘉義縣。

朱芬郁（2001）。揭開健康長壽之謎。**終身學習，34**，46-52。

朱芬郁（2002）。新世紀的退休生活規劃。**崇右學報，8**。

朱芬郁（2007）。**高齡者學習社區策略規劃之研究**。國立臺灣師範大學社會教育研究
　　所博士論文，未出版，臺北市。

朱芬郁（2008a）。**人類發展學（第八章「成年中期」）**。臺中市：華格那。

朱芬郁（2008b）。高齡者活躍老化初探。**北縣成人教育季刊，30**，16-24。

朱芬郁（2010）。變遷社會中的臺灣家庭：祖孫代間方案發展策略。發表於國立臺灣
　　師範大學人類發展與家庭學系等主辦**「家庭價值國際研討會」**（頁120-139），臺
　　北市。

朱芬郁（2011）。**高齡教育概念、方案與趨勢**。臺北市：五南。

朱芬郁（2012）。高齡教育產業服務市場趨勢之研究。載於臺灣樂齡發展協會舉辦
　　「第二屆樂齡研討會：樂齡產業發展」論文集（頁1-24），嘉義縣。

朱芷君（2007）。愈活愈年輕的秘密。**康健雜誌，108**，30-37。

江亮演（1990）。快樂老人的社會參與。載於臺灣省社會處編，**快樂的老人**。臺灣省
　　政府社會處叢書（13），249-289。

江亮演（1993）。**老年的社會生活**。臺北市：中華日報。

江亮演（1995）。社區老人需求與其福利服務網絡。載於**「第一屆高齡學科際研討
　　會」**論文集，臺北市。

池田大作（2000）。**第三青春—高齡化社會的省思**。臺北市：正因文化編輯部。

行政院主計處（2005）。**全球60歲以上人口概況**。臺北市：行政院主計處。

行政院主計處（2011）。**99年人口及住宅普查初步統計結果提要分析**。2012年1月29日，取自

　　http://www.dgbas.gov.tw/public/Attachment/111171361171.pdf

行政院經建會（2009）。**健康老化政策新思維**。2012年1月31日，取自

　　http://www.cepd.gov.tw/m1.aspx?sNo=0011847

行政院衛生署國民健康局（2009）。**老人健康促進計畫（2009-2012）**。臺北市：行政院衛生署國民健康局編印。

住宅e化網（2011）。**何謂「以房養老」？什麼是「逆向抵押貸款」？**2012年2月3日，取自

　　http://ehi.cpami.gov.tw/Net/Wiki/

余嬪（1996）。老人休閒教育之探討－以高雄地區立案之安養中心為例。載於「**第二屆高齡學科際研討會**」論文集，臺北市。

何佩琪（2011）。睡眠大件事！熟年好眠的十點建議。**熟年誌試刊號，01**，42-50。

何珮琪（2011）。養生村，是人生最終的家？**熟年誌，2**，55-59。

何青蓉（1998）。學習社會與資訊網路。載於中華民國成人教育學會主編，**學習社會**（頁339-365）。臺北市：師大書苑

何醒邦（2010，8月16日）。黑色商機：主人寵物「共眠」。**聯合報**。

利翠珊（1997）。婚姻中親密關係的形成與發展。**中華心理衛生學刊，10**（4），101-128。

吳和懋（2011）。3把鑰匙啟動你的逆時針人生。**商業周刊，1206**，148-152。

吳明烈（2012）。我國推動高齡學習的幾項重要思考。**成人及終身教育，38**，23-31。

吳東權（2003）。**越老活得越好**。臺北市：高寶。

吳武忠、陳振聲（2004）。臺北市銀髮族休閒阻礙因素之研究—以團體國外旅遊為例。**觀光研究學報，10**（3），23-36。

吳珍梅（2007）。Strom的「祖父母角色發展理論」對老人諮商之啟示。**諮商與輔導，258**，41-46。

吳許暄（2007）。**臺灣自然中心退休志工參與動機、工作滿意與持續服務意願之研究**。國立臺中教育大學環境教育研究所碩士論文，未出版，臺中市。

呂朝賢、鄭清霞（2005）。中老年人參與志願服務的影響因素分析。**臺大社工學刊，12**，1-50。

呂寶靜（1996）。增進老人社會參與之政策規劃。載於「**跨世紀老人醫療、福利政策學術研討會**」論文集，臺北市。

呂寶靜（1997）。臺灣民眾從事老年準備之初探。**社會工作學刊，4**，27-53。

呂寶靜（2000）。老人朋友網路支持功能之初探。**社會政策社會工作學刊，4**（2），43-90。

宋博鳳（2002）。**成年前期手足關係之研究**。國立臺灣師範大學人類發展與家庭學系碩士論文，未出版，臺北市。

巫瑩慧（2012，4月24日）。失智 遺忘的時光更需要愛。**聯合報，D2**版。

李世代（1985）。老年醫學的發展與貢獻—從老化研究談起。**醫學繼續教育，5**（3），287-293。

李世代（2010）。活躍老化的理念與本質。**社區發展季刊，132**，59-72。

李良哲（1999）。維繫婚姻關係重要因素的成人期差異初探。**教育與心理研究，22**，145-160。

李宗派（2010）。老人的情緒與心理保健。**臺灣老人保健學刊，7**（1），1-32。

李岳霞（2011）。空巢期，夫妻感情會變好？**親子天下雜誌，29**。

李政達（2007）。保健食品陷阱多～健康食品知多少？**輔英醫訊，52**，1-36。

李柏慧、劉淑燕（2003）。休閒活動與文化發展的探討。**中華體育季刊，17**（4），89-97。

李國芬、李德珍、沈文慈（2007）。「退休」，你準備好了嗎？臺北市：商顧。

李淑花（2005）。常見的老年心理疾病。**長庚醫訊，26**（11）。

李開敏、王玠、王增勇、萬育維（譯）（1996）。Abraham Monk編。**老人福利服務**（*Handbook of Gerontological Services*）。臺北市：心理。

李順德（2012，2月14日）。3300萬經費到位 以房養老7月1日試辦。**聯合報，A14**版。

李德勇、劉玲（1999）。預防老年性癡呆十條建議。**心理與健康，03**期。

李嵩義（2003）。主觀幸福感理論初探及其對高齡者之啟示。**成人教育，74**，42-51。

李瑞金（1996）。高齡者社會參與需求—以臺北市為例。**社會建設，95**，7-19。

李維靈、施建彬、邱翔蘭（2007）。退休老人休閒活動參與及其幸福感之相關研究。**人文暨社會科學期刊，3**（2），27-35。

李臨鳳（1988）。**我國退休老人再就業問題之研究**。國立臺灣大學社會學研究所碩士論文，未出版，臺北市。

沙依仁（1996）。**高齡學**。臺北市：五南。

沈文英（2000）。從網路使用者到網路教學—成人學習者網路使用之探討。**隔空論叢年刊，12**，83-108。

沈意卿（2012）。新世紀超完美告別。**熟年誌，1**，20-23。

汪曉琪（2008）。銀髮族健康8大美「食」。**常春月刊**，5月，150-153。

周玉慧、楊文山、莊義利（1998）。晚年生活壓力、社會支持與老人身心健康。**人文**

及社會科學集刊**10**（3），227-265。

周宜芳（譯）（2005）。Joline G.著。**我家小孩會理財**（*Raising Financially Fit Kids*）。臺北市：天下。

周玟琪、林萬億（2008）。**從成功、活力與生產的老化觀點初探我國志願服務社會參與現況與影響因素**。行政院國家科學委員會專題計畫（NSC95-2420-H-194-003-KF）。臺北市：國立臺灣大學社會工作學系。

周家華（2002）。美國老人服務的理論基礎與實務經驗。**社區發展季刊，98**，195-204。

周海娟（2005）。老人福利政策與社會資本建構。**社區發展季刊，110**。

周鉦翔、李昆樺、陳佑昇、叢均如、邱思華（譯）（2011）。M. D. Glicken著。**老人心理諮商與輔導**（*Evidence-Based Counseling and Psychotherapy for an Aging Population*）。臺北市：華騰。

周麗端（2011）。**教育部100年樂齡家庭生活與學習調查**。臺北市：教育部。

周麗端、吳明燁、唐先梅、李淑娟（1999）。**婚姻與家人關係**。新北市：國立空中大學。

宗田昌人、黃千桓（2011）。「小而廣」的日本高齡者住宅。**熟年誌，試刊號，2**，48-49。

林子堯（2012，5月23日）。魚水之歡 爺爺奶奶也想要。**聯合報，D2**版。

林如萍（1998）。農家代間情感之研究─老年父母與其最親密的成年子女。**中華家政學刊，27**，68-83。

林如萍（2009）。**教育部祖孫互動之現況全國民意調查報告書**。臺北市：教育部。

林佳蓉（2002）。臺灣地區老人休閒參與和休閒阻礙之研究。**國立體育學院論叢，12**（2），59-76。

林幸台（1987）。**生計輔導的理論與實施**。臺北市：五南。

林東泰（1992）。**休閒教育與其宣導策略之研究**。臺北市：師大書苑。

林冠穎（2008）。**臺灣老人休閒參與之轉變：成因及影響**。國立政治大學社會學研究所碩士論文，未出版，臺北市。

林美珍（1997）。**祖父母意義、祖孫關係、祖父母類型及其影響因素之研究**。國科會研究獎勵論文。

林韋儒（2007）。休閒運動對銀髮族之價值性探討。**中華體育季刊，21**（4），24-31。

林振春、林韻薇、朱芬郁（2009）。老人海外短期寄宿學習實驗方案之實施與策進。載於新北市政府教育局舉辦「**新北市2009中日高齡教育國際學術研討會**」手冊（頁185-201），新北市。

林勝義（1993）。退休後休閒和社會參與的規劃。**成人教育，16**，24-27。

林進修（2008，4月18日）。8成老人 過得不快樂。**聯合晚報，A13**版。

林雅音、鄭諭澤（2011）。高齡者的靈性健康及其在高齡教育的意義。**成人及終身教育，36**，28-38。

林順良（2010，1月24日）。日人變候鳥 年年來過冬。**聯合報**。

林慧淳（2007）。退休後 我該跟誰住？**康健雜誌，104**，192-202。

林歐貴英（2001）。中老年人之家庭生活教育。載自中華民國家庭教育學會主編，**家庭生活教育**（頁139-153）。臺北市：師大書苑。

林歐貴英、郭鐘隆（譯）（2003）。N. R. Hooyman & H. A. Kiyak著。**社會老人學**（*Social Gerontology: A Multidisciplinary Perspective*）。臺北市：五南。

林學宜（2004）。**老人住宅環境偏好相關因素研究—以潤福生活新象為例**。私立中原大學室內設計學系碩士論文，未出版，桃園縣。

林麗惠（2002）。實踐高齡者終身學習的途徑—代間學習之探究。載於國立中正大學成人及繼續教育學系主辦「**二○○二年知識社會與終身學習國際學術研討會**」論文集（頁259-279），嘉義縣。

牧野篤（2005）。對日本高齡者生活意識之調查分析。**成人及終身教育，5**，13-21。

邱天助（1991）。老年發展及其教育需求。載於教育部社會教育司主編，**老人教育**（頁181-202）。臺北市：師大書苑。

邱天助（1993a）。銀髮族的生涯規劃意義與做法。**成人教育，16**，18-23。

邱天助（1993b）。**教育老年學**。臺北市：心理。

邱天助（2009）。老人的閱讀習慣與公共圖書館閱讀需求之調查研究。**臺灣圖書館管理季刊，5**（3），11-30。

長庚養生文化村（2006）。**長庚養生文化村**。2006年3月20日，取自
http://www.cgmh.org.tw/cgv/

俞一蓁（譯）（1993）。Jim & Sally Conway著。**中年婦女的危機**（*Women in Midlife Crisis*）。臺北市：雅歌。

厚生勞動省（2009）。**平成20年雇用動向調查結果の概況**。2011年10月30日，取自
http://www.mhlw.go.jp/toukei/itiran/roudou/koyou/doukou/08-2/index.html

姜靜繪（譯）（1998）。W. Smith & A. Clurman著。**世代流行大調查：從1909年～X世代**。臺北市：時報。

姚巧梅（譯）（2007）。曾野綾子著。**晚年的美學**。臺北市：天下雜誌。

姚巧梅（譯）（2008）。大前研一著。**後五十歲的選擇**。臺北市：天下雜誌。

施清發、陳武宗、范麗娟（2000）。高雄市老人休閒體驗與休閒參與程度之研究。**社區發展季刊，92**，346-358。

施靜茹（2009，10月6日）。端粒酶 過活躍致癌 過少會老化。**聯合報，A13**版。

柯淑惠（2008，8月4日）。怎存老本？滿足基本需求969萬。**聯合報元氣週報，21**版。

洪鳳儀（1996）。**生涯規劃自己來**。新北市：揚智。

洪蘭（2008，3月31日）。有了社會支持 死亡率降低。**聯合報元氣周報**。

紀麗君（2006）。大退休潮來臨 退休危機重重。**錢雜誌，232**，22-26。

胡幼慧（1995）。**三代同堂—迷思與陷阱**。臺北市：巨流。

孫中英（2012，1月5日）。養兒防老變養老防兒 老本銀行管。**聯合報，A10**版。

孫安迪、吳靜美（2011）。抗老飲食8法則。**健康兩點靈，10**，16-17。

徐立忠（1995）。**中老年生涯計畫**。臺北市：中華高齡學學會。

徐立忠（1996）。老人教育與老人大學之規劃與運作。**社區發展季刊，74**，139-147。

徐立忠（1997）。**高齡學導論**。臺北市：三民。

徐俊冕（譯）（1997）。J. C. Cavanaugh著。**成人心理學—發展與老化**（*Adult Development and Aging*）。臺北市：五南。

徐慧娟（2003）。成功老化：老年健康的正向觀點。**社區發展季刊，103**，252-260。

徐麗君、蔡文輝（1987）。**老年社會學—理論與實務**。臺北市：巨流。

翁碧菁（2008）。**美國高齡者旅遊學習之研究**。國立中正大學高齡者教育研究所碩士論文，未出版，嘉義縣。

袁世珮、陳曉開（譯）（1998）。D. Tapscott著。**N世代—主導21世紀數位生活的新新族群**。臺北市：希爾。

高淑芬、酒小慧、趙明玲、洪麗玲、李惠蘭（1997）。**長庚護理，8**（3），43-51。

張佑生（2007，3月6日）。回力棒世代 英國千萬人。**聯合報，A14**版。

張孝銘、高俊雄（2001）。休閒需求與休閒阻礙之相關研究—以彰化市居民為實證。**體育學報，30**，143-152。

張沛元（編譯）（2012）。**全球大調查／人際關係最能帶來快樂**。2012年2月30日，取自 http://www.libertytimes.com.tw/2012/new/feb/12/today-int5.htm

張良鏗（2005）。高齡者進入大學校園對校園物質環境的衝擊與因應。**成人及終身教育，8**，44-52。

張良鏗（2007）。**美國老人寄宿所學習機制在我國實施可行性之研究**。國立中正大學成人及繼續教育學系博士論文，未出版，嘉義縣。

張添洲（1993）。**生涯發展與規劃**。臺北市：五南。

張詠晴（譯）（2012，5月28日）。個性決定壽命 百歲人瑞好陽光。**中央社**。

張嘉芳（2012，5月26日）。老人園藝治療 體能好了 憂鬱少了。**聯合報，A4**版。

張嘉倩（譯）（1999）。J. W. Rowe & R. L. Kahn著。**活力久久**（*Successful Aging*）。臺北市：天下雜誌。

張慧芝（譯）（2002）。D. E. Papalia, S. Wendkos & R. D. Feldman著。**人類發展**（*Human Development 8e*）。臺北市：桂冠。

張蕙麟（2007）。高雄市退休高齡者休閒參與、休閒滿意度及生活滿意度關聯模式之建立與分析。**嘉大體育健康休閒期刊，6**（2），102-109。

張鐘汝、范明林（1997）。**老年社會心理**。臺北市：水牛。

張耀懋（2012，1月22日）。秦始皇的未竟之夢。**聯合報**。

張綉枝（2010）。**雲林縣中高齡公務人員退休準備與其教育需求關係之研究**。國立中正大學成人及繼續教育研究所碩士論文，未出版，嘉義縣。

教育部（2006）。**臺閩地區民眾對於我國已邁入高齡化社會之看法民意調查**。臺北市：世新大學民意調查研究中心。

教育部樂齡學習網（2012）。**教育部99年度統計全國樂齡學習資源中心志工人數一覽表**。2012年5月30日，取自
https://moe.senioredu.moe.gov.tw/ezcatfiles/b001/img/img/28/148066305.pdf

梁玉芳（2011，7月18日）。長日將盡 在瑞典勇敢老去。**聯合報，A8**版。

梁勁煒（2002）。**退休生活理財規劃與個人年金保險**。國立交通大學經營管理研究所碩士論文，未出版，新竹市。

莊蕙萍（譯）（1991）。今野信雄著。**退休前五年**。臺北市：中央日報。

莊蕙嘉（編譯）（2010，5月6日）。睡不到6小時容易早死。**聯合報，A16**版。

許玉君、陳曼儂（2008，年9月8日）。有錢有閒 活力銀髮時代。**聯合報元氣週報，02**版。

許玉君（2009，6月14日）。受夠了 50歲以上熟女離婚 創新高。**聯合報，A6**版。

許佳佳（2010，8月15日）。大陸銀髮市場 企業趁早布局。**聯合報**。

許尚華（2004）。**尋找下一個社會的創意焦點**。臺北市：荷光國際文化。

許峻彬（2006，12月31日）。老而不安 死亡率高1.5倍。**聯合報，A6**版。

連聖怡（2003）。**不同世代男性消費者之自我概念對服裝流行敏感度之關係研究**。私立輔仁大學織品服裝學系碩士論文，未出版，新北市。

彭駕騂（2008）。**老人心理學**。新北市：威仕曼。

郭敏政、王萱萱（2011）。世界三大長壽村活到百歲的養生菜單。**健康兩點靈，10**，72-78。

陳正芬（譯）（2003）。M. Dychtwald著。**C型人生：事業、愛情、家庭、娛樂、學習、健康的未來與商機**。臺北市：商智。

陳兔、孫蓉萍（2008）。搶賺銀色財富。**今周刊，88**，89-96。

陳希林（譯）（2007）。A. Weil著。**老得很健康**（*Healthy Aging*）。臺北市：木馬。

陳幸宜（2012，7月23日）。愛儲蓄 臺灣勞工61歲退休。**聯合報，A7**版。

陳亮恭（2012）。忘了我是誰。**熟年誌，1**，54-55。

陳俐君（2011，7月16日）。**兩岸熟齡族 臺愛上網 陸愛聊手機**。2012年1月30日，取自 http://blog.sina.com.cn/s/blog_6c1214c20100unlx.html

陳俐君（2012，2月25日）。宅在家看電視 更憂鬱。**聯合報，A6**版。

陳勁甫、吳劍秋（2005）。銀髮族海外旅遊動機與市場區隔之研究。**旅遊管理研究，5（1）**，1-16。

陳英仁（2005）。**老人休閒動機、休閒參與及休閒環境之相關研究**。私立朝陽科技大學休閒事業管理系碩士論文，未出版，臺中市。

陳師瑩、林佳蓉、高美丁、杭極敏、潘文涵（2003）。**臺灣地區老人營養健康狀況調查1999-2000老年人服用膳食補充品的狀況與相關因素**。2011年11月5日，取自 http://consumer.fda.gov.tw/files/Research/1999%20-%202000/200411_06.pdf

陳素春（2006）。老人照顧服務的現況與未來。載於長庚紀念醫院桃園分院附設養生文化村主辦「**95年桃園縣政府推廣老人住宅暨銀髮族照顧服務推廣研討會**」（頁5-33），桃園縣。

陳梅毛（2012）。志工吧！爺奶 退而不休的快樂人生。**熟年誌，4**，22-25。

陳清惠、歐嘉美、李選（譯）（1990）。C. Eliopoulos著。**老人護理學**。臺北市：華杏。

陳惠惠（2009，4月6日）。老人憂鬱 遠高於失智。**聯合報**，元氣周報。

陳惠惠（2011，4月30日）。老男人多逛街吧 可多活幾年。**聯合報，A12**版。

陳雅汝（譯）（2008）。G. Small & G. Vorgan著。**優活：身體年齡不老的8堂課**。臺北市：商周。

陳畹蘭（1992）。**臺灣地區老人休閒活動參與影響因素之研究**。國立中正大學社會福利研究所碩士論文，未出版，嘉義縣。

陳榮基（2002）。**學醫與學佛**。臺北市：慧炬。

陳漢志（2002）。臺灣中部地區老年人休閒參與阻礙與休閒教育需求之調查研究。**國立體育學院論叢，12（2）**，77-90。

陳肇男（2001）。**快意銀髮族**。臺北市：張老師。

陳肇男（2003）。臺灣老人休閒生活與生活品質。**人口學刊，26**，96-136。

陳德文（1999）。三大族群各有千秋－嬰兒潮世代錢淹腳目。**卓越雜誌，174**，158-161。

陳寶蓮（譯）（2006）。島田洋七著。**佐賀的超級阿嬤**。臺北市：先覺。

陳寶蓮（譯）（2011）。島田洋七著。**越老越快樂**。臺北市：遠流。

堀薰夫、陳黛芬（譯）（2006）。日本高齡教育：大阪老人大學的教育策略。**成人及終身教育，16**，11-15。

傅家雄（1991）。**老年與老年調適**。臺北市：正中。

彭敏松（2012）。他山之石 可以攻錯—美國近期嬰兒潮世代資訊數則。**成人及終身教育，40**，45-53。

彭慧玲、蔣美華、林月順（譯）（2009）。S. G. Niles主編（蕭文校閱）。**成人生涯發展—概念、議題與實務**。臺北市：心理。

揭陽（2005）。銀髮經濟 越來越紅。**TaiwanNews財經—文化周刊**，24-37。

曾中明（2006）。臺灣老人與身心障礙者長期照顧之現況與規劃。**長期照護雜誌，10**（2），93-100。

曾春典（1992）。談老年人的疾病與保健。**老人教育，2**，2-9。

曾雪蒨（2009）。**5成6老人 未談過身後事**。2012年1月24日，取自 http://tw.nextmedia.com/applenews/article/art_id/31929895/IssueID/20090910

曾智樫、陳鎰明（2010）。銀髮族如何去從事Long Stay之探討。**休閒保健期刊，4**，139-146。

湯曼琪（1994）。老人生涯的規劃。載於黃國彥主編，**彩霞滿天雙手繪**—銀髮飛揚系列叢書（十二）。嘉義市：國立嘉義師範學院編印。

程又強（1986）。**公職退休老人心理適應之相關因素暨「結構式會心團體」效果研究**。國立臺灣師範大學輔導研究所碩士論文，未出版，臺北市。

程芸（譯）（2006）。H. G. Koenig, D. M. Lawson & M. M. Connell著。**老人當家—二十一世紀的老人·健康與信仰**。新北市：靈鷲山般若文教。

黃千桓（2012a）。老年人口大爆炸！你要住哪裡？**熟年誌，試刊號，2**，42-45。

黃千桓（2012b）。全齡住宅，零到一百歲住起來都安心！**熟年誌，2**，96-97。

黃中天（1988）。**臨終關懷—死亡態度之研究**。臺北市：業強。

黃天中（1995）。**生涯規劃概論—生涯與生活篇**。臺北市：桂冠。

黃心郁（1998）。**中年女性空巢期的生活轉變**。國立臺灣師範大學社會教育研究所碩士論文，未出版。臺北市。

黃妙雲（2011）。3招式當笑笑公婆。**健康兩點靈，10**，86-89。

黃怡筠（譯）（2009）。大前研一著。**型塑生活者大國**。臺北市：天下雜誌。

黃明賢（1994）。老人的生理變化。**高醫醫訊，13**（11），5。

黃芳田（譯）（2000）。M. Pipher著。**可以這樣老去：航向老年國度，兩代結伴同行**。臺北市：遠流。

黃郁婷、楊雅筠（2006）。老年人友誼支持與幸福感之研究—以臺北市老人服務中心為例。**社區發展季刊，113**期。

黃迺毓、林如萍、唐先梅、陳芳茹（2001）。**家庭概論**。新北市：國立空中大學。

黃國彥（1994）。緒論。載於黃國彥主編，**銀髮族之心理與適應**—銀髮飛揚系列叢書（七）。嘉義市：國立嘉義師範學院編印。

黃陳鳳美（2008）。**高齡學習者退休生涯規劃與成功老化關係之研究**。國立中正大學
　　高齡者教育研究所碩士論文，未出版，嘉義縣。

黃富順（1995a）。**老化與健康**。臺北市：師大書苑。

黃富順（1995b）。銀髮族生涯的規劃。**成人教育，26**，7-15。

黃富順（1995c）。老人心理與行為模式。**成人教育雙月刊，28**，11-17。

黃富順（1995d）。成功的老化。載於中華民國成人教育學會主編，**成人教育辭典**（頁
　　118）。臺北市：成人教育學會。

黃富順（1995e）。海富克利限制。載於中華民國成人教育學會主編，**成人教育辭典**
　　（頁268）。臺北市：成人教育學會。

黃富順（2002）。老人心理問題與輔導策略。**成人教育，67**，5-20。

黃富順（2006）。從老熟離婚飆高，談老年夫妻相處之道。**成人及終身教育，16**，48-
　　50。

黃富順（主編）（2007）。**各國高齡教育**。臺北市：五南。

黃富順（2008）。高齡者的終身教育。**成人及終身教育，19**，19-29。

黃富順（2009a）。高齡學習與健康促進。**成人及終身教育。23**，44-51。

黃富順（2009b）。人口高齡化與高齡教育。載於新北市政府教育局主辦「**新北市2009
　　中日高齡教育國際學術研討會**」手冊（頁25-42），新北市。

黃富順（2011）。我國老年生活幸福感調查研究。**成人及終身教育，33**，12-22。

黃富順、林麗惠、梁芷瑄（2008）。**我國高齡退休及高齡者參與學習需求意向調查研
　　究報告**。新竹市：玄奘大學成人教育與人力發展學系。

黃富順、陳如山、黃慈（1996）。**成人發展與適應**。新北市：國立空中大學。

黃惠如（2006）。改善老人失眠的日本福壽體操。**康健雜誌，91**，226-227。

黃惠惠（2009，6月30日）。BMI18.5～23　對長輩最好。**聯合報，D2**版。

黃琴雅（2011）。**成年子女與老年父母代間動態關係轉變之研究**。教育部100年度提
　　升師資素質獎助經費研究計畫—研究報告。臺南應用科技大學應用生活服務產業
　　系，臺南縣。

黃逸清（2011）。**南投縣草屯鎮銀髮族休閒偏好與休閒阻礙之研究**。開南科技大學福
　　祉科技服務管理研究所碩士論文，未出版，南投縣。

黃慧敏（2004）。**臺灣嬰兒潮世代生活型態對退休準備及保健習慣之分析**。國立臺灣
　　大學國際企業學研究所碩士論文，未出版，臺北市。

黃穎凡（譯）（2011）。橫倉恆雄著。**健康腦，身心沒煩惱：讓疾病自癒的大腦健康
　　法**。臺北市：新自然主義。

黃薇嬪（譯）（2011）。藤元智美著。**暴走老人**。臺北市：時報。

新華網（2008）。**日本老人興起「黃昏戀」改變觀念迎接老齡化社會**。2012年2月5

日，取自
http://big5.xinhuanet.com/gate/big5/news.xinhuanet.com/world/2008-05/22/content_8224303.htm

楊至雄（1993）。老人的居住安養。**社區發展季刊，46**，47-48。

楊明綺（譯）（2009）。上野千鶴子（Chizuko Ueno）著。**一個人的老後**。臺北市：時報。

楊明綺、王俞惠（譯）（2010）。上野千鶴子（Chizuko Ueno）著。**一個人的老後【男人版】**。臺北市：時報。

楊芷菱（譯）（2005）。G. Courter & P. Gaudette著。**中年太太俱樂部**（*How to Survive Your Husband's Midlife Crisis*）。臺北市：張老師。

楊培珊（2002）。**迎接老年潮，成人篇：向陽老年一父母照顧與老年準備**。臺北市：行政院社會福利推動委員會長期照護專案小組。

楊瑪利、陳中興（2007）。臺灣人退休觀調查：存款比老伴重要，房子比子女重要。**遠見雜誌，2007年2月號**，200-206。

葉在庭、鍾聖校（譯）（2008）。I. Stuart-Hamilton著。**老人心理學導論**。臺北市：五南。

葉宏明、吳重慶、顏裕庭（2001）。成功的老化。**臺灣醫界，44**（5），10-11。

葉俊郎（1994）。老年人參與志願服務之探究。**老人教育，1**，26-35。

葉清華、薛淑琳（1998）。運動與老化。**大專體育，36**，73-77。

葉肅科（2005）。高齡化社會與老年生活風格。**社區發展季刊，110**，230-241。

詹建富（2012，2月21日）。歐尼斯飲食／讓柯林頓變好心人。**聯合報元氣週報，198，4**版。

詹建富（2012，2月29日）。我看奧斯卡／連續中風 鐵娘子不敵失智症。**聯合報，D2**版。

詹棟樑（1991）。老人心理、倫理與教育。載於教育部社教司主編，**老人教育**（頁131-179）。臺北市：師大書苑。

詹慕如（譯）（2010）。大津秀一著。**死前會後悔的25件事：1000個臨終病患告訴你人生什麼最重要**。臺北市：天下遠見。

廖榮利（1992）。生命休止與善終服務。**社會建設季刊，第81號**，17-33。

薛慧儀（譯）（2000）。Vicky Maud著。**享受退休**。臺北市：弘智。

臺灣失智症協會（2012）。**認識失智症**。2012年4月1日，取自
http://www.tada2002.org.tw/tada_know_02.html

劉弘煌（1996）。老人志願工作之運用與社區發展。**社區發展季刊，74**，87-97。

劉秀枝（2007）。**聰明活到一百歲：劉秀枝談失智與老人照護**。臺北市：天下雜誌。

劉秀枝（2009，10月11日）。啟發性休閒活動 有助預防失智症。**聯合報元氣週報**。

劉秀娟（譯）（1997）。郭靜晃（主編）。T. H. Brubaker著。**老年家庭**（*Later life families*）。新北市：揚智。

劉美芳（2011）。**退休再就業需求與職業選擇傾向之研究：以嬰兒潮世代為例**。實踐大學家庭研究與兒童發展學系碩士論文，未出版，臺北市。

劉郁菁（2011）。**九位女性主管退休生涯發展之研究**。國立中正大學成人及繼續教育研究所碩士論文，未出版，嘉義縣。

劉真如（譯）（2003）。P. F. Drucker著。**下一個社會**（*Managing in the next society: Beyond the Information revolution*）。臺北市：商周。

劉敏珍（2000）。**老年人之人際親密、依附風格與幸福感之關係研究**。國立高雄師範大學成人教育研究所碩士論文，未出版，高雄市。

劉淑燕（2002）。休閒與學習。**社教雙月刊，111**，28-32。

劉惠敏（2012，2月21日）。梅約診所飲食／可吃到飽 但低熱量。**聯合報元氣週報，198**。

劉黎兒（2012）。終生性愛現役—人到幾歲還能做愛？**熟年誌，1**，66-67。

劉曉亭（1993）。**別讓大腦領退休金：銀髮族生活第二春生涯規劃**。臺北市：臺灣電視公司。

劉鎮嘉（2010）。**白天打瞌睡 晚上睡不著 老人失眠真惱人**。2012年3月30日，取自 http://www.libertytimes.com.tw/2010/new/jul/12/today-health4.htm

劉麗文（譯）（2006）。渡邊彌榮司著。**我要活到125歲**。臺北市：山岳。

蔡文綺（2006）。美國大學連結退休社區之發展、實施及啟示。**成人及終身教育，14**，30-39。

蔡文輝（2003）。**老年社會學**。臺北市：五南。

蔡文輝、徐麗君（1985）。**老年社會學—理論與實務**。臺北市：巨流。

蔡長清、劉修祥、黃淑貞（2001）。退休老人休閒參與量及類型與生活滿意度之關係。**高雄應用科技大學學報，31**，183-221。

蔡培村（1996）。退休生涯規畫。載於蔡培村主編，**老人學習與生涯發展**（頁1-13）。高雄市：麗文。

鄭喜文（2005）。**獨居老人休閒活動與社會關係對其心理狀況影響之研究—以宜蘭縣列冊獨居老人為例**。慈濟大學社會工作研究所碩士論文，未出版，花蓮市。

鄭諭澤（2005）。**退休生涯規劃與生活適應之研究—以中國老人教育協會附設大學為例**。實踐大學家庭研究與兒童發展學系碩士論文，未出版，臺北市。

盧羿廷（2004）。**嬰兒潮世代婦女老年生活準備之研究—以臺南縣為例**。私立靜宜大學青少年兒童福利勞工研究所碩士論文，未出版，臺中市。

蕭德蘭（譯）（2003）。G. Sheehy著。**新中年主張**（*New Passages-mapping your life across time*）。臺北市：天下文化。

賴怡君（2010）。**Baby boomer, Ever retirer！嬰兒潮熟年退而不休的3大商機**。iSURVEY行銷週報，457。2012年1月30日，取自

http://scrapbase.blogspot.com/2010/04/baby-boomer-ever-retirer-3.html

錢money理財研究室（編）（1994）。**退休規劃—預定有尊嚴的晚年**。臺北市：金錢。

駱紳、朱迺欣、曾思瑜、劉豐志（2012）。**創齡：銀色風暴來襲**。臺北市：立緒。

戴玉慈（1998）。**老人護理學**。新北市：國立空中大學。

聯合報編譯組（2008，3月23日）。美不景氣 中年人回家「啃老」。**聯合報，A10**版。

聯合報編譯組（2012，2月8日）。瑞典盼人民75歲退休。**聯合報，A4**版。

聯合報編譯組（2012，3月20日）。老年人安眠 好過中年人。**聯合報，D2**版。

聯合新聞網（2009）。**地中海飲食 可防憂鬱症**。2012年6月30日，取自

http://dailynews.sina.com/bg/tw/twothers/udn/su/20091019/0124787912.html

謝文華（2011，4月4日）。調查：42%老人期待與昔日同窗聚首。**自由時報，A8**版。

謝永定（2007）。**高齡化與老人生涯規劃、生活適應之研究**。國立政治大學行政管理碩士學程碩士論文，未出版，臺北市。

謝春滿（2005）。熟年商機。**今周刊，444**。

謝瀛華（1991）。**銀髮生涯—高齡問題知多少**。臺北市：牛頓。

簡文吟（2012，1月31日）。12歲以上民眾 7成曾使用網路。**聯合報，A11**版。

藍青（2009，9月11日）。老是滿腹牢騷 傷神傷身還短命。**聯合報**。

顏君彰（2012）。高齡旅遊新趨勢 國際文化超值遊。**熟年誌，4**，46-49。

魏惠娟（2008）。成功老化：概念、研究發現與樂齡學習規劃構想。**北縣終教，31**，4-11。

魏惠娟（主編）（2010a）。**樂齡學習系列教材4—退休準備**。臺北市：教育部社會教育司。

魏惠娟（主編）（2010b）。**樂齡學習系列教材6—社會參與**。臺北市：教育部社會教育司。

魏惠娟、胡夢鯨、黃錦山、莊雅婷、梁明皓（2007）。臺灣地區老人教育推動現況與需求調查。載於國立中正大學成人及繼續教育研究所主辦「**邁向高齡社會落實老人教育政策白皮書：2007高齡教育整合與創新研討會**」論文集（頁159-173），嘉義縣。

羅文基、朱湘吉、陳如山（1991）。**生涯規劃與發展**。新北市：國立空中大學。

羅凱南（2001）。**社會支持、人格特質、個人屬性對老年人心理幸福滿足感影響之研究**。國立政治大學心理學系碩士論文，未出版，臺北市。

羅瑋茹（2011）。**靈性教育方案對高齡者靈性健康影響之研究**。國立臺灣師範大學社會教育學系碩士論文，未出版，臺北市。

譚家瑜（譯）（2005）。E. J. Zelinski著。**幸福退休新年代—理財顧問不會告訴你的退休智慧**。臺北市：遠流。

蘇文璽（1992）。**高雄市退休老人老年涯規劃調查**。高雄市政府社會局八十一年度研究報告。高雄市：高雄市政府社會局。

蘇耀燦（1988）。**臺北市福德敬老所老人社會調適之研究**。國立臺灣大學社會學研究所碩士論文，未出版，臺北市。

二、英文部分

Albert, M. S., Savage, C. R., Jones, K., Berkman, L., Seeman, T., Blazer, D., & Rowe, J. W. (1995). Predictors of cognitive change in older persons: MacArthur studies of successful aging. *Psychology and Aging, 10*, 578-589.

Alexander, S. (2000). *Managing the appropriate use of communication and technologies in the virtual university*. 2000 international conference on organization and management of vitual university. Chiayi: Chung Cheng University.

American Association of Retired Persons(AARP)(2000). *American business and older employees: A summary of findings*. Washington, DC: AARP.

American Association of Retired Persons(AARP)(2011). *Voices of 50+ America: Dreams and challenges national survey annotated questionnaire*. Retrieved July 15, 2011, from

http://assets.aarp.org/rgcenter/general/voices-america-dreams-challenges-national-annot.pdf

Atchley, R. C. (1976). *The sociology of retirement*. Combridge, MA: Schenkman.

Atchley, R. C. (1987). *Aging: Continuity and Change*(2nd ed.). Belmont, CA: Wadsworth Publishing Company.

Baker, L. A., Cahalin, L. P., Gerst, K., & Burr, J. A. (2005). Productive activities and subjective well-being among older adults: The influence of number of activities and time commitment. *Social Indicators Research, 73*, 431-458.

Baker, P. M., & Prince, M. J. (1990). Supportive housing preferences among the elderly. In L. A. Pastalan(Ed.), *Optimizing housing for the elderly: Homes not houses*. New York: The Haworth. Kayser-Jones, J. S.

Baltes, P. B., & Baltes, M. M. (1990). Psychological perspectives on successful aging:

The model of selective optimization with compensation. In P. B. Baltes & M. M. Baltes(Eds.), *Successful aging: Perspectives from behavioral science*(pp.1-34). New York: Cambridge University Press.

Baltes, Paul. B., & Margaret, M. Baltes. (1990). *Successful aging: Perspectives from the behavioral sciences*. Cambridge, U. K.: Cambridge University Press.

Bank, S. P., & Kahn, M. D. (1982). *The sibling bond*. New York: Basic Books.

Banks, R. L., Poehler, D. L., & Russell, R. D. (1984). Spirit and human-spiritual interaction as a factor in health and in health education. *Health Education, 15*(5), 16-18.

Barbus, A. J. (1977). Towards a dignified death. *Michigan Nurse, 50*(9), 8-9.

Barrett, A. E., & Lynch, S. M. (1999). Caregiving networks of elderly persons: Variation by marital status. *The Gerontologist*, 695-704.

Bassuk, S. S., Glass, T. A., & Berkman, L. F. (1999). Social disengagement and incident cognitive decline in community-dwelling elderly persons. *Annals of Internal Medicine, 131*, 165-173.

Beckman, K. B., & Ames, B. N. (1998). The free radical theory of aging matures. *Physiological Reviews, 78*(2), 547-581.

Bengtson, V. L., & Dannefer, D. (1987). Families, work and aging: Implications of disordered cohort flow for the 21st century. In R. A. Ward & S. S. Tobin(Eds.), *Health in aging: Sociological issues and policy directions*(pp.256-289). New York: Springer.

Bengtson, V. L., & Roberts, R. E. L. (1991). Intergenerational solidarity in aging families: An example of formal theory construction. *Journal of Marriage and the Family, 53*, 856-870.

Bengtson, V. L., Cutler, N. E., Mangon, D. J., & Marshall, V. W. (1985). Generations, cohorts, and relations between age groups. In R. H. Binstock & E. Shanas(Eds.), *Handbook of Aging and the Social Sciences*(2nd ed.) (pp.304-338). NY: Van Nostrand Reinhold.

Bernard, S. L., Kincade, J. E., Konrad, T. R., Arcury, T. A., & Rabiner, D. (1997). Predicting morality from community surveys of older adults: The importance of self-rated functional ability. *Journals of Gerontology: Social Sciences, 52*, S155-S163.

Birren, J. E. & Woodruff, D. S. (1983). *Aging: Scientific perspectives and social issues*. C. A.: Brooks/Cole publishing Company.

Bortz, W. M. (1982). Disuse and aging. *JAMA, 248*, 1203-1208.

Brady, E. M. (1983). Personal growth and the elder hostel experience. *Lifelong Learning, 7*(3), 11-13, 26.

Bulter, R. N. (1968). The life review: An interpretation of reminiscence in the aged. In Bernice L. Neugarten(Ed.), *Middle age and aging: A reader in social psychology*, 486-487. Chicago: University of Chicago Press.

Burke, K. J. (1999). *Health, mental health, and spiriturality in chronically ill elders.* Dissertation Abstract, University of Chicago.

Buskirk, E. R. (1985). Health maintenance and longevity: Exercise. In C. E. Finch & E. L. Schneider(Eds.), *Handbook of the biology of aging*(2nd ed.). New York: Van Nostrand Reinhold.

Butler, R. N. (1963). The life review: An interpretation of reminiscence in the aged. *Psychiatry, 26*, 65-76.

Candy, P. C. (1992). *The problem of currency: Information literacy in context of Australia as a learning society.* In D. Brooker(Ed.), *Information literacy: The Australian agenda.* Proceedings of a conference conducted by the University of south Australia. No. ED 365-336.

Cavanaugh, J. C. (1990). *Adult development and aging.* Belmont, Califo-rnia: Woodworth.

Cherlin, A. J., & Furstenberg, F. F. (1986). *The New American Grandparent.* NY: Basic Books.

Chou, K. L., Chow, N. W. S., & Chi, I. (2004). Leisure participation amongst Hong Kong Chinese older adults. *Aging & Society, 24*(4), 617-629.

Clulow, V., & Bartlett, H. (2009). *Healthy ageing and lifelong learning: Perceptions of Australian baby boomers to inform public policy.* Retrieved August 1, 2010, from http://www.duplication.net.au/ANZMAC09/papers/ANZMAC2009-356.pdf

Cockerham, W. C. (1991). *This aging society.* New Jersey: Prentice Hall.

Cohen, B. (2005). *Dennision: Alumni housing can work.* Missoulian. p.A1. Retrieved March 10, 2006. from Missoulian database. (Document ID:801837831).

Cohen, G. (1993). Comprehensive assessment: Capturing strengths, not kust weaknesses, *Generations, 17*(1), 47-50.

Columbus, *OH: ERIC Clearinghouse on Adult.* Career and Vocational Education, Ohis State University.

Connidis, I. A. (2010). *Family ties and aging.* LA: Pine Forge Press/Sage.

Cox, B. (1993). *Object-oriented programming: An evolutionary approach*, Rockville, MD. USA.

Crowther, M. R., Parker, M. W., Achenbaum, W. A., Larimore, W. L., Koenig, H. G. (2002). Rowe and Kahn's model of successful aging revisited: Positive spirituality, the forgotten factor. *The Gerontologist, 42*(5), 613-620.

Culter, S. J., & Hendricks, J. (2000). Age differences in voluntary association memberships: Fact or artifact. *Journals of Gerontology, 55B*, S98-S107.

Daaleman, T. P., Frey, B. B., Wallace, D., & Studenski, S. A. (2002). Spiritual index ofindex of wellbeing scale: Development and testing of a new measure. *Journal of Family Practice, 51*(11), 952.

Davey, J. A. (2002). Active ageing and education in mind and later life. *Ageing and Society, 22*, 95-113.

Delors, J, (chr.). et al. (1996). *Learning: The Treasure Within.* Paris: UNESCO.

Dykstra, P. (1995). Loneliness among the never and formerly married: The importance of supportive friendships and a desire for independence. *Journals of Gerontology, 50B*, S321-S329.

Eggebeen, D. J., & Hogan, P. D. (1990). Giving between the generations in American families. *Human Nature, 1*, 211-232.

Erikson, E. H. (1980). *Indentity and the lifecycle,reissue.* New York: Norton.

European Commission(2007a). *Healthy ageing: A challenge for Europe.* Brussels: European Commission.

European Commission(2007b). *Healthy ageing, a keystone for a sustainable Europe: EU health policy in the context of demographic change.* Brussels: European Commission.

Extreme social isolation, use of community-based senior support services, and mortality among African American elderly women. American *Journal of Community Psychology, 25*, 721-732.

Feist, G. J., & Barron, F. X. (2003). Predicting creativity from early to late adulthood: intellect, potential, and personality, *Journal of research in personality, 37*, 62-88.

Fisher, J. W., Francis, L. J., & Johnson, P. (2000). Assessing spiritual health via four domains of spiritual wellbeing: The SH4DI. *Pastoral Psychology, 49*(2), 133-145.

Fries, J. F. (1983). The compression of morbidity. *The Milbank Quarterly, 61*(3), 397-419.

Fry, P. S. (1992). Major social theories of aging and their implications for counseling concepts and practice: A critical review. *The Conseling Psychologist, 20*(2), 246-329.

Ghisletta, P., Bickel, J. F., & Lovden, M. (2006). Does activity engagement protect against cognitive decline in old age? Methodological and analytical considerations. *Journal of Gerontology Psychological Sciences, 61B*(5), 253-261.

Gibson, H. (1998). The educational tourist. Journal of Physical Education, *Recreation & Dance, 69*(4), 32-34.

Glamser, F. D. (1981). The impact of preretirement programs on the re-tirement experience. *Journal of Gerontology, 36*(2), 244-250.

Goetting, A. (1986). The developmental tasks of siblingship over the life cycle. *Journal of Marriage and the Family, 48*, 703-714.

Goldman, N., Korenman, S., & Weinstein, R. (1995). Marital status and health among the elderly. *Social Science and Medicine, 40*, 1717-1730.

Green, L. W., & Kreuter, M. W. (1991). *Health promotion planning: An educational and environmental approach*. Mountain View, CA: Mayfield.

Gronvold, R. L. (1988). Measuring effectual solidarity.In D. J. Mangen, V. L. Bengtson & P. H. Landry, Jr. (Eds.), *Measurement of Intergenerational Relations*, 74-97. CA: Sage.

Gutmann, D. (1987). *Reclaimed powers*. New York: Basic Books.

Haak, M., Fange, A., Iwarsson, S., & Dahlin, S. (2007). Home as a signification of independence and autonomy: Experiences among very old Swedish people. *Scandinavian Journal of Occupational Therapy, 14*, 16-24.

Harris, L., & Associates. (1981). *Aging in the eighties: American in transition*. Washington DC: National Council on the Aging.

Hatfield, S. L. (2002). Understanding the four generations to enhance workplace management. *AFP Exchange, 22*(4), 72-74.

Henderson, K. A., Bialeschki, M. D., Hemingway, J. L., Hodges, J. S., Kivel, B. D., & Sessoms, H. D. (2001). *Introduction to recreation and leisure services*. State College, PA: Venture Publishing.

Hickson, J., & Housley, W. (1997). Creativity in later life. *Educational Gerontology, 23*, 539-547.

Hirayama, F., Lee, A. H., Binns, C. W., Watanabe, F., & Ogawa, T. (2008). Dietary supplementation by older adults in Japan. *Asia Pac J Clin Nutr, 17*(2), 280-284.

Hogan. P. D., Eggebeen, J. D., & Clogg, C. C. (1993). The structure of intergenerational exchanges in American families. *Americian Journal of Sociology*, 1428-1458.

Hori, Shigeo(2006). Elder education in Japan: Educational strategies in elder college in Osaka. In *2006 Conference of Educational Strategies for Elder Society in East Asia*(pp.3-6). Chinese Adult and Lifelong Education Association-Taipei.

Howden, J. W. (1992). *Development and psychometric characteristics of the spirituality assessment scale*. Unpublished doctoral dissertation, Texas Woman's University.

Howieson, D. B., Holm, L. A., kaye, J. A., Oken, B. S., & Howieson, J. (1993). Neurological function in the optimally healthy oldest old. *Neurology, 43*, 1882-1886.

Huang, L., & Tsai, H. T. (2002). The study of senior traveler behavior in Taiwan. *Tourism Management, 24*(5), 561-574.

Iso-Ahola, S. E. (1980). *The social psychology of leisure and recreation*. Dubuque. IA: W. C. Brown.

Janus, S. S., & Janus, C. L. (1993). *The Janus Report on sexual behavior*. New York: John Wiley and Sons.

Jones, S., & Fox, S. (2009). *Generations online 2009*. Pew Internet & American Life Project. Retrieved October 30, 2010, from
http://www.pewinternet.org/Reports/2009/Generations-Online-in-2009.aspx

Kaye, L. W. (2005). The emergence of the new aged and a productive aging perspective. In Lenard W. Kaye(Ed.), *Perspectivies on productive aging: Social work with the new aged*(pp.3-18). Washington DC: NASW Press.

Kincade, J. E., Rabiner, D. J., Bernard, S. L., Woomert, A., Konrad, T. R., DeFrisse, G. H., & Ory, M. G. (1996). Older adults as a community resource: Results from the National Survey of Self-Care and Aging. *The Gerontologist, 36*, 474-482.

Koppen, J. (2010). *Social media and technology use among adults 50+*. Washington, D. C.: American Association of Retired Persons. Retrieved October 30, 2010, from
http://assets.aarp.org/rgcenter/general/socmedia.pdf

Kozier, B., Erb, G., & Blais, K. (1992). *Concepts and issues in nursing practice*(2nd ed.). California, Redwood City: Addison-Wesley Nursing.

Krause, N., & Borawski-Clark, S. (1995). Social class differences in social support among older adults. *The Gerontologist, 35*, 498-505.

Kupperschmidt, B. R. (2000). Multigeneration employees: Strategies for effective management. *The Health Care Manager, 19*(1), 65-76.

Lamdin L., & Fugate, M. (1997). *Elderlearinig: New frontier in an aging society*. Phoenix, Arizona: Oryx Press.

Lampinen, P., Heikkinen, R. L., Kauppinen, M., & Heikkinen, E. (2006). Activity as a predictor of mental well-being among older adults. *Aging and Mental Health, 10*(5), 454-466.

Lang, F. R., & Schutze, Y. (2002). Adult children's supportive behaviors and older parents' subjective well-being a developmental perspective on intergenerational relationships. *Journal of Social Issue, 58*(4), 661-680.

LaVeist, T. A., Sellers, R. M., Brown, K. A. Elliott., & Nickerson, K. J. (1997). Extreme social isolation, use of community-based senior support services, and mortality among African American elderly women. *American Journal of Community Psychology, 25*, 721-732.

Lawton, M. P. (1994). Personality and affective correlates of leisure activity participation by older people. *Journal of Leisure Research, 26*(2), 138-157.

Lawton, M. P. (1998). Three Functions of the residential Environment, *Journal of Housing for the Elderly, 5*, 35-50.

Leifer, R. (1996). Psychological and spiritual factors in chronic illness. *American Behavioral Scientist, 39*, 752-766.

Lemme, B. H. (2002). *Development in adult*. Boston: Allyn and Bacon.

Lo, Feng-En., & Chiu, Chun-Tsun. (2002). The research of the elders' concrete eniveronments: Ruen-Fu New Retirement Community as an example. *Proceedings of The 44th Ichper. SD World Congress. Taipei.*

Mancini, J. A., & Blieszner, R. (1989). Aging parents and adult children: Research themes in intergenerational relations. *Journal of Marriage and Family, 51*, 275-290.

Manheimer, R, J., Snodgrass, D. D., & Moskow-McKenzie, D. (1995). *Older adult education: A guide to research, programs, and policies*. Westport. CT: Greenwood Press.

Martin, C. L. (2002). *Learning in retirement institutes: The impact on the lives of older adults*. Unpublished doctoral dissertation. The University of Massachusetts, Amherst.

Mathur, Y. (1998). The value stretch model and its implementation in detecting tourist's class-differentiated destination choice. *Tournal of Travel & Tourism Marketing, 4*(3), 71-92.

Matthias, R. E., Lubben, J. E., Atcheson, K. B., & Schweitzer, S. O. (1997). Sexual activity and satisfaction among very old adults: Results from a community-dwelling Medicare population survey. *The Gerontologist, 37*, 6-14.

McClusky, H. Y. (1971). Education: Background issues. *Washignton, D. C.: White House Conference on Aging.*

Menec, V. H. (2003). The relation between everyday activities and successful aging: A 6-year longitudinal study. *Journals of Gerontology Series B-Psychological Sciences&Social Sciences, 58*, 74-82.

Mickley, J. R., Carson, V., & Soeken, K. (1995). Religion and adult mental health. *Issues in Mental Health and Nursing, 16*, 345-360.

Miller, R. B., Hemesath, K., & Nelson, B. (1997). Marriage in middle and later life. In T. D. Hargrave & S. M. Hanna(Eds.), *The aging family: New visions in theory, practice, and reality.* New York: Brunner/Mazel.

Moen, P. (1988). Work in progress: The changing nature of work. *Issue Brief, 1*(1), 1-4. Cornell Employment and Family Careers Institute.

Mon-Barak, M., & Tynson, M. (1993). Older workers and the workplace: A new challenge of occupational social work. *Social Work, 38*, 45-55.

Morrow-Howell, N., Hinterlong, J., Rozario, P. A., & Tang, F. (2003). Effects pf volunteering on the well-being of older adults. *The Journals of Gerontology, 58B*, S137-S145.

Mui, A. C., & Burnette, J. D. (1994). A comparative profile of frail elderly persons living alone and those living with others. *Journal of Gerontological Social Work, 21*, 5-26.

Nan, S., & Tilburg. (2000). Stimulating friendship in later life: A strategy for educing loneliness among older women. *Educational Gerontology, 26*, 15-35.

Nesselroade, J. R., Featherman, D. L., Agen, S. H., & Rowe, J. W. (1996). *Short-term variability in physical performance and physiological attributes in older adults: MacArthur successful aging studies.* Unpublished manuscript, University of Virginia.

Ng, T. P., Broekman, B. F., Niti, M., Gwee, X., & Kua, E. H. (2009). Determinants of successful aging using a multidimensional definition among Chinese elderly in Singapore. *The American Journal of Geriatric Psychiatry. 17*(5), 407-416.

Nielson(2009a). *Six million more seniors using the web than five years ago.* Retrieved October 28, 2010, from http://blog.nielsen.com/nielsenwire/online_mobile/six-million-more-seniors-using-the-web-than-five-years-ago/

Nielson(2009b). *Users 50 and older drive half of latest U. K. web surge.* Retrieved October 28, 2010, from http://blog.nielsen.com/nielsenwire/global/users-50-and-older-drive-half-of-latest-u-k-web-surge/

Nimrod, G. (2008). Retirement and tourism themes in retirees' Narratives. *Annals of Tourism Research, 35*(4), 859-878.

Nussbaum et al. (2000). *Communication and aging*(2nd ed.). Mahwah, N. J.: Lawrence-Erlbaum.

Organization for Economic Cooperation and Developpment(OECD)(1996). *Lifelong learning for all.* Paris: OECD.

Palank, C. L. (1991). Determinants of health-promotive behavior: A review of current research. *Nursing Clinics of North America, 26*(4), 815-829.

Parnes, H. S. (1985). *Retirement among American man.* Lexington, Mass.: Lexington Books.

Pearce, P. L., & Foster, F. A. (2007). A "University of Travel": Backpacker learning. *Tourism Management, 28*(5), 1285-1298.

Phelan, E. A., & Larson, E. B. (2002). "Successful aging"-Where next? *Journal of the American Geriatrics Society, 50*(7), 1306-1308.

Phillips, B. (1957). A role theory approach to adjustment in old age. *American Sociological Review, 22,* 212-217.

Pielstick, C. D. (2005). Teaching spiritual synchronicity in a business leadership class. *Journal of Management Education, 29*(1), 153-168.

Qureshi, H., & Walker, A. (1989). *The caring relationship: Elderly people and their Families.* London: Macmillan.

Radimer, k., Bindewald, B., Hughes, J., Ervin, B., Swanson, C., & Picciano, M. F. (2004). Dietary supplement use by US adults: Data from the National Health and Nutrition Examination Survey, 1999-2000. *American Journal of Epidemiology, 160*(4), 339-349.

Reichstadt, J., Depp, C. A., Palinkas, L. A., Folsom, D. P., & Jeste, D. V. (2007). Building blocks of successful aging: A focus group study of older adults' perceived contributors to successful aging. *Am JGeriatr Psychiatry, March 1, 15*(3), 194-201.

Riker, H. C., & Myers, J. E. (1990). *Retirement counseling: A practical guild for action.* New York: Hemisphere.

Ritchie, Karen, M. D. (1995). *Marking to generation X.* New York: Free Press.

Rollins, R., & Feldman, M. (1970). Marital satisfaction through the life span. *Journal of Marriage and the Family, 32,* 20-27.

Rossi, A. S., & Rossi, P. H. (1990). *Of Human Bonding.* NY: Aldine de Gruyter.

Rossman, I. (1988). *Looking forward.* New York: E. P. Dutton.

Rowe, J. W., & kahn, R. L. (1997). Successful aging. *The Geronotologist, 37*(4), 433-440.

Rowe, J. W., & kahn, R. L. (1998). The structure of successful aging. In J. W. Rowe & R. L. kahn(Eds.), *Successful Aging*(pp.36-52). New York: Random House.

Santos, S. R., & Cox, K. (2000). Workplace adjustment and intergenerational differences between Matures, Boomers, and Xers. *Nursing Economics, 18*(1), 7-13.

Schalock, R. L., DeVries, D., & Lebsack, J. (1999). Enhancing quality of life. In S. S. Herr & G. Weber(Eds.), *Aging, rights, and quality of life: Prospects for older people with developmental disabilities*. Baltimore: Paul H. Brooks publishing.

Schorr, A. L. (1980). *The father and the mother: A second look at filial responsibility and family policy*. Washington, DC: Groverment Printing Office.

Schuller, T. (1993). Education, democracy and development for older adults. *Journal for University Adult Education, 22*(3), 1-22.

Seniorresource.com. (2009). *Why ageing in place*. Retrieved December 20, 2009, from http://www.seniorresource.com/ageinginpl.htm

Sheldon, A., McEwan, P. J. M., & Ryser. C. P. (1975). *Retirement: Patterns and predictions*. Rockville, MD.: National Institute of Mental Health.

Shoemaker, S. (1989). Segmeting the market: 10 years later. *Tournal of Travel Research, 39*(1), 11-26.

Smith, P. K. (1991). Introduction: The study of grandparenthood.In P. K. Smith(Ed.), *The psychology of grandparenthood: An international perspective, 1-16*. NY: Routledge.

Smola, R. W., & Sutton, C. D. (2002). Generational differences: Revisiting generational work values for the New Millennium. *Journal of Organizational Behavior, 23*, 363-382.

Soderstorm, D., & Wright, E. W. (1977). Religious orientation and meaning in life. *Journal of Clinical Psychology, 33*(1), 65-68.

Stein, D. (2000). The new meaning of retirement. *ERIC Digest 217*.

Streib, G. F. (2002). An introduction to Retirement Communities. *Research on Aging, 24*(1), 3-9.

Streib, G. F. & Folts, W. E. (2003). A college in a retirement community. *Educational Gerontology, 29*, 801-808.

Suitor, J. J., Pillemer, K., Keeton, S., & Robison, J. (1995). Aged parents and aging children: Determinants of relationship. In R. Blieszner, & V. H. Bedford(Eds.), *Handbook of Aging and the Family, 223-242*. CT: Greenwood Press.

Super, D. E. (1990). A life-span, life-space arrroach to career development. In D. Brown, L. Brooks, & Associates(Eds.), *Career choice and development*(2nd ed.). San Francisco: Jossey-Bass.

Szinovacz, M. E., & DeViney, S. (1999). The retiree identity: Gender and race differences. *Journals of Gerontology, 54B*(4), S207-S218.

Thomas, G. S., & Rutledge, J. H. (1986). Fitness and exercise for the elderly. In K.

Dychtwald(Ed.), *Wellness and health promotion for the elderly*(pp.165-178). Rockville, MD. Aspen.

Torres, S. (1999). A culturally-revelant theoretical framework for the study of successful ageing. *Ageing and Society, 19*, 33-51.

Torres, S. (2001). Understandings of successful ageing in the context of migration: The case of Iranian immigrants in Sweden. *Ageing and Society, 21*, 333-355.

Torres, S. (2002). Relational values and ideas regarding "Successful aging". *Journal of Comparative Family Studies, 33*(3), 417-424.

Torres, S. (2003). A preliminary empirical test of a culturally-relevant theoretical framework for the study of successful aging. *Journal of Cross-Cultural Gerontology, 18*(1), 79-100.

Torres, S. (2006). Different ways of understanding the construct of successful aging: Iranian immigrants speak about what aging well means to them. *Journal of Cross-Cultural Gerontology, 21*, 1-23.

Troll, L. E. (1971). The family of later life: A decade review. *Journal of Marriage and the Family, 33*, 263-290.

Tsao, T. C. (2003). *New model for future retirement: A study of college/university linked retirement communities*. Unpublished doctoral dissertation, University of Michigan.

Turner, J. S., & Helms, D. B. (Ed.)(1989). *Cotemporary adulthood*. Holt, Rinehart and Winston, Inc. U. S. A.

U. S. Department of Health and Human Services(USDHHS)(1990). *Health United States 1989*. DHHS Publication No. PHS(pp.90-123). Washington, DC: U. S. Government Printing Office.

Uhlenberg, P., & Cooney, M. T. (1992). Support from parents over the life: The adult child's perspective. *Social Force, 71*(1), 63-84.

Unger, J. B., McAvay, G., Bruce, M. L., Berkman, L., & Seman, T. (1999). Variation in the impact of social network characteristics on physical functioning in elderly persons. *Journals of Gerontology, 54*, S245-S251.

Vaillant, G. E., & Mukamal, K. (2001). Successful aging. *American Journal of Psychiatry, 158*, 839-847.

Walker, S. N., Volkan, k., Sechrist, k. R., & Pender, N. J. (1988). Health-promoting life styles of older adults: Comparisons with young and middle-aged adults, correlates and patterns. *Advances in Nursing Science, 11*(1), 76-90.

Wang, J. Y. J., Zhou, D. H. D., Li, J., Zhang, M., Deng, J., & Tang, M. (2006). Leisure activity and risk of cognitive impairment: The Chongqing aging study. *Neurology,*

66(6), 911-913.

Weckerle, K. A. & Shultz, S. (1999). Influences on bridge employment decisions among older USA workers. *Journal of Occupational Psychology, 72*, 317-329.

Weg, R. S. (1996). Sexuality, sensuality, and intimacy. *Encyclopedia of gerontology: Age, aging, and the aged, 2*(L-Z Index), 479-488.

Weiss-Farnan, P. (1989). *Learning by elderly women.* Unpublished doctoral dissertation, The University of Minnesota.

Wingfield, A., & Stine-Morrow E. A. L. (2000). Language and speech. In F. I. M. Craik & T. A. Salthouse(Eds.), *The handbook of aging and cognition.* New Jersey: Lawrence Erlbaum Associates, Inc.

Withnall, A., McGivney. V., & Soulsby, J. (2004). *Older people learning myths and realities.* NIACE.

Wong, P. T., Reker, G. T., & Gesser, G. (1994). Death attitude profile-revised: A multidimensional measure of attitudes toward death. In Neimeyer, R. A. (ED.), *Death anxiety handbook: Research, instrumentation and application*, 121-148. N. W.: Taylor & Francis.

Woodruff-Pak, D. S. (1988). *Psychology and aging.* Englewood Cliffs, NJ: Prentice-Hall.

World Health Organization(WHO)(1986). Ottawa chart for health promotion. *Health Promotion, 1*(4)Ⅲ-Ⅴ.

Zegans, L. S. (1982). Stress and the development of somatic disorders. In L. Goldberger & S. Breznitz(Eds.), *Handbook of stress: Theoretical and clinical aspects*(pp.134-152). New York: Free Press.

Zemke, R., Raines, C., & Filipczak, B. (2000). *Generations at work: Managing the clash of veterans, boomers, xers, and nexters in your workplace.* New York: AMACOM.

Zimmer, Z., & Lin, H. S. (1996). Leisure activity and wellbeing among the elderly in Taiwan: Testing hypotheses in an Asian setting. *Journal of Cross Cultural Gerontology, 11*(2), 167-186.

Zimmerman, M., & Rappaport, J. (1988). Citizen participation,perceived control, and psychological empowerment. *American Journal of Community Psychology, 16*(5), 725-750.

國家圖書館出版品預行編目資料

退休生涯經營 ： 概念、規劃與養生
　　/ 朱芬郁著 . -- 初版 . -- 新北
　市 ： 揚智文化 , 2012. 11
　面 ； 公分

ISBN 978-986-298-067-5（平裝）

1. 退休 2. 生涯規劃 3. 養生

544.83　　　　　　　101022076

退休生涯經營 ：概念、規劃與養生

著　　者／朱芬郁
出 版 者／揚智文化事業股份有限公司
發 行 人／葉忠賢
總 編 輯／閻富萍
登 記 證／局版北市業字第 1117 號
地　　址／新北市深坑區北深路三段 260 號 8 樓
電　　話／(02)8662-6826　8662-6810
傳　　真／(02)2664-7633
網　　址／http://www.ycrc.com.tw
E-mail　／service@ycrc.com.tw
印　　刷／鼎易印刷事業股份有限公司
I S B N　／978-986-298-067-5
初版一刷／2012 年 11 月
定　　價／新臺幣 420 元